高职高专系列教材

市场营销
——理论、方法与实训
第3版

主　编　束军意　汤宇军
副主编　李海蓉　闫洪伟
参　编　刘　婷

机械工业出版社

本书针对高职高专及成人学习的特点，突出探究性、自主性学习，强调基本理论、方法、实训与新动态、深度探究相结合，形式新颖、信息丰富、视角独特。

本书主要内容包括营销概述、市场营销环境、顾客需求与购买行为分析、竞争者分析、营销调研、目标市场营销、产品策略、定价策略、渠道策略、促销策略和营销的组织、执行与控制。

本书适用于普通高等院校（高职高专、应用性本科）、成人高校、民办高校及本科院校举办的二级职业技术学院工商管理、经济管理、市场营销等经管类专业以及其他市场营销培训课程的教学，同时也可以作为企业市场营销培训教材。

为方便教学，本书配备了电子课件、学习指导视频、企业市场营销企划书实例、复习与思考题答案等教学资源。凡选用本书作为教材的教师均可登录机械工业出版社教育服务网 www.cmpedu.com 免费下载。如有问题请致电 010-88379375，QQ：945379158。

图书在版编目（CIP）数据

市场营销：理论、方法与实训/束军意，汤宇军主编．—3版．—北京：机械工业出版社，2019.7（2023.9重印）
高职高专系列教材
ISBN 978-7-111-63031-9

Ⅰ．①市… Ⅱ．①束… ②汤… Ⅲ．①市场营销学—高等职业教育—教材 Ⅳ．①F713.50

中国版本图书馆 CIP 数据核字（2019）第 120590 号

机械工业出版社（北京市百万庄大街22号　邮政编码100037）
策划编辑：乔　晨　　　责任编辑：张潇杰　乔　晨
责任校对：李　伟　　　封面设计：马精明
责任印制：单爱军
北京虎彩文化传播有限公司印刷
2023年9月第3版第7次印刷
184mm×260mm·16印张·395千字
标准书号：ISBN 978-7-111-63031-9
定价：45.00元

电话服务　　　　　　　　　网络服务
客服电话：010-88361066　　机　工　官　网：www.cmpbook.com
　　　　　010-88379833　　机　工　官　博：weibo.com/cmp1952
　　　　　010-68326294　　金　书　网：www.golden-book.com
封底无防伪标均为盗版　　　机工教育服务网：www.cmpedu.com

前 言

市场营销在市场经济中的重要性怎么强调都不过分。在市场竞争中，产品即使有着精心的设计、优越的性能、上乘的质量，也不一定能带来销售上的大获全胜。相反，许多具备上述各项条件的"优秀"产品，在上市不久就变得默默无闻、黯然失色，甚至其中部分产品尚未面世。显然，在当今市场竞争日趋激烈的环境下，"酒香不怕巷子深"的时代已经一去不复返了，特别是我们已经进入互联网时代，营销的工具发生了翻天覆地的变化，微博、微信、微电影、网站、短视频等，这些我们每天接触的新媒体创造出新的营销手段，使我们每个人都可以轻而易举地营销和被营销。产品能否在市场上获得成功，市场营销发挥着举足轻重的作用，这也对市场营销教学提出了崭新的课题。由于市场营销兼具科学性、技术性和艺术性，同时变化非常迅速，其策略讲究出奇制胜和差异化，因此照搬相关原理和理论在现实中必然碰壁。面对当今经济全球化趋势和时代的知识化、信息化要求，面临国际化市场对市场营销人才的全球资源配置要求，为了达到市场营销教学目的，市场营销教学必须摆脱传统的教学思想、教学方法的束缚，创新教学理论，重组教学各要素。

编者认为，高职、高专、成人教育的市场营销专业教材应该注重培养学生的营销技能，在"理论够用、注重实用"的基础上，还应当重点培养深度探究能力，扩展课堂教学，做到学以致用。因此我们在本书中做了初步探索。与国内同类型教材相比，本书强调理论重点突出、体系完整，案例新颖独特、实用性强，并提供了有关市场营销研究的最新发展动态和经典或畅销书目、专业网站等相关信息，以利于读者探究学习。

本书的特色有以下几点。

【学习目标】针对每章的具体内容，分别列出应了解、理解、重点掌握的内容，使读者一目了然，便于主动学习。

【任务驱动】针对每章的具体内容，选择有代表性的简短案例，提出问题引导并驱动学生自主思考。通过任务训练，加深对理论知识点的理解，加强对应用能力的提升。

【互联网+营销实战】针对每章的具体内容，特别补充在互联网时代具有典型意义的企业营销实战案例，便于学生发挥所学、解决实际的营销问题。

【相关链接】针对具体内容，补充近年来较新的相关专业知识和新闻资料，便于学习者加深理解，拓展学习。

【营销方法】针对每章内容，提供对应相关营销理论的实际操作方法，包括常用表格、具体操作流程等，便于读者在实际工作中应用。

【案例分析】选取反映教材每章整体内容的综合案例作为读者讨论的蓝本，通过这种方式增强读者的理论联系实际的能力。

【营销实训】针对每章内容设置难易适中的实训题，提高读者的营销实际运作能力。

【延伸阅读】针对每章内容提供经典或相关畅销书 2 本，包括图书封面照片、作者简介和内容提要，为读者阅读营销经典提供引导。

【网站推荐】针对本章内容推荐相关网站 2~4 个，以追踪最新营销动态，便于自主学习。

与第 2 版相比，本书第 3 版在保留第 2 版总体框架的基础上，增加了第 11 章营销的组织、执行与控制内容，使结构更加完整。

由于市场营销的实战需求变化多端，本书第 2 版中的"任务驱动""相关链接""案例分析""延伸阅读"等板块，都全面更新为 2018 年之后的数据、案例及资料，将原来的"营销实战"更改为"网络+营销实战"，在配套资源中还补充了企业市场营销企划书实例，以便使读者能在最新的实战氛围中，更加深入地体会市场营销的特点和真谛。针对每章的内容，我们还提供了相应的学习指导视频，可以通过扫描二维码进行观看。为方便教学，本书配备电子课件、复习与思考题答案等教学资源，凡选用本书作为教材的教师均可登录机械工业出版社教育服务网（www.cmpedn.com）免费下载。如有问题请致电 010-88379375，QQ：945379158。

本书由束军意构思、统稿，束军意、汤宇军任主编，李海蓉、闫洪伟任副主编，刘婷参加编写。另外，内蒙古工业大学的冯银虎、南京信息职业技术学院的卢勇、昆明冶金高等专科学校的李亚斌、云南农业职业技术学院的董琳也参加了本书第 1 版部分内容的编写工作。

本书已被列为北京科技大学校级"十三五"规划教材，并得到北京科技大学教材建设资金的资助。

编　者

目 录

前言

第1章 营销概述 ·········· 1
- 任务驱动　让人流泪的奇迹餐厅 ·········· 2
- 1.1 市场营销及相关概念 ·········· 2
- 1.2 市场营销理念 ·········· 5
- 1.3 当代企业营销理念的发展 ·········· 10
- 营销方法　客户满意度调查表 ·········· 18
  不同层次的关系营销 ·········· 18
- 案例分析　海底捞服务的精髓：就是"在客人要求之前"服务 ·········· 19
- 营销实训　市场营销体验 ·········· 21
- 延伸阅读　《营销革命4.0：从传统到数字》·········· 21
  《极致服务：如何创造不可思议的客户体验》·········· 22

第2章 市场营销环境 ·········· 23
- 任务驱动　粉丝经济时代 ·········· 24
- 2.1 营销环境概述 ·········· 25
- 2.2 宏观环境因素 ·········· 26
- 2.3 微观环境因素 ·········· 35
- 2.4 营销环境的总体分析 ·········· 39
- 营销方法　竞争厂商调查表 ·········· 41
  竞争者动向一览表 ·········· 42
- 案例分析　在美国叫板亚马逊的梅西百货缘何败走中国？·········· 43
- 营销实训　企业内外环境分析 ·········· 44
- 延伸阅读　《世界是平的：21世纪简史》·········· 45
  《移动浪潮：移动智能如何改变世界》·········· 45

第3章 顾客需求与购买行为分析 ·········· 46
- 任务驱动　中国人的购房观念 ·········· 47
- 3.1 消费者购买行为 ·········· 47
- 3.2 组织市场购买行为 ·········· 59
- 营销方法　消费者购买行为的7-O模式 ·········· 66
- 案例分析　三只松鼠：精心打造品牌文化 ·········· 67
- 营销实训　消费者体验分析 ·········· 69
- 延伸阅读　《顾客为什么购买：畅销10年的销售圣经》·········· 70
  《影响力》·········· 71

第4章 竞争者分析 ·········· 72
- 任务驱动　7FRESH与盒马鲜生的新零售大战 ·········· 73
- 4.1 竞争者分析的基本框架 ·········· 74
- 4.2 识别竞争者 ·········· 76
- 4.3 竞争者的基本分析 ·········· 79
- 4.4 企业市场竞争策略 ·········· 83
- 营销方法　竞争者优劣势分析表 ·········· 87
  良性竞争对手评估表 ·········· 87
- 案例分析　美团与饿了么竞争分析：究竟谁略胜一筹？·········· 89
- 营销实训　竞争对手分析 ·········· 90
- 延伸阅读　《竞争战略》·········· 90
  《策略思维：商界、政界及日常生活中的策略竞争》·········· 90

第5章 营销调研 ·········· 92
- 任务驱动　2018中国奢侈品市场消费者数字行为洞察报告 ·········· 93
- 5.1 营销调研及其意义 ·········· 94
- 5.2 营销调研的方法 ·········· 98
- 5.3 市场需求测量与未来市场需求预测 ·········· 102

营销方法	市场调查表 109		8.1	影响营销定价的因素 163
	市场调研计划表 109		8.2	定价的基本方法 165
案例分析	发掘数据价值，微软引领市场营销数字化转型 110		8.3	定价策略与技巧 170
			营销方法	价格确定表 175
营销实训	营销调研体验 112		案例分析	罐装奶茶、咖啡"逆市调价" 176
延伸阅读	《当代市场调研》 113		营销实训	定价方法训练 177
	《网络营销创意三十六计》 113		延伸阅读	《麦肯锡定价》 178
				《定价制胜：大师的定价经验与实践之路》 178

第6章 目标市场营销 114

任务驱动	日本购物中心，堪称"老人迪士尼" 115			

第9章 渠道策略 180

6.1	市场细分 116		任务驱动	线上渠道带来业务激增 181
6.2	目标市场选择 123		9.1	分销渠道的基本模式 181
6.3	市场定位 127		9.2	渠道的选择与管理 188
营销方法	定位图 130		9.3	中间商的主要类型 196
	定位图的制作步骤 131		营销方法	分销渠道选择的加权计分表 199
案例分析	《小猪佩奇》成功背后的商业逻辑 132			分销商评价表 200
			案例分析	沃尔玛新零售业态迭代和改造的两个特色 201
营销实训	知名品牌目标市场探究 133		营销实训	分销渠道实践 203
延伸阅读	《定位》 134		延伸阅读	《营销渠道：管理的视野》 203
	《抢占心智》 134			《冷启动 零成本做营销》 204

第7章 产品策略 135

第10章 促销策略 205

任务驱动	可口可乐另辟蹊径出彩妆 136		任务驱动	强生2018公益论坛 206
7.1	产品与产品组合 137		10.1	促销与促销组合 206
7.2	新产品开发 141		10.2	人员推销 209
7.3	产品生命周期 147		10.3	广告 212
7.4	品牌与包装策略 150		10.4	营业推广 217
营销方法	新产品构思评审表 156		10.5	公共关系 222
	波士顿矩阵 156		营销方法	促销组合工具 224
案例分析	华为品牌战略的杠杆效应 158			广告决策工具 225
营销实训	消费者对品牌延伸认知调查 159		案例分析	微营销的几个成功模式 225
延伸阅读	《品牌的起源》 160		营销实训	商品推销演练 228
	《品牌洗脑：世界著名品牌只做不说的营销秘密》 160		延伸阅读	《营销革命》 228
				《创意文案与营销策划撰写技巧及实例全书》 229

第8章 定价策略 161

任务驱动　麦当劳重启超值菜单：美国快餐界掀起了价格战 162

第11章 营销的组织、执行与控制 ……… 230
  - 任务驱动　蒙牛调整组织架构 ………… 231
  - 11.1　市场营销组织 ……………………… 232
  - 11.2　营销执行 …………………………… 237
  - 11.3　营销控制 …………………………… 239
  - 营销方法　分销渠道盈利分析表 ………… 241
  - 案例分析　腾讯组织架构的新调整 ……… 242
  - 营销实训　企业营销组织分析 …………… 246
  - 延伸阅读　《组织理论与设计》 …………… 246
  　　　　　《共生：未来企业组织进化路径》 …………………………… 247

参考文献 …………………………………… 248

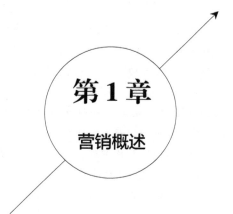

第 1 章

营销概述

学习指导

学习目标

1. 正确理解市场及市场营销的含义
2. 掌握新旧营销观念的基本思想和区别
3. 了解当代营销观念的新发展

任务驱动

让人流泪的奇迹餐厅

日本的一家名叫 Casita 的西餐厅从 2001 年开业至今，从不主动做广告，单靠口口相传就能做到顾客天天爆满，往往还需要提前一个月预订。开业 10 年，年营业额就突破 15 亿日元。

不少进店消费的顾客表示"被 Casita 感动到哭"！关键是他们的服务真正贴心。第一次进店的时候，就献上印有各自名字的餐巾。例如，当气温骤降时，服务员不着痕迹地提前为女同胞准备好"暖宝宝"，绅士地为离店顾客穿外衣，再写上一句感恩的话，非常贴心。这些都只是 Casita 极致服务的冰山一角，Casita 背后的服务理念与系统是什么？餐厅接触顾客一般从订餐开始，假如你要打电话预订，这家餐厅会细致入微地和你沟通，每个预订都是一次小型采访！基本信息、爱好、主副宾客、宠物等各方面都涵盖，Casita 的计算机系统里录入了大约 15 万名顾客的信息。因此，Casita 比其他餐厅更加了解自己的顾客，也能提供更加精准的服务，让每一桌顾客都感觉自己很特别。每天下午，经理会召集所有人开会，分享当天的经验并安排分工，让每一位顾客满意。Casita 的服务员会为每位到来的顾客特意制作缝有顾客名字的餐巾！店长也道出了 Casita 坚持极致服务的原因，希望顾客"要是有重要晚餐，一定要去 Casita！"，类似求婚等重要的事情，有不少男士就选择在 Casita！店长为男主人公出谋划策，如帮助男主人公为女朋友特制一杯花式咖啡等。

专门空出店里欣赏夜景最佳的位置，撒上粉色花瓣。正因为提供了如此个性化和贴心的服务，Casita 被誉为"让人流泪的奇迹餐厅"。

你认为 Casita 西餐厅属于市场营销的哪个阶段？为什么？

资料来源：http://www.sohu.com/a/147887863_816315（有删改）

1.1 市场营销及相关概念

1.1.1 市场概貌

在现代社会，任何组织、个人都不能离开市场而存在。作为营销活动主体的企业，在其经营活动中可能会涉及以下一些类型的市场，如消费者市场、中间商市场、资源市场、政府市场等。

在市场营销中，一般将个人购买者称为消费者。生活中我们每个人都是消费者，我们需要购买和使用各种各样的生活消费品，图 1-1 所示的简单的市场结构图反映了这种最基本的买卖关系。当然，现实经济社会中的市场结构是十分复杂的，如图 1-2 所示。

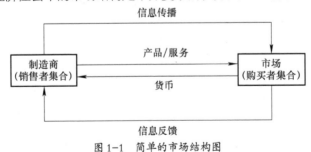

图 1-1 简单的市场结构图

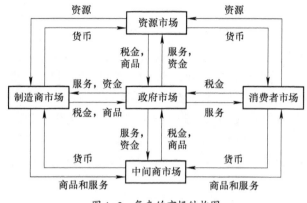

图 1-2 复杂的市场结构图

1.1.2 市场的含义

市场的概念由来已久,其最基本的含义是指商品交易的场所、商品行销的区域。例如,我们都熟悉的菜市场、小商品市场,国内市场、国外市场等。

从企业营销的角度来讲,我们还需要进一步了解掌握市场的以下 2 种含义。

1)市场是对某种商品或服务的具有支付能力的需求。例如,随着我国经济的发展,消费者收入水平提高,我国旅游市场"异军突起",反映的是旅游消费需求的快速增长。

2)市场是对某项商品或服务具有需求的所有现实和潜在的购买者。也就是说,市场是由人组成的,是对某种产品具有现实或潜在需求的消费者群。

从需求和购买者的角度来认识市场,将更有利于企业判断和把握市场机会,而对市场机会的把握是企业生存发展的命脉。通常我们可以用简单的公式对市场进行分析,即

$$市场 = 人口 + 购买力 + 购买欲望$$

其中,人口是构成市场的最基本要素,人口的多少是决定市场大小的基本前提;购买力是指消费者用货币购买商品或服务的能力,一般情况下是由消费者的收入决定的;购买欲望是指消费者购买商品的动机、愿望和需求。

当以上 3 个要素同时具备时,该市场就是现实的市场;而当后 2 个要素不能同时具备时,就只能称其为潜在市场。因而一旦条件具备,则潜在市场就可转化为现实市场。

运用此公式,营销人员就可以简便有效地分析本企业产品现实的和潜在的需求状况,对正确地制订营销决策具有重要意义。

1.1.3 市场营销的含义

1. 市场营销的定义 关于市场营销的定义,不同的人会有自己不同的诠释。

现代营销学之父、美国西北大学营销学教授菲利普·科特勒(Philip Kotler)指出,市场营销是个人和群体通过创造产品和价值,并同他人进行交换以获得所需所欲的一种社会及管理过程。

通过这一概念,我们应该了解:市场营销以交换为核心,以满足需求和欲望为最终目标。交换过程能否顺利进行,取决于企业创造的产品和价值可以满足顾客所需的程度及对交换过

程管理的水平。

为了更好地理解市场营销，科特勒分析了市场营销的核心概念。

（1）需要、欲望和需求　所谓需要（Need），是指人类与生俱来的基本要求。这些要求包括吃、喝、穿、住、行等生理性的需要，也包括爱、尊重、自我实现等社会性的需要。显然，任何的营销都不可能创造人的基本需要，而任何成功的营销都必须有效地满足人的需要。

欲望（Want）则是人类需要的具体的物化表现，即是人在不同文化、生活及个性背景下，由于不同需要而产生的对特定物品的要求。例如，一个口渴的中国人为了满足"解渴"的生理性需要，可能会选择茶来解渴，而一个口渴的法国人则有可能选择咖啡来满足同样的需要。

需求（Demands）就是有购买能力的欲望。实际上，需求是对特定产品的市场需求。一个优秀的营销型企业必须清楚其市场需求的状况及可能的变化，因为需求是企业营销的起点及终点，它指导企业营销的方向，并检验与衡量企业营销的成效。

（2）产品、服务和体验　从营销的角度，产品（Product）是企业提供给市场并用来满足人们需要与欲望的"一切"。显然，产品可以是我们熟悉的实物形态的有形产品，也可以是那些看不见摸不着的"无形"的活动或利益，即所谓的无形产品——服务（Service），如银行的金融服务、保险公司的保险服务、家电维修服务、美容服务等。

从更广义的角度，产品还可以包括体验、人员、地点、组织、信息和观念。企业可以通过精心安排不同的服务和商品，创造、推进和实施营销品牌体验。例如，迪士尼乐园就是一种体验。如今，体验已经可以成为企业在激烈的市场竞争中有特色并能够触动顾客心灵的营销产品形式。

（3）价值、满意与质量　营销理论认为，面对市场众多可供选择的产品，顾客凭借他们对产品可以提供的价值来选择、购买产品，并力求使自己满意。

根据美国质量学会的定义，质量（Quality）是产品的特色和品质的总和，这些品质特色将影响产品满足各种明显的或隐含的需要的能力。企业产品质量的好坏，直接地影响顾客让渡价值与顾客满意。营销学赞同根据顾客满意的程度来定义产品的质量。全面质量管理（Total Quality Management，TQM）提倡企业全体人员致力于全面地、全过程地改进产品及工作过程的质量。全面质量是创造价值及顾客满意的关键。在一个强调全面质量的企业，营销人员有两项责任：参与制订旨在帮助企业通过全面质量管理赢得竞争的战略和政策；在提高产品质量之外，提高市场营销质量——以较高的标准来实施营销工作的每个环节，包括营销调研、市场推广、销售培训、广告、顾客服务及其他。

（4）交换、交易和关系　市场营销以交换为基本前提，没有交换就不存在市场营销。

交换（Exchange）是营销学中的核心概念，是指通过提供某种东西为回报，从别人处获得自己所需东西的过程。交换的发生必须具备5个条件：①至少有两方。②每一方均具有对方想要的东西。③每一方均可以沟通信息和传送货物。④每一方均可以自由接受或拒绝对方的东西。⑤每一方均满意于与对方的交换。具备这5个条件，交换即有可能发生。但交换能否成为现实，还必须看交换各方能否找到合适的交换条件，即交换各方在交换之后都能够满意。

交易是一个通过谈判达成协议的过程。如果交换各方达成协议，也就是说他们之间发生了交易行为。所以，交易（Transaction）是交换活动的基本单位，是由交换各方之间的价值交换所构成的行为，具体例子见表 1-1。

表 1-1　一些交易的例子

实物	计算机、汽车零部件、发电站
服务	培训、贷款、干洗、金融建议、咨询、设计
观点	政党的主张

传统的市场营销致力于研究交易的有效实现，即所谓的交易营销。但是在今天，交易营销已被认为是关系营销大概念的一个部分。

关系营销趋向于强调长期性，目标是为顾客提供长期价值，而同时以顾客长期的满意及有效的顾客生涯价值作为收获。

（5）市场营销者与营销对象　理论上，我们将交换过程中更积极、主动寻求交换的一方称为市场营销者，反之，则为营销对象。也就是说，市场营销者是希望从别人处取得东西并愿意以某种有价值的东西作为交换的一方。所以，市场营销者既可以是卖方也可以是买方。但由于是站在企业的角度来研究市场营销，所以我们通常视企业（卖方）为市场营销者，而将顾客（买方）视作营销对象。

2. 市场营销的作用　科特勒教授曾经说过，营销是企业成功的关键因素。

被誉为现代管理学之父的彼得·德鲁克（Peter F.Drucker）曾指出，"市场营销是如此基本，以致不能把它看成一个单独的功能……从它的最终结果来看，也就是从顾客的观点来看，市场营销是整个企业活动"。

市场营销作为管理中的后起之秀，起初被众多的消费品公司、工业设备公司所运用，他们从中受益匪浅。自 20 世纪 80 年代开始，市场营销逐渐被服务行业尤其是航空业和银行业所采用，之后，市场营销又渗透到一些非盈利部门，如学校、医院、警察部门、博物馆、交响乐团、社会组织等。

1.2　市场营销理念

现今的企业无论是作为卖方面对买方，还是作为买方面对其供应商或合作伙伴，无不处于各种交换关系之下。以交换为基本的前提和出发点，企业为更好地实现利润目标有过不同的历史变化过程。

1.2.1　传统的营销理念

传统的营销理念是以企业为中心的，企业擅长生产什么就生产什么、销售什么。

1. 生产观念（Production Concept）　生产观念是最为古老的营销观念之一，20 世纪 20 年代初期之前为很多企业所选择。当时，由于社会生产力不发达，许多商品严重的供不应求，属于典型的卖方市场。于是，企业的一切生产经营活动均以自己的生产为中心，通过增加产量、降低成本来尽可能地获取更多的利润。

2. 产品观念（Product Concept）　这种观念认为在同类产品增多的情况下，那些品质好的产品深受顾客青睐，"只要产品好，顾客自然会找上门来"，因而企业应把主要的精力放在抓产品质量上。抓产品质量本无可厚非，但这种观念容易导致企业一味地关注和陶醉于自己的产品，而忽视了顾客的需求，即导致所谓的"营销近视症"。例如，一些技术很先进的产品却在市场上败下阵来。

3. 推销观念（Selling Concept） 20世纪20年代到50年代，西方国家的生产技术已相当先进，产量迅速增加，市场供求关系开始发生重大变化，卖方市场向买方市场过渡。随着竞争加剧，企业产品的销售变得越来越困难。越来越多的企业发现生产的规模化与产品质量的提升已不能够满足自己对利润的有效追求，产品销路问题由此凸显。于是，推销技术受到企业的特别重视。一些企业认为消费者通常表现出一种购买的惰性或者抗衡心理，只有通过加强推销和促销，才有利于扩大销售，增加企业收益，因而企业把主要精力放在抓产品推销和销售上。

1.2.2 现代市场营销理念

这是买方市场条件下，企业应遵循的经营理念，其核心思想是"顾客需要什么，就生产什么、销售什么"，甚至有人说，如果你不去满足顾客的需要，就没有人需要你。

1. 市场营销观念（Marketing Concept） 市场营销观念是第二次世界大战后在美国新的市场形势下形成的，当时的美国已经完成了卖方市场向买方市场的转变，市场营销观念的核心原则在20世纪50年代中期基本定型。

市场营销观念认为，实现企业的利润必须以顾客需要和欲望为导向。企业的生产经营活动是一个不断满足顾客需要的过程，而不仅仅是制造或销售某种产品或服务的过程。有许多说法能够体现这一理念，如"生产你能销售出去的产品而不是销售你所能生产的产品""爱你的顾客要胜过爱你的产品"等。总之，市场营销观念充分体现了以顾客为中心的思想。

市场营销观念对指导企业的经营活动具有重大意义，是众多企业取得经营成功的基本前提。

2. 社会市场营销观念（Social Marketing Concept） 20世纪70年代以来，西方国家的环境破坏、资源短缺、通货膨胀、失业增加及社会服务被忽视等问题越来越严重，虽然市场营销观念强调满足顾客需要是企业经营的最高宗旨，但现实中却还存在许多企业片面理解消费者的需求，或一味地从自身利益出发，置消费者长远利益于不顾的种种现象，如一次性用品给人们带来了方便，却造成了资源的浪费和环境的污染；氟利昂作为制冷材料的大量使用，改善了人们的生活条件，却破坏了大气臭氧层等。上述种种现象说明市场营销观念回避了消费者需要、消费者的长远利益和社会福利之间隐含的冲突，暴露出市场营销观念的局限性。

互联网+营销实战 1-1

麦当劳被中国公司收购

由于近年来健康饮食的概念深入人心，诸如肯德基、麦当劳之类的快餐品牌在中国市场受到了前所未有的冲击，陷入了增长乏力的窘境。2016年，百胜餐饮集团（肯德基和必胜客母公司）宣布与春华资本及蚂蚁金服达成协议，二者共同向百胜中国投资4.60亿美元，该项投资将与百胜餐饮集团与百胜中国的分拆同步进行。这意味着蚂蚁金服正式拥有了部分百胜餐饮集团的股权。2017年1月9日,中信、中信资本和凯雷签订了股份购买协议,以最高20.8亿美元的总对价收购麦当劳中国管理有限公司连同其附属公司的全部已发行股本。收购交割后,中信股份和中信资本在新公司中将持有52%股权,凯雷和麦当劳分别持有28%和20%的股权。这意味着,接近1年的麦当劳中国门店竞标大战终于有了结果,中信股份已经实现对麦当劳中国内地和香港业务控制权的收购,且已获得监管批准,并于7月31日完成交割。中国是麦当劳全球第三大市场,也是麦当劳全球增长最快的市场。

资料来源:http://www.sohu.com/a/162831381_236988(有删改)

社会市场营销观念是对市场营销观念的进一步修正和完善,如图1-3所示。该观念认为,企业营销活动在满足顾客需要的同时,还必须考虑社会公众长远的和整体的利益,担负起社会与道德的责任,如要考虑环境的保护、资源的节约、消费者的身心健康等。

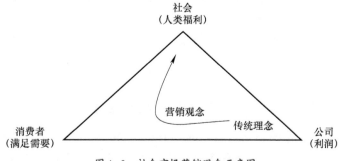

图1-3 社会市场营销观念示意图

社会市场营销观念要求企业正确确定目标市场的需要、欲望和利益,并以保护或提高消费者和社会福利的方式,比竞争者更有效、更有利地为目标市场提供所期待的满足。

社会市场营销观念是在市场营销观念的基础上,强调要兼顾消费者、企业、社会三个方面的利益,要求企业在追求经济效益的同时,应兼顾社会效益,这是符合社会可持续发展要求的营销观念,应当大力提倡。

相关链接1-1

2020年超九成邮(快)件包装要符合现行国家标准

2018年8月30日举行的邮政业贯彻新发展理念打好三大攻坚战部署会议上,国家邮政局局长表示,邮政业要来一次行业绿色生产方式的"大革命",以期到2020年,在邮件、快件包装绿色化、减量化、可循环3个方面取得明显成效。

在绿色化方面,到2020年,符合《快递封装用品》系列国家标准的包装材料应用比例要达到90%以上,大幅提升环保包装材料应用比例,尤其是环保塑料包装袋和封装胶带的使用比例。在减量化方面,电子运单使用基本实现全覆盖,单件包装封装胶带、填充物等材料平均用量明显减少,其中封装胶带减少20%,80%以上的电商快件不再进行二次包装。在可循环方面,循环中转袋使用基本实现全覆盖;城市地区90%以上的快递营业网点要设置包装废弃物回收再利用装置;新能源和清洁能源汽车推广应用取得突破,保有量要达到2万辆。

政策方面，国家邮政局将推动各地对采用符合标准环保包装材料的企业和邮（快）件包装分类回收利用工作给予政策支持，并将加强对各级邮政管理部门落实行业生态环保责任清单情况的监督检查和考核。同时，委托第三方对各企业绿色发展成效进行综合评估，并将结果向社会公布。

在转变生产方式方面，将加强邮（快）件包装治理，逐步淘汰重金属和特定物质超标的包装材料；推动健全落实快递包装生产者责任延伸制度；鼓励企业优化分拣作业流程，建立完善统一指挥调度体系，推进分拣环节智能化、标准化、集约化，减少冗余作业环节和能耗。在新增和更新邮政快递车辆中，新能源或清洁能源汽车的比例要达到80%，国家邮政局将推广应用新能源、清洁能源汽车和满足国六排放标准的燃油汽车，引导企业采购符合标准的专用电动三轮车，加快淘汰高耗能运输装备。

在强化监管方面，国家邮政局将研究制定《邮政业包装填充物技术要求》《快件包装基本要求》等行业标准，推动建立统一的快递包装绿色标准、认证、标识体系。试点开展快递包装产品绿色认证，设立邮政业绿色发展统计指标并纳入统计报表。

资料来源：人民政协网 http://www.rmzxb.com.cn/c/2018-08-31/2157546.shtml（有删改）

相关链接 1-2

什么是企业社会责任

对于企业社会责任（Corporate Social Responsibility，CSR），目前国际上普遍认同的理念是，企业在创造利润、对股东利益负责的同时，还要承担对员工、对社会和环境的社会责任，包括遵守商业道德、生产安全、职业健康、保护劳动者的合法权益、节约资源等。

企业通过承担社会责任，一方面可以赢得声誉和组织认同，同时也可以更好地体现自己的文化取向和价值观念，为企业发展营造更佳的社会氛围，使企业得以保持生命力，获得长期可持续的发展。所以，成熟的企业都非常重视社会责任形象的建立和推广。

从全球视角来看，企业承担社会责任已经成为大的趋势。1997年8月，美国制定了企业社会责任的国际标准，即SA8000（Social Accountability 8000）。1999年1月，在瑞士达沃斯世界经济论坛上，联合国秘书提出了"全球协议"，并于2000年7月在联合国总部正式启动，该协议号召公司遵守劳工标准和环境等方面的9项基本原则。SA8000体系认证、"全球协议"均已在全球范围内推进，其对于企业发展、全球贸易产生了深远影响。

3. 关系营销（Relationship Marketing） 关系营销是20世纪80年代末、90年代初在西方企业界兴起的一种新型营销理念。这一理念是在1983年由美国学者首先引入文献的，1985年，巴巴拉·杰克逊在产业市场营销领域提出这个概念。关系营销的核心就在于发展与顾客长期、稳定的关系，使顾客保持忠诚。1994年以后，营销学者又将关系营销所涵盖的关系扩大到与企业营销活动相关的所有个人和组织。他们认为企业营销是一个与顾客、竞争者、供应商、分销商、政府机构和社会组织发生互动作用的过程，正确处理与这些个人和组织的关系是企业营销的核心和成败的关键。

关系营销是现代营销观念发展的一次历史性突破，它可使企业获得比在传统市场营销中更多、更长远的利益，因而被营销学者誉为20世纪90年代及未来的营销理论。

关系营销的产生具有较为深刻的时代背景，是企业顺应市场环境变化的必然选择。面对日益残酷的竞争挑战，许多企业逐步认识到保住老顾客比吸引新顾客的收益要高。更多的大型公司正在形成战略伙伴关系来应对全球性竞争，而熟练的关系管理技术正是必不可少的。购买大型复杂产品的顾客正在不断增加，销售只是这种关系的开端，而任何"善于与主要顾客建立和维持牢固关系的企业，都将从这些顾客中得到许多未来的销售机会"。

此外，信息技术的发展是关系营销发展的重要驱动力。现代信息技术的发展为各种营销伙伴关系的建立、维护和发展提供了低成本、高效率的沟通工具，它解决了关系营销所必需的技术条件。

关系营销要求企业在进行经营活动时，必须注重以下几个方面的关系。

（1）建立、保持并加强同顾客的良好关系 过去顾客没有多少可选择的供应商，企业可以在失去100位顾客的同时又获得150位顾客，从而保持销售额不变或有所增加。因此企业认为总有足够的新顾客来取代流失的顾客，便不关心保留顾客，不关心产品或服务质量以及顾客是否满意。但在今天，商品供过于求，企业间竞争激烈，顾客面对很多供应商提供的类似产品或服务，稍不合意就不购买，即使买了第一次也不会再买第二次。企业因此感受到了顾客流失的严重后果，如果不采取有效措施保留顾客，企业将无法生存。今天已不是顾客依靠企业，而是企业依靠顾客。

（2）发展与关联企业的关系以增强企业竞争力 在传统市场营销中，企业与企业之间是竞争关系，任何一家企业若想在竞争中取胜，往往会不择手段，这种方式既不利于社会经济的发展，又容易使竞争双方两败俱伤。

关系营销理论认为，企业之间存在合作的可能，有时通过与关联企业的合作，将更有利于实现企业的预期目标。第一，企业与其供应商的关系可以决定企业所能获得的资源数量、质量及获得相关资源的速度；第二，在分销商市场上，零售商和批发商的支持对于产品的销售至关重要，优秀的分销商是企业竞争优势的重要组成部分；第三，企业与竞争者可以通过在研发、采购、生产、销售等方面的合作，降低经营的费用和风险，增强企业的经营能力；第四，同行之间的竞争容易导致许多恶果，如企业亏损剧增、行业效益下降等，这对整个社会经济的发展将产生不良影响，而企业间的合作即可使这种不良竞争的恶性影响降到最低。每个企业各有所长，各有所短，发现和利用企业外在的有利条件是关系企业营销成败的重要因素。

（3）与政府及公众团体协调一致 企业是社会的重要组成部分，其活动必然要受到政府有关规定的影响和制约，企业在处理与政府的关系时，应该采取积极的态度，自觉遵守国家的法规，协助研究国家所面临的各种问题的解决方法和途径。关系营销理论认为，如果企业能与政府积极地合作，树立共存共荣的思想，那么国家就会制定对营销活动调节更为合理化、避免相互矛盾、帮助营销人员创造和分配价值的政策。

（4）搞好企业内部员工的关系也是关系营销的一个重要方面 建立与企业员工的良好关系，就能为实现企业目标提供保证。因为只有员工满意了，他们才可能以更高的热情和效率为顾客提供产品和服务，从而赢得顾客的满意。

互联网+营销实战 1-2

名创优品要上市

2018年2月,名创优品正式启动首次公开募股(IPO),名创优品奉行"简约、自然、富质感"的生活哲学和"回归自然,还原产品本质"的设计主张,秉承"尊重消费者"的品牌精神,致力于为全球消费者提供真正"优质、创意、低价"的产品,在时尚休闲消费前沿市场先后刮起"生活优品消费"之风。

根据名创优品提供的数据,在2017年,名创优品总销售额达120亿元人民币。截至目前,在2 600家全球店铺中,国内门店有2 000家。在国际市场,名创优品已进驻了60多个国家和地区。"名创优品的目标是进驻100个国家,全球门店总数达到10 000家,年营收达到1 000亿元人民币。"名创优品创始人兼首席执行官叶国富曾公布过3年战略目标。在品牌战略大会上,其决定正式启动IPO项目及员工股权激励项目。

名创优品自成立起就快速席卷全国,2013年,开店27家;2014年,开店373家;2015年,开店1075家;截至2017年12月,店铺数量已经超2600家,遍布全球各地,平均每月开店80~100家,预计2020年在全球开店6000家,规模效应形成之后,成本曲线就会向下倾斜,营收也是连年增长。名创优品店内有3000多种品类,近10000个SKU(Stock Keeping Unit,库存量单位),单价以10元人民币、20元人民币为主流,最高不超过99元。传统零售行业通常采用分级经销制度,经过几层加价后,到最后商品价格会高出出厂价很多,而名创优品80%的商品从1 000多家中国工厂中直接订制采购,不经过任何分销层级,零售环节毛利率仅为8%~10%,比同类产品低得多的价格使得名创优品的产品备受年轻消费者青睐。产品流转和更新周期快,一般百货店的商品流转时间为3~4个月,名创优品可以做到21天,每7天上一次新货。此外,名创优品采取直营模式,投入近10亿元在全国迅速开了300家门店,形成成熟的门店运营模式和供应链体系后,开始借助加盟(资金杠杆)扩张。名创优品采取类直营的加盟模式,投资人仅投入资金(约200万元人民币左右,费用包括店租和店铺装修等),由公司进行统一的配货销售管理,实现从总部到省一级再到门店的扁平化管理。与此同时,名创优品自建7大物流仓储中心:广州、常熟、武汉、成都、廊坊、沈阳、西安,将物流配送环节掌控在自己手上,确保供应链的高效运转。同时公司开发供应链管理体系,对所有商品的动销速度进行大数据管理,提高了资金和销售的效率。

资料来源:服装新闻网 http://news.efu.com.cn/newsview-1250136-1.html(有删改)

1.3 当代企业营销理念的发展

回顾企业营销理念从产品观念、生产观念、推销观念、营销观念、社会营销观念直至关系营销的演进过程,不难发现每一次营销观念的重大变革,无不是向重视顾客方向更进一步发展的结果。21世纪更是顾客主导的时代,企业面临着前所未有的激烈竞争,新的时代、新的竞争格局必然促使企业营销观念进一步深化和发展。

1.3.1 顾客价值与顾客满意

今天,我们面对的是一个产品极大丰富、消费日益饱和的社会,人们刚刚还在享受着物质丰富所带来的满足感,接着却又不得不面对同质化的尴尬,小到洗发水、信用卡、皮鞋,大到冰箱、彩电、汽车、房地产……几乎所有的行业都面临着同质化现象。顾客面对如此众多的产品、品牌、价格、供应商,他们将如何进行选择呢?

1. 顾客让渡价值　一般而言,消费者在购物的时候,都会有意或无意地将物品或服务的品质与价格做比较,以衡量是否物超所值。消费者往往会从产品提供的利益(价值)与为获得该产品所需付出的成本两个方面进行比较分析,从中选择出价值与成本之差额最大的产品作为优先选购的对象,因此顾客是价值最大化的追求者。

从理论上讲,顾客价值理念基于营销学权威菲利普·科特勒所提出的"顾客让渡价值"或称"顾客认知价值(Customer Perceived Value)"理论。

顾客让渡价值的含义是指顾客从市场提供的商品中发现和感受到的总值与为获得这些利益所付出的总成本之间的差额,即顾客让渡价值=顾客总价值−顾客总成本。

具体来讲,顾客总价值是指顾客购买某一产品所期望获得的全部利益,包括产品价值、服务价值、人员价值、形象价值等,而顾客总成本则指顾客为购买此产品所需耗费的各种支出,包括货币成本、时间成本、精神成本、体力成本等,如图 1−4 所示。顾客让渡价值的决定因素见表 1−2。

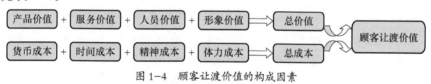

图 1−4　顾客让渡价值的构成因素

表 1−2　顾客让渡价值的决定因素

总价值	决定因素	总成本	决定因素
产品价值	品质、功能、款式、特色等	货币成本	商品价格、交通费、安装维修费等
服务价值	伴随产品销售的售前、售中、售后服务	时间成本	咨询、收集信息的时间、交通时间、交货等待时间等
人员价值	员工的经营思想、作风、业务能力、工作效率和质量等	精神和体力成本	收集信息、谈判交易条件、购买、安装、使用、维修等方面的精神和体力的支出
形象价值	企业的品牌、声誉等		

顾客价值营销理念就是强调关注顾客的利益,为顾客提供尽可能大的让渡价值。为此,企业需要深入了解、把握顾客的需要和利益,同时还需分析竞争者给顾客提供的利益和价值,并进行对比分析,以便使企业所实施的价值营销策略更有针对性和有效性。

麦当劳的成功是一个典型事例,自创业以来,麦当劳一贯坚持 OSCV(质量、服务、清洁、价值)的经营理念,不仅给顾客提供高质量的产品、方便快捷的服务、清洁的就餐环境,同时使顾客支付尽可能低的时间成本和货币成本,获得身心愉悦的享受,从而赢得了世界各地大批的顾客。其严格的品质管理及操作规范、服务规范等,一方面有利于全面提升顾客总价值，同时又使顾客感受到实实在在时间成本、精神成本的节约。

因此，企业以满足顾客的需要为出发点，或增加顾客总价值，或减少顾客总成本，或双管齐下，通过向顾客提供比竞争对手具有更多让渡价值的产品赢得更多的潜在顾客。

2．预期满意理论　企业为谋求长远的发展，不仅应设法赢得顾客，还需使顾客满意，"满意的顾客是最好的广告"。据调查，多一个满意的顾客，有可能带来 8 个新顾客；多一个不满意的顾客，可能减少 25 个顾客。越来越多的经营者认识到顾客满意和维系现有顾客的重要性，一个公司如果将其顾客流失率降低 5%，其利润就能增加 25%～85%。

根据预期满意理论，消费者购后满意与否，取决于他的预期与实际感受的对比：若预期>实际感受，则消费者会不满意；若预期=实际感受，则消费者会基本满意；若预期<实际感受，则消费者会满意或很满意。

企业虽然无法控制消费者的实际感受，但由于消费者预期的形成是基于他从厂家、商家、朋友以及其他渠道获取的信息，因此，消费者预期是企业营销活动可以影响的，企业应避免夸大其词的宣传，以免使消费者产生过高的预期。

相关链接 1-3

顾客满意追踪调查和衡量度的方法

描述公司如何探索顾客满意的方法见表 1-3。

表 1-3　描述公司如何探索顾客满意的四种方法

投诉和建议制度	一个以顾客为中心的组织应为其顾客投诉和提建议提供方便。有些以顾客为导向的公司，如宝洁公司、通用电气公司、惠而浦公司等，都开设了免费的顾客电话热线。公司还增加了网站和电子信箱，方便双向沟通
顾客满意度调查	一些研究表明，顾客每 4 次购买中会有 1 次不满意，而只有 5% 以下的不满意的顾客会抱怨。大多数顾客会少买或转向其他供应商。敏感的公司通过定期调查，直接测定顾客满意状况。他们在收集有关顾客满意的信息时，询问一些其他问题以了解顾客再购买的意图，衡量顾客是否愿意向其他人推荐本公司及品牌
佯装购物者	公司可以雇一些人，装扮成潜在顾客，报告他们在购买公司及其竞争者的产品过程中发现的优缺点。这些佯装购物者甚至可以故意提出一些问题，以测试公司的销售人员能否适当处理。公司经理们还应经常走出他们的办公室，进入他们不熟悉的公司以及竞争者的实际销售环境，以亲身体验作为"顾客"所受到的待遇。经理们也可以打电话给自己的公司提出各种不同的问题和抱怨，看他们的员工如何处理这样的电话
分析流失的顾客	对于那些已停止购买或转向另一个供应商的顾客，公司应该与他们接触一下以了解发生这种情况的原因。公司不仅要和那些流失的顾客谈话，而且还必须监控顾客流失率

科特勒认为，顾客满意的意义在于：一个高度满意的顾客会忠诚于公司；购买更多的公司新产品和提高购买产品的等级；为公司和其产品说好话；忽视竞争品牌及其广告并对价格不敏感；向公司提出产品或服务建议；由于交易惯例化而比用于新顾客的服务成本低等。

相关链接 1-4

2018，读懂中国消费的十大关键词

1. 知识零售 在知识付费的风口上，知识的产品属性被更深层次地挖掘和展现。知识的制作者充分运用自己的知识，并从中获得收益；知识的消费者购买使用并且有所得。知识作为一种商品，被成体系地制作产生、上架、购买并且消费。首先，消费群体有更强的自觉性；这是带有更多自发性的学习；其次，知识本身更个性化、也更具有实用性和功利性。知识付费的拥护者大多是抱着提升自己或者解决问题的心态而来的。精准地获取自己需要的知识，并且能有效地将知识转化成技能，这是所有知识学习者意识或潜意识中的最佳体验。知识新零售将更聚焦于知识对于学习者的适用性和有效性，直指知识消费者的痛点，重新发现知识价值，重新定义知识经济。

2. 消费升级 对于消费升级，当前市场有这样一个非常常见的认知误区，即将消费升级简单地等同于价格上涨，认为只有消费者购买的产品越来越贵，品牌越来越大牌时，才属于消费升级。年轻一代更注重情感价值要素，他们对便利度、质量和多样性有更高的标准，对价格的敏感度相对较低。消费需求更加个性化、品质化、差异化、精细化，对生活品质的要求更高，更强调和重视服务的良好体验。

3. 下沉市场 下沉市场，简单来说就是包括三四线城市到农村乡镇在内的用户群体，也即被媒体称之为"非主流"市场。所有的增量市场都有生命周期，往往是红利越大，红利周期就越短，这是由中国典型的市场竞争环境所致。未来还将有无限的空间和市场，从拼多多到快手再到趣头条，下沉市场的风口多到开始细分，从电商领域延伸到视频领域，未来还将在更多的领域引来爆发。

4. 网红带货 早期的网红卖货，是"投人不养人"，谁火谁就能得到投资，简单粗暴，直截了当。对用户的直接刺激，引爆某一时段的大流量，然后展示合作的品牌或产品。今天的网红不再是一个活生生的人，而是一个符号或人设（人物设定，在网络和媒体上的一言一行都是在扮演特定的角色）。网红电商和消费者的互动是持续的互动，彼此通过不断地试探和磨合，了解彼此，形成认同。网红电商非常充分地利用当下互联网所带来的平台优势，通过复杂和多样的互动，不断地输出人格化的传播内容。

5. 消费分层 消费分层，就是不同阶层群体割裂的加剧。由于地域辽阔，导致不同地区人们的生活习惯相差巨大，而人口基数导致同一区域的不同阶层的群体割裂得更加显著。消费分层是社会分层在消费领域（或象征领域）的延伸与体现。在当代城市社会中，炫耀性消费、时尚性消费、娱乐休闲消费已成为城市居民的主要消费类型，其表现出的阶层化现象日趋明显，成为消费分层的主要表现形式。休闲工具（媒介、措施）的不断扩充完善，加之娱乐休闲获取方式、交往方式和参与方式的多样化、市场化，娱乐休闲消费已成为城市社会生活的重要组成部分。

6. 佛系青年 有这样一群年轻群体，他们崇尚一切随缘、不苛求、得过且过，有主见但不想表达，不汲汲于富贵，不戚戚于贫贱。对待恋爱，不山盟海誓，不惊天动地，不整天腻在一起，虽然有好感，但无所谓对方的态度，不强求，随缘。对待工作，被老板批评了，说一句对不起，得到夸奖了，说一声谢谢，平淡对之。不开心了就辞职，无所谓。在淘宝上买回来的东西不较真，不喜欢或与事实不符，能接受就使用不喜欢就放在一边，很淡定。

7. **单身经济**　我国已卷起第四次单身潮,单身浪潮在让更多父母忧心忡忡的同时,却误打误撞地激荡出"单身经济"的繁荣。现今的单身族群主要集中在有文化、有实力的阶层。比起传统观念中长相、经济双重困难,生理或心理上有双重缺陷的"被动单身者",思想观念上的颠覆性变化是他们最为显著的特征。他们是自我享乐的代表,为了享受生活而主动选择单身。比起已婚人士,他们热衷消费,淡看储蓄,并且自我意识极强,对单身生活也是感觉良好。"高学历、高收入、高压力,工作忙、有情趣、有期待"等词语正是这个群体的特征,也正是欲在"单身经济"浪潮中淘金的精明商家最值得留意的地方。除了单身公寓、高素质的单身交友网站和俱乐部持续红火外,强调"生活保障"和"风险防范"概念的商业保险,以及以教育、养老为核心的理财险种应当都是"想他们所想"的对口产品。

8. **社交货币**　社交货币就是社会中两个或两个以上的多个个体,在获取认同感与联系感之前对于自身知识储备的消耗。或者说是谈资,例如,网红就是社交货币。生活中的大部分人都羞于表达自己的观点和情感,而网红的表现力较强,搞笑的台词和夸张的表演实际是替大家在表达。网红将自己变成了社交货币,购买了粉丝的拥护。手艺是社交货币,创作人大多不善社交,但他们用自己的手艺(作曲、写作、摄影、烹饪、手工等)创作的作品却是稀缺的社交货币。受众可以通过作品与创作人发生连接,也可以把作品作为社交货币去购买其他人的关注、评论或赞。这是一个社交社会,互联网工具成功地把社交延伸到游戏、电商、出行等方面。

9. **平台赋能**　一方面大型的平台型公司中很多商业流程正在大量地向市场外移,另一方面则是各种自发、自主、快速聚散的创业型联盟和社群大量出现,大量的创新者凭爱好、技能在某一平台上快速聚散,展开分享、合作乃至集体行动,这种协作关系之下,往往能产生更复杂的用户价值。

10. **线上线下**　线上订购、线下消费是O2O的主要模式,这种商务模式能够吸引更多热衷于实体店购物的消费者,传统网购的以次充好、图片与实物不符等虚假信息的缺点在这里都将彻底消失。传统的O2O经过改良,把在线支付变成线下体验后再付款,消除消费者对网购诸多方面的不信任。消费者可以在线上众多商家提供的商品里面挑选最合适的商品,亲自体验购物过程,不仅放心有保障,而且也是一种快乐的享受过程。未来再也没有线上线下之分,只有品牌和体验之分。以人为中心、便捷的购物方式、舒适的购物体验,是零售商永恒的追求。

资料来源:凤凰网 http://tech.ifeng.com/a/20181213/45259839_0.shtml(有删改)

1.3.2　绿色营销

党的二十大报告指出:"必须牢固树立和践行绿水青山就是金山银山的理念,站在人与自然和谐共生的高度谋划发展。"进入21世纪,全球的环保呼声越来越高涨。绿色营销观念就是随着时代的发展,绿色消费需求的兴起促使市场营销观念进行变革和发展的产物,其基本思想是企业应以环境保护为要旨,以满足消费者的绿色消费为中心和出发点,在化解环境危机的过程中获得商业机会,在实现企业利润和消费者满意的同时,实现人与自然的和谐相处,共存共荣。

面对全球生态环境的恶化、自然资源的短缺等生态危机,国际环境公约纷纷出台,各国环境与技术标准对产品及其生产过程的要求不断提高,环保法规越来越复杂和严格,绿色贸易壁垒甚至成为当今最为盛行的一种非关税壁垒，这种状况客观上也促使企业转向绿色营销。

绿色贸易壁垒（Green Trade Barrier，简称"绿色壁垒"），是指进口国以保护生态环境、自然资源、人类和动植物的健康为由，以保护本国市场和贸易为根本目的，通过制定、颁布、实施严格的环境保护法规和苛刻的环境保护技术标准，以限制国外产品或服务进口的贸易保护措施。当前世界范围内构成绿色贸易壁垒主要有以下限制措施。

1）涉及环境保护问题的国际环境公约，如《保护臭氧层维也纳公约》（1985年）、《保护生物多样性公约》（1992年）等。

2）WTO有关协议中的环境条款，如《建立世界贸易组织协议》指出：在符合可承受的发展速度的前提下，允许缔约方合理地利用世界资源，以符合各国经济发展水平所决定的各自需求与利害关系的方式寻求环境得到保护，并提高这种保护的手段。

3）国际标准化组织颁布的国际环境管理体系系列标准（ISO 14000系列标准）。

4）绿色标志制度。绿色标志（Green Label）也称为环境标志、生态标志，是指由政府部门或其授权的部门按照一定的环境标准颁发的特定图形，用以表示某种商品符合环境要求。

5）进口国国内环境与贸易法规，如欧盟《消费者保护法》，禁止使用和进口能分解成致癌芳香胺的118种偶氮染料及其染色的纺织品。

6）进口国环境与技术标准，特别是发达国家的规定都相当严格。

绿色壁垒产生于20世纪80年代后期，90年代开始兴起于各国，如美国拒绝进口委内瑞拉的汽油，因为含铅（Pb）量超过了本国规定；20世纪90年代，欧洲国家严禁进口含氟利昂的冰箱，导致中国的冰箱出口由此下降了59%。尽管绿色贸易壁垒大多都是发达国家针对发展中国家设立的，但是为了全社会的可持续发展，为了冲破绿色壁垒，我国企业必须顺应这股绿色潮流。

1.3.3 全球营销

进入21世纪以来，伴随着网络技术、高新技术的快速发展和广泛应用，经济全球化的进程明显加速，全球经济一体化、市场全球化的崭新格局已经形成，企业营销的时空无限扩大，从而使企业传统的"时空"观念和"国界"观念受到巨大冲击。任何企业都可以借助现代信息技术手段，全天候、直接面对全球的顾客和竞争者，企业竞争从区域竞争转向了全球竞争。

全球营销理念要求企业必须彻底打破以国界、区界划分国际市场与国内市场的传统认识，强化竞争全球化、资源全球化、顾客全球化的全新经营理念，开拓思维和视野，应以全球市场的观点来制订和实施经营战略，选择目标市场和战略定位，要善于借助网络等现代化的信息技术手段了解和掌握国际市场营销发展动态，发掘商机，主动营销，大力开拓企业的市场。

美国不少企业正是利用全球化发展的契机，形成了新世纪的跨国集团及运营结构的新模式，如其研究中心在硅谷，广告策划在纽约，制造基地设在东南亚，财务公司设在中国等。

互联网+营销实战 1-3

海尔全球化创牌效果显著

　　面对全球用户个性化、多样化、区域化的需求，青岛海尔先后整合并购了日本 AQUA、新西兰 Fisher & Paykel、美国 GE Appliances 三大品牌，与海尔、卡萨帝、统帅共 6 大品牌建立起多品牌家电阵营。这 6 大品牌既有自己的全球使命，也有自己的区域目标。

　　海尔发布的 2018 年半年报显示，2018 年上半年海尔实现收入 885.92 亿元，同比增长 14.19%，至此国内白电业务连续 7 季度实现 20%以上的增长。而得益于全球化运营的进一步协同发展，海尔全球化创牌效果显著。

　　创"世界级品牌"：GE 家电美国逆势上扬 11%

　　中国电子商会发布的《2018 年 1-6 月中国家电市场分析及下半年消费趋势报告》显示，2018 上半年全品类家电维持低速前行态势，进入 7 月份，呈现出整体下滑的趋势。在此趋势之下，青岛海尔实现逆势上扬，半年报显示，上半年海尔实现营业收入 885.92 亿元，同比增长 14.19%。不仅在鸿沟渐宽的国内市场实现逆势上涨，在海外市场同样表现优秀。财报显示，海尔海外营收占比逾 40%，根据 Stevenson company 数据显示，美国家电行业 2018 第 2 季度负增长 5%。在此低迷态势中，GE 家电上半年美元收入同比增长 11%，保持高于行业的上扬态势。

　　做"全球化企业"：海外主要市场增幅超 20%

　　不同于单一的"海外工厂"制造模式，海尔在海外创牌的过程中坚持"三位一体"的本土化战略——即以本土用户需求为中心进行本土化研发、制造、营销，以最贴近当地用户需求的方式进行自主创新。以美国空调市场为例，海尔在美国先后建立了设计中心、创新中心、培训中心等，同时还针对美国用户的需求，升级全场景智慧家庭空气解决方案。2017 年，海尔与旗下 GE 家电双空调品牌份额占比 27.2%，位列美国市场第一，打破近 20 年的美国空调旧格局。"加入海尔后的一年，GE 家电的收入增速比以往都要快，除了第一的市场份额，GE 家电首席商务官 Mr. Rick Hasselbeck 曾在发言中表示，也得到了家电品牌知名度全美第一、智慧家庭互联网家电全美第一的消费者及行业认可。"而作为国内家电企业海外拓展重点的欧洲市场，家电品牌更是强手如林。据 GFK 数据显示，欧洲多国家电市场上半年持续低迷。其中，意大利 1～4 月增幅下滑 4.3%、德国上半年负增长 3.2%。在这种背景下，海尔在欧洲市场通过领先产品上市、拓展营销与渠道、建设本土化供应链等奠定业绩增长基础，上半年收入整体实现 22%的正增长；同样，在南亚市场，整体收入增长 28%，持续提升"海尔牌"全球占比。

　　走"高端转型路"："冰洗空"产业份额全球领先

　　在国内市场，海尔以"高增长、高份额、高价值"表现出了愈加强劲的竞争力。高端领域，卡萨帝收入增长加速，持续引领高端市场份额。在全方位的品牌布局下，海尔在海外市场的高端转型成效也十分显著。在欧洲，俄罗斯冰箱工厂 2018 年上半年产能负荷率 100%，产量 10 万台，较去年同期增长 46%，生产效率提升 25%；在南亚，海尔品牌在巴基斯坦的整体份额达到 28%，位居行业第一，空调收入增幅 43%，洗衣机收入增长 27.5%。在印度，浦那工业园上半年全产线实现产销预算目标，冰箱实现上半年 85 万台的生产及发货,同比增长 200%……在"人单合一"模式的指导下,海尔以用户为中心的全球化创新,赢得 160 多个国家和地区的 10 亿用户认可。

资料来源:http://www.sohu.com/a/251164606_99990415(有删改)

1.3.4 个性化营销

工业经济时代,企业根据大众化的需求进行生产和经营,消费者也只能根据大众化的需求来购买和消费,消费者处于被动地位。而在新的形势下,消费者凭借发达的信息网络及技术手段,可以全面、迅速、准确地收集与其购买决策有关的市场信息,在浩瀚的产品中进行选择,追求多样化、个性化消费成为新的需求时尚。

个性化营销的出现,首先是由于人们消费水平不断提高,价值观念日益个性化,进而要求产品的"文化色彩"或"情感色彩"浓厚,能体现自己独特的素养;其次是产品越来越丰富,供大于求,消费者可以在众多的同类产品中随意挑选;最后是互联网技术使信息社会中的供求关系变为动态的互动关系,消费者可以在全世界的任何一个地方、任何时间将自己的特殊需求利用互联网迅速地反馈给供给方,而生产方也可以随时随地通过互联网了解和跟踪消费者的市场反馈。因此,针对消费者的个性化需求来实现高度的顾客满意将成为新世纪营销的新特色。

20 世纪末,海尔提出了"您来设计,我来实现"的新口号,由消费者向海尔提出自己对家电产品的需求模式,包括性能、款式、色彩、大小等。

今天 DIY(Do It Yourself)计算机、DIY 服装、DIY 贺卡、DIY 家具、DIY 音乐等已成为年轻一族的时尚,风靡全国各个城市的各个角落。

1.3.5 互联网时代营销

数字技术与互联网无处不在,正在彻底改变我们的生活方式。智能手机、平板电脑等数字设备在我们的学习、工作、购物和娱乐活动中连接着互联网、连接着"朋友圈"、连接着世界。2018 全球数字报告显示,互联网用户数已突破 40 亿人。2017 年新增网民人数为 2.5 亿人。据 2018 年中国互联网网民数量调查,2017 年我国网民规模就达 7.72 亿人,全年共计新增网民 4074 万人。

数字化营销(Digital Marketing)是借助与互联网、通信技术和数字交互使媒体实现营销目的的一种方式,网络营销、移动营销等都是数字化营销的表现形式。首先,企业选择网站、视频、电子书等网络媒体来做广告,企业广告策略选择变得多样化和数字化;其次,电子商务改变了传统的分销策略,虚拟网上直销取代了中间商,变得更迅速、更经济;最后,互联网将企业营销变为无国界的国际市场营销,国际市场营销更为便利。目前,基于智能手机的移动营销(Mobile Marketing)成为增长最快的数字化营销平台,智能手机被称为继电视、电影、计算机之后改变人类生活的"第四屏"。智能手机随身携带、始终在线、精准定位、高度个人,这使它成为理想的数字营销工具。

相关链接 1-5

"大智移云"时代,我们身边的物联网

物联网与移动互联网、云计算、大数据相伴发展,物联网成为"大智移云"时代

的重要支柱,"大智移云"时代为物联网的发展开拓了广阔空间。正常情况下,很多车辆不应该在马路上随便按喇叭,以前按喇叭是很难检测的,但是现在如果有机动车辆在前后 50 米的范围内,在不允许按喇叭的地方按喇叭,也能通过声呐检测出来。智能拉杆箱,实际上也通过物联网的办法,配备生物识别技术,如指纹识别,还有智能称重的功能,检测行李有没有超重,另外,它甚至可以自己跟着你走。拉杆箱可以通过手机识别主人的位置,如果距离太远,它会告诉你并且能够可以自己定位。当主人离开的时候,它会自动上锁,主人回到旁边,它会自动解锁,如果大家不小心把拉杆箱丢失了,或者说机场的搬运工人不小心把行李遗忘了,它会想方设法地回到你的身边。

共享电单车是物联网运用的很好实例,共享电单车具有定位和移动的能力。不管车辆运动或者静止都能通过车辆管理后台或者手机 APP 查看车辆的实时位置,实现手机或 PC 端远程控制车辆,如在车辆租赁中的启动、锁车、换车。物联网将渗透到社会生活生产的方方面面,人们感觉不到物联网的存在,但它时刻影响着人们的体验。

资料来源:http://www.sohu.com/a/160121171_217379(有删改)

[营销方法]

1. 客户满意度调查表 客户满意度调查情况见表 1-4。

表 1-4 客户满意度调查表

项目	非常满意	满意	一般	不满意	很不满意
根据您最近的经历,您对××满意吗					
	肯定会	可能会	说不准	可能不会	肯定不会
根据您最近的经历,您是否会将××推荐给您的生意伙伴					
根据您最近的经历,您是否会从××购买其他产品					
您对总体质量满意吗					
您对得到的销售支持满意吗					
您对得到的技术支持满意吗					
您对得到的管理支持满意吗					
您对提出要求的处理情况满意吗					
您对得到的供应帮助满意吗					
您对客户培训满意吗					
您对提供的产品相关资料满意吗					
您对电话热线支持满意吗					

2. 不同层次的关系营销 企业可按以下思路区分顾客,建立 5 种不同层次的关系营销。不同层次的市场营销水平见表 1-5。

表 1-5　不同层次的市场营销水平

关系营销类型 顾客类型	盈利水平 高利润	中利润	低利润
顾客/经销商很多	可靠型	反应型	基本型或反应型
顾客/经销商一般	主动型	可靠型	反应型
顾客/经销商较少	合伙型	主动型	可靠型

1）基本型：销售员只是简单地出售产品。

2）反应型：销售员出售产品，并鼓励顾客，如有什么问题、建议或不满意就打电话给公司。

3）可靠型：销售员在售后不久就打电话给顾客，以了解产品是否与顾客所期望的相吻合；销售员还从顾客那里整理几个有关改进产品的建议及任何不足之处。这些信息有助于企业不断改进产品。

4）主动型：公司销售员经常与顾客电话联系，讨论有关改进产品用途或开发新产品的各种建议。

5）合伙型：公司与顾客一直相处在一起，已找到影响顾客的购买方式或帮助顾客更好行动的途径。

本章小结

1. 市场营销的定义及其核心概念　市场营销是个人和群体通过参照产品和价值，然后同他人进行交换以获得所需所欲的一种社会及管理过程。

市场营销的核心概念包括需要、欲望和需求；产品、服务和体验；价值、满意和质量；交换、交易和关系；营销者与营销对象。

2. 六种不同的营销观念　这六种不同的企业经营指导思想在营销范畴内被解释为不同的营销观念。它们分别是生产观念、产品观念、推销观念、市场营销观念、社会营销观念和关系营销。

3. 当代企业营销理念的发展　当代企业营销理念的发展包括顾客价值与顾客满意、绿色营销、全球营销及个性化营销。

重要概念

市场　市场营销　生产观念　产品观念　推销观念　市场营销观念　社会市场营销观念
关系营销　顾客价值　顾客满意　顾客让渡价值　绿色营销全球营销　个性化营销

案例分析

海底捞服务的精髓：就是"在客人要求之前"服务

一些餐饮企业，在员工培训时还停留在喊口号的阶段，如天天开例会都让员工唱歌，或者喊热情服务、微笑服务之类的口号，海底捞的员工已经不是停留在喊口号的层面，而是深入到执行层面。主动服务就是"服务做在客人要求之前"，现实中绝大多数餐厅的服务都是在客人明确提出要求后，但如果你能在客人的要求提出之前就给他们提供服务，对于客人的直观感受来说，那就是非常主动的服务。

迎宾环节

海底捞的员工不是等客人上前来问，而是要主动去问客人，如客人只要在向自己这边走过来，还没等客人走近，就主动迎上去，问对方几位，然后告诉对方目前是否需要排队，已经排队到多少桌，大概需要等待的时间，是否愿意在这里等待等。为了让等待的客人能留下来，不因为等候太久而离开，海底捞在等候区提供了很多其他服务，如美甲、擦鞋、提供小吃饮料等。

进店落座后

常规情况下，客人落座后，经常会出现要求服务员拿菜单的情况，尤其是那些生意很好，员工很忙碌的餐厅，甚至可能出现客人坐下好几分钟都没人理的情况，虽然可能店里确实忙，客人也会理解，但心里肯定不舒服。

海底捞的每个服务员有自己所负责的区域，客人走到所在区域的座位后，立即主动递上菜单，然后根据客人的构成情况做出主动的服务，如有小孩子的，则立即拿出儿童椅，并告诉有什么是小孩子可以吃的东西；如果有老人，那么告诉哪些锅底和菜品适合老人，尽可能将各种信息主动告诉给客人。

就餐过程中

常规情况下，一些生意特别好的店，客人如果要添加菜品或者酒水等，经常需要扯开嗓子吼，甚至要反复很多次，才会有服务员过来给提供服务；而且下单后又可能要反复催很多次菜品才能上来，这些情况很普遍。海底捞负责这个区域的服务人员，如果没有针对某一桌单独服务时，眼睛一定是随时盯着自己所服务的这几张桌子，密切关注客人的动向，如发现客人眼睛看向自己，还没等客人手举起来，就已经小跑着上前，询问客人需要什么？听到筷子落地的声音时，还没等客人举手就已经重新递上其他筷子，客人刚一准备起身，就询问客人是需要上洗手间么（就餐中起身的最大可能），然后指明洗手间的位置……

就餐中途，客人在吃东西时可能发生的行为，以及除了吃东西以外可能发生的其他行为，有经验的服务员基本上都能做出准确判断，只要稍微用心留意，就能在客人的服务要求产生之前做出相应的服务。

就餐结束后

常规情况下，客人在就餐结束想要买单时，即使是生意好的店，也经常出现要喊好几声才能得到员工回应的情况；而海底捞在这方面同样提供前置化的服务，给客人主动打出菜单明细，告诉客人哪些菜品是赠送的，那些菜品是半份，然后告诉客人总价是多少，折扣是多少，在哪儿付款，最后引导客人离开，并表示感谢……因此，从客人还没有进店开始，到离开餐厅的所有环节，其实就涉及这些服务的需求，只要各个岗位的员工用心，基本都能在客人的需求出现之前就提前给客人提供相应的服务，这在客人心里就是主动服务；相反，如果要等到客人来主动询问，甚至因为忙而要客人反复问几次才回答，则不是主动服务。

思考与分析

1. 海底捞体现了何种营销观念？它是通过何种方式实现的？
2. 请联系案例并结合自己外出就餐的经历，为海底捞提出市场营销方面的建议。

资料来源：职业餐饮网 http://www.canyin168.com/glyy/yg/ygpx/fwzl/201612/67929.html（有删改）

营销实训
市场营销体验

【**训练目的**】实际地体验与认知市场营销。

【**训练方案**】

- **人员**：以 3~5 人的小组为单位演习。
- **时间**：与第 1 章教学时间同步。
- **方式**：仔细地浏览亚马逊网（www.amazon.com），并以 PPT 或其他形式发表自己对下列问题的看法。

1）描述你所看到的亚马逊网，尝试在亚马逊网上购物并描述这一过程。

2）你看到了市场营销的存在吗？以实例支持你的说法。

3）亚马逊网是怎样与顾客建立关系的？你认为你在亚马逊网看到的什么说明亚马逊网重视顾客利益？

4）你觉得亚马逊网怎样才能做得更好？

复习与思考

1. 谈谈你对市场营销的理解和认识。
2. 传统营销理念与现代营销理念的根本区别是什么？
3. 营销观念的不同对企业经营有何影响？请结合实例予以说明。
4. 讨论顾客让渡价值、顾客生涯价值、顾客满意及关系营销的相互联系。

延伸阅读

1. 《**营销革命 4.0：从传统到数字**》 [美]菲利普·科特勒、[印尼]何麻温·卡塔加雅、[印尼]伊万·塞蒂亚万著，王赛译，机械工业出版社，2017.

作者简介：菲利普·科特勒，美国西北大学凯洛格管理学院国际市场学荣誉教授。他被华尔街日报誉为"六位最有影响力的商业思想家"之一，所获奖项和荣誉众多，蜚声国际。何麻温·卡塔加雅，MarkPlus 营销公司创始人兼首席执行官，获评英国特许营销协会"奠定未来营销业的 50 位哲人"。于内布拉斯加大学林肯分校获泛太平洋商业协会颁发的杰出全球领袖奖。

内容简介：《营销革命 4.0：从传统到数字》以大数据、社群、价值观营销为基础,企业将营销的中心转移到如何与消费者积极互动、尊重消费者作为"主体"的价值观，让消费者更多地参与到营销价值的创造中来。在数字化连接的时代，洞察与满足这些连接点所代表的需求，帮助客户实现自我价值，就是

《营销革命 4.0：从传统到数字》所需要面对和解决的问题，它是以价值观、连接、大数据、社区、新一代分析技术为基础所造就的。《营销革命 4.0：从传统到数字》面对客户购买过程中方方面面的需求，提供了具有深度和广度的人本销售升级版方案。

2.《极致服务：如何创造不可思议的客户体验》 [美]肯·布兰佳、[美]凯西·卡夫、[美]维基·哈尔西著，王霆译，中国人民大学出版社，2015.

作者简介： 肯·布兰佳博士，美国著名的商业领袖，情景领导理论的创始人之一，富有洞察力和同情心的学者，曾帮助许多公司进入全球 500 强。同时他还是一位杰出的演说家、成功的企业顾问、国际畅销书作家，曾荣获国际管理顾问麦克·菲利奖。他被誉为当今商界最具洞察力的人之一。

内容简介： 本书故事中主人公凯尔西·杨在弗格森零售连锁店兼职，同时修读自己的商学学位，她在工作时发现这家店的服务总是很难让客户满意。她在大学学习了服务的课程，意识到关心客户的重要性，于是利用在课堂上所学的知识，试图去改变弗格森连锁店的现状，最终她使这家连锁店涅槃重生。本书用管理寓言为读者展示出了服务理念与 ICARE 模式在企业管理运营中难以估量的作用，对于中国企业提升服务质量、赢得客户信任、提升企业价值具有极大的借鉴意义。

网站推荐

1. 价值中国 www.chinavalue.net
2. 中国营销网 www.hizcn.com
3. 销售与市场·第一营销网 www.cmmo.cn

第 2 章
市场营销环境

学习指导

学习目标

1. 理解市场营销环境的类型、特点和影响作用
2. 掌握企业营销环境的主要内容
3. 了解 SWOT 分析法

任务驱动

粉丝经济时代

在移动互联网的大环境下,新的传播环境正在改变传统的传播逻辑:由以往的大喇叭式的主流媒体传播变成了现在的分散的、小众的非主流媒体传播。移动互联网兴起之前,人们的消费认知和社会认知是相信主流媒体,现在的消费认知更多的是在逐步相信小众媒体,相信圈层中的KOL(Key Opinion Leader,关键意见领袖)的意见。信息不对称时代,消费者信任品牌企业的话语,在社会化传播时代,可以影响消费认知、社会认知的传播途径越来越多,消费者不再迷信品牌自己的话语,可能更加信任其他的传播。

传播环境由主流传播逐步变成小众传播,小众转播在逐步成为传播的主体。这是当前消费认知的一个重大变化:影响消费认知的主要渠道已经是分散化的众多小众媒体。这种移动化的小众传播方式其传播的速度、传播的广度、传播的深度也是超出以往的大众传播时代。传播速度更快,影响范围更广,更加相对精准地影响关注企业的人群。目前消费者接受相关信息的主要途径基本变成来自于移动端的小众传播途径。

企业必须尽快适应这两个重大变化:传播方式发生的变化、消费认知发生的变化。关于传播方式,企业需要尽快由以往大众化、大喇叭的传播方式转向小众媒体的转播方式。小众媒体的传播方式完全不同于以往大众媒体的传播。有关专家指出:大众传播重视的是播,小众媒体传播重点体现的是传,需要准确聚焦目标用户,打动用户。小众传播时代给企业带来了重要的营销机遇,以往需要大投入才能实现的传播效果变成了目前低成本就可能实现的传播目标。所以在新的小众传播环境下,需要转换新的营销理念,核心是要首先找到具有较强忠诚度的目标用户,有人把这一部分人定义为粉丝,即企业的支持者。企业的支持者已经成为企业营销活动当中非常重要、不可或缺的力量。在新的环境下,企业必须要拥有相当的支持者团队,如果在当前环境下,企业没有相当数量的支持者,很难适应当前甚至未来的营销环境。

尽快建立自己的支持者团队对企业的生存、发展具有非常重要的价值与意义。特别是把在行业具有广泛影响力的 KOL 变成企业的支持者、粉丝。企业的支持者可以对企业起到两个方面的作用:一是成为企业的重要传播推广者,二是成为企业的护城河。企业在发展当中难免会发生一些问题。在遇到问题时,特别是在当前的小众传播时代,有没有人能帮你回应,还是自觉自愿地做你的护城河,这对企业非常重要。目前是企业营销转换的时期,需要变革适应小众传播时代的新营销理念,需要建立新的营销模式。新营销需要企业首先找到忠诚的支持者,核心是企业需要找到更具影响力、更具传播能力的支持者。

分享一个你身边依靠小众传播的产品,并阐述当今时代身边的小众传媒都有哪些?他们的传播经典案例是什么?

资料来源:亿邦动力网http://www.ebrun.com/20181217/312261.shtml(有删改)

任何企业都必须在一定的环境条件下开展营销活动,而整个营销环境并非是一个静态的环境,任何一个因素的改变都会带动整个环境的变化,从而形成新的环境。这一系列的改变,一方面可能为企业带来新的商机;另一方面也可能给企业带来威胁。因此,市场环境分析有利于企业识别和掌握由于环境变化造成的针对企业营销活动的机会和威胁,及时采取对策,扬长避短,趋利避害,使企业在多变复杂的市场营销环境中实现营销目标。

2.1 营销环境概述

2.1.1 市场营销环境的概念和特点

1. 市场营销环境的概念　环境是指事物外界的一切事物。它总是相对于某一特定对象而言的，不同的对象有着不同的环境。市场营销环境是相对企业的市场营销活动而言的。按菲利普·科特勒的定义，一个企业的市场营销环境由企业营销管理职能外部的因素和力量所组成，也就是说，市场营销环境是指与企业市场营销活动有关的各种外界力量和因素的总和，而这些力量和因素是影响企业的生存与发展的外部条件。

企业市场营销环境分为宏观环境和微观环境两大类。宏观环境是指对企业开展市场营销活动产生影响的各种社会力量，包括人口环境、经济环境、自然环境、科学技术环境、政治法律环境和社会文化环境等；微观环境是指与企业紧密相连的直接影响企业营销活动的各种参与者，包括供给者、营销中介、顾客、竞争者、社会公众以及影响营销管理决策的企业内部的各个部门。宏观环境通常以微观环境为媒介，对企业的市场营销活动产生间接影响，也称为间接营销环境，但在特定的场合下，宏观环境也可直接影响企业的营销活动。微观环境是对某一个企业起影响和制约作用的环境因素，它直接影响和决定该企业的营销活动，也称为直接营销环境。宏观环境与微观环境是市场环境系统中的不同层次，所有的微观环境因素都受宏观环境因素的制约，而微观环境因素对宏观环境也产生影响，从而构成多因素、多层次、多变的市场营销环境综合体，如图 2-1 所示。

图 2-1　市场营销环境

2. 市场营销环境的特点　市场营销环境是一个多因素、多层次而且不断变化的综合体。企业研究环境，目的就是为了适应不同的环境，从而求得生存和发展。对于所有影响企业营销活动的环境因素，企业不但要主动地去适应，还要不断地创造和开拓对自己有利的环境。

一般地，企业市场营销环境的特征主要有：客观性、差异性、多变性、相关性、可影响性。

（1）客观性　企业总是在特定的社会、市场环境中生存和发展的。这种环境并不以营销者的意志为转移，对企业的营销活动具有强制性与不可控制性的特点。一般来说，企业无法摆脱和控制营销环境的制约，特别是宏观环境中的政治、法律、科学技术等因素，企业难以按自身的要求和意愿随意改变。

（2）差异性　不同的国家与地区之间，营销环境存在着广泛的差异性。不同企业的微观环境也千差万别。市场营销环境的差异性不仅表现在不同企业受不同环境的影响，还表现为同一环境因素的变化对不同企业的影响也是不同的。正是由于外界环境因素对企业作用的差异性，各个企业为应付环境变化而采取的营销策略也各不相同。例如，2009年的经济危机给许多外贸企业和房地产企业带来了巨大的损失，而在中国政府积极的财政政策和适度宽松的货币政策下，这一环境的改变却为很多中小型企业带来了商机。

（3）多变性　构成企业市场营销环境的因素是多方面的，而每一个因素都会受到其他因素的影响，且都会随着社会的发展而不断变化。因此说，市场营销环境是一个动态的系统。

（4）相关性　企业市场营销环境包括影响企业营销活动的一切宏观和微观因素，这些因素涉及多方面、多层次，因素之间相互作用、相互影响、相互制约、相互依存，又互为因果关系，任何一个因素的变化会带动其他因素的变化，从而形成新的营销环境。

（5）可影响性　"适者生存"是自然万物不断演化的法则，同样也是市场竞争的法则。企业能否快速地适应外部环境的变化，将决定企业能否生存。虽然营销环境具有强制性与不可控制性等客观因素，但是这并不意味着企业对于环境是无能为力的或者只能消极、被动地去适应环境，而是应该积极主动地去适应，甚至应该运用各种资源去影响和改变环境，营造一个有利于企业发展的市场空间，从而再去适应该环境。

2.1.2　分析市场营销环境的意义

企业是社会的经济细胞，它在营销活动中必然与其所处的环境发生联系。实践证明，凡是能适应不断变化着的营销环境的企业，就能生存和发展，否则就会被市场所淘汰。现代营销学也认为，企业营销活动成败的关键，在于企业能否适应不断变化着的市场营销环境。市场营销环境中可变的因素很多，而每一因素对企业的营销活动都有制约和影响。当今市场竞争的多样化和激烈化对企业的营销发出了挑战，迫使企业必须具备高瞻远瞩的战略思维，才能在复杂多变的环境中应对自如。

对市场营销环境的分析有以下几方面的意义：①可以找到营销机会和避免环境威胁。②可以提高企业的应变能力。③可以使商品适销对路，真正做到以消费者需求为中心的营销理念。④可以作为企业制订战略的依据和基础。

2.2　宏观环境因素

市场营销的宏观环境是指那些作用于直接营销环境，对企业开展市场营销活动产生影响的各种社会力量，包括人口环境、经济环境、自然环境、科学技术环境、政治法律环境和社会文化环境等。宏观环境的变化既可以给企业营销活动提供机会，也可以给企业带来巨大的威胁，企业必须密切关注宏观环境的变化，通过调整内部环境因素，去适应宏观环境，从而确保企业营销目标的实现。

相关链接 2-1

新零售环境下的市场营销趋势

新零售是指一种"以消费者体验为中心,以数据驱动的泛零售形态",是一条整合了线上和线下、物流和大数据的价值链。具体来说新零售是以消费者为中心,通过数据串联各个消费场景,利用数字化技术实现实体与虚拟的全面融合,提供覆盖全渠道的无缝消费体验。这种新形式让线上线下相互补充,并以物流为连接点,实现线上线下双向流动。新零售的最终目的是从数据运用的角度去提升线下零售的效率,把合适的东西带给需要的人。根据麦肯锡的调查,未来非必需消费品和半必需品在中国的消费结构中的比例正在逐渐增加。

网络红利不在,实体店增长乏力

随着新零售的出现,中国的零售业进入了一个新节点。从 2017 年开始,各行各业的巨头纷纷入场布局新零售,阿里巴巴成为百盛和联华超市的股东,京东宣布要开百万家线下商店,零售业变革加速。互联网销售企业不费力气也能成长的线上市场红利结束了,线上流量越来越贵,互联网进入精耕细作的下半场,网络购物人群在电商发展早期的购物路径非常简单,他们在网上搜索产品,比较价格后网上下单,最后留下评价。但在今天的新零售环境下,影响消费者的信息和营销渠道越来越多,新一代的消费者环境将会变得更加复杂、多样和碎片化。腾讯和尼尔森公司根据 2017 年消费数据,发布了在新零售大环境下的最新的五大营销趋势。

趋势一 渠道优势边界模糊,品牌形象需要凸显

在全球消费升级的趋势下,中国消费者呈现高端化的趋势,越来越多的消费者易被品牌所驱动,差异化品牌形象对于零售购物的影响日趋明显。然而中国消费者很难直接区分同类零售商的品牌差别,缺乏品牌差异,零售商开始根据目标消费者的诉求分析,通过结合消费者关注点和自身优势作为宣传点进行品牌形象的打造。

趋势二 广告向精准化、场景化模式转型,会员运营成为精准营销重要手段

传统广告无法达到精准化、场景化的效果,消费者画像能让零售商更加聪明地推送个人化的信息给消费者。此外,会员数字化管理是实现精准营销的有效手段,电子会员让零售商了解其需求,提供他们感兴趣的会员福利,提高客户的品牌忠诚度。

趋势三 广告创意和投放形式多样化,增强互动性

虽然传统海报仍然是零售商的主要营销方式,可是微信朋友圈和公众号已经成为消费者的第二信息来源,因为其具有渗透率高、可分享、易互动的特征。

趋势四 广告效果闭环打通,有效评估 ROI

现在的电子海报能更大范围和有效率地覆盖人群,并且能相对有效地评估广告效果,因为能评估打开率,且追踪到消费券或优惠券的使用情况。

趋势五 匹配新型 O2O 经营模式,打造线上营销带动销售能力

消费者购买模式的转变(线上 APP 下单购买线下零售商产品)促进线下的零售商与第三方平台合作或者自建 APP,引流线上消费者。

资料来源:携程网 http://you.ctrip.com/article/detail/1109589.html(有删改)

2.2.1 人口环境

人口是构成社会的基本单元,更是构成市场的第一因素。人口越多,在一定程度上也就意味着市场越大,而人口的年龄结构、地理分布、婚姻状况、流动率、出生率、死亡率等特征又会对市场形势产生巨大影响。因此,密切关注人口环境的变化是企业适应环境、寻找市场机会并避免威胁的重要手段之一。

1. 世界人口数量迅速增加 随着科学技术的快速发展,医疗水平的不断提高,人类的生存条件得到了巨大的改善,世界人口平均寿命不断延长,世界人口正在以前所未有的速度增长。据联合国预测,到 2050 年,全球总人口将增加到 92 亿人。人口的快速增长给企业带来了新市场的同时也带来了新挑战。一方面,人类赖以生存的星球需要养活 90 多亿人,这就意味着对食品、水、燃料的需求也将增加,那么市场需求将是巨大的,而供需矛盾也将成为困扰人类的又一难题,因此,研发新型节能技术和产品将是未来的主流;另一方面,随着时间的推移,消费者的需求特点也将呈现出更多的差异化,如何有效地满足这些需求必将带来新的挑战,市场竞争必然加剧,而中小型企业也将获得新的机会。

2. 人口结构 人口结构包括了年龄结构、性别结构、家庭结构和人口分布结构等,其现状及变化趋势将直接影响产品结构和消费结构。

(1)年龄结构 年龄的差别意味着消费者对商品的不同需求,从而可能形成各具特色的市场。社会科学技术的快速发展、人们生活条件和医疗条件的改善、世界人口平均寿命的大大延长、死亡率的降低等原因使得人口老龄化的趋势日渐明显。目前,我国也呈现出了人口老龄化的趋势,"银色市场"的产品需求逐年增加。

(2)性别结构 性别结构反映在市场上就体现为男性消费者市场和女性消费者市场。企业可以针对不同性别的不同需求生产适销对路的产品,制订有效的营销策略,开发更大的市场。例如,男性购买特征类型通常表现为理智型,而女性则大多表现为冲动型。中国 2018 年统计年鉴数据显示,男女人口比例为 51.1%:48.9%,女性人口逐渐上涨,这就预示着女性消费者市场将有更好的发展前景。

(3)家庭结构 家庭是消费的基本单位,家庭的规模和数量将直接影响消费品市场的需求量和某些产品的规格型号。近 30 年来,家庭规模的小型化是我国城乡家庭结构变化的重要特征之一,与此同时,家庭结构还呈现出以核心化家庭为主,小家庭式样多样化的趋势;除核心家庭外,其他非核心化的小家庭式样,如空巢家庭、丁克家庭、单身家庭、单亲家庭等,正在构成我国城乡家庭结构的重要内容。这就预示着消费者市场中的某些产品将逐渐出现更多的差异化需求和小型化需求。

(4)分布结构和流动性 分布结构主要指人口在不同地区的密集程度。人口的分布表现在市场中就会出现市场大小的不同和需求特征的不同。一般来说,经济发达地区人口多而密集,经济落后地区人口少而分散;工业集中分布地区比农业区人口多而密集,农业区又比林区人口密集;开发早的地区历史悠久,人口增长持续时间长,人口多而密;相反,开发晚的地区人口少且分散。中国是世界上人口较稠密的国家之一,其人口分布存在着明显的区域差别性,东西部差异很大。但是,随着交通的日益便利,人口流动性增大,农村人口大量进入城市,逐渐接受着新的生活方式和新的消费观念,使得城乡地区之间的差异化开始逐渐缩小。

2.2.2 经济环境

经济环境一般是指影响企业市场营销方式与规模的因素,主要包括消费者收入与支出状况、储蓄和信贷、经济发展状况等。

1. 消费者收入与支出状况

(1)收入　有消费欲望和购买力的市场才更具有现实意义。消费者满足需求的程度主要取决于其收入的多少,但消费者的收入并不全部用于购买商品,因此,在研究消费者收入的同时,企业应该注意以下几个概念。

1)人均国民收入,它是一国在一定时期内(通常为一年)按人口平均的国民收入占有量,反映国民收入总量与人口数量的对比关系。人均国民收入水平是衡量一国的经济实力和人民富裕程度的一个重要指标。这一指标对分析市场潜力和规模意义重大。根据世界银行资料,2017年我国人均国民总收入已经达到8 260美元。按照世界银行的划分标准,我国已经由长期以来的低收入国家跃升至世界中高等收入国家行列,这预示着我国消费者市场将迎来广阔的发展空间。

2)个人收入,它是指消费者个人从各种来源所获得的一切货币收入,包括工资、奖金、津贴、投资收益和其他收入等,它是消费者购买能力的源泉,它影响市场规模的大小和购买力水平的高低。

3)个人可支配收入,它是指消费者个人收入扣除缴纳税收之后的余额,消费者可用以个人消费和其他支出。

4)个人可任意支配收入,它是指个人可支配收入减去维持生活所必需的支出和其他固定支出之后的余额。这部分支出所引起的需求弹性大,是市场需求最活跃的动力因素,而且在商品消费中的投向不固定,是企业市场竞争的主要目标。

5)货币收入和实际收入,它们的区别在于物价因素的影响,货币收入只是一种名义收入,并不代表消费者可购买到的实际商品的价值。货币收入的上涨并不完全意味着实际购买力的提高,而货币收入不变也不一定就是购买力不波动。只有考虑了物价因素的实际收入才反映购买力水平和变化。当货币收入一定时,消费者的实际购买力受物价因素的影响,如消费者货币收入不变,但物价下跌,消费者的实际收入上升,购买力提高;反之,如物价上涨,消费者的实际收入下降,购买力降低。

(2)支出　消费者支出主要是指消费者个人或者家庭的总支出中各类消费开支的比例关系。收入在很大程度上影响消费者的支出模式与消费结构。随着消费者收入的变化,支出模式和消费结构会发生相应的变化,继而使一个国家或地区的消费结构发生变化。德国经济学家和统计学家恩斯特·恩格尔提出了著名的恩格尔系数,可以用下面的公式表示。

$$恩格尔系数=(食物的开支/消费的总支出)\times 100\%$$

恩格尔系数的计算表明一个定律:随着家庭收入的增加,用于购买食品的支出占家庭收入的比例会下降。于是,恩格尔系数也就变成了衡量特定时间和地区家庭或个人富裕程度的重要指标,见表2-1。

表 2-1　衡量富裕程度的恩格尔系数

恩格尔系数（%）	59 以上	50～59	40～50	20～40	20 以下
消费层次	绝对贫穷	勉强度日	小康水平	富裕型	最富裕

我国城乡居民家庭恩格尔系数见表 2-2。

表 2-2　我国城乡居民家庭恩格尔系数

年份	城镇居民家庭恩格尔系数（%）	农村居民家庭恩格尔系数（%）
2013 年	35.0	37.7
2014 年	31.1	34.1
2015 年	30.0	33.5
2016 年	29.3	32.2
2017 年	28.6	31.2

资料来源：《中国统计年鉴 2018》

国家统计局公报显示，2013～2017 年全国居民人均可支配收入年均实际增长 7.4%，快于人均 GDP 增速 0.9 个百分点。居民收入来源多元化，财产性收入占比不断提升。2017 年，城镇居民人均可支配收入中，工资性收入占比下降至 61%，财产净收入提高到 9.9%。随着农村外出务工的增加，农村居民工资性收入增长较快。2017 年，农村居民人均可支配收入中，工资性收入和转移净收入占比分别提高到 40.9% 和 19.4%；财产净收入从无到有、从少到多，占比提高到 2.3%。公报数据还显示，2017 年我国居民消费水平持续提高。具体来看，2017 年我国农村居民恩格尔系数为 31.2%，比上年下降 3.1 个百分点；城镇居民恩格尔系数为 28.6%，下降 2.3 个百分点。

2. 储蓄和信贷　消费者的购买力还会受到储蓄和信贷的影响。当收入一定时，储蓄越多，现实购买力虽然较小，但潜在购买力越大；反之，储蓄越小，现实购买力虽然较大，但潜在购买力越小。信贷是指消费者凭借信用首先取得商品的消费权，然后采用分期付款的方式偿还贷款的消费方式，如目前应用广泛的贷款买房、贷款购车、贷款购买家电、贷款装修等。信贷消费允许人们购买超过自己现实购买力的商品，从而创造出更多的收入以及更多的需求；同时消费者信贷还是一种经济杠杆，他可以调节积累与消费、供应与需求的矛盾。当市场供大于求时，可以发放消费信贷，刺激需求；当市场供不应求时，必须收缩信贷，适当抑制、减少需求。消费信贷把资金投向需要发展的产业，刺激这些产业的生产，带动相关产业和产品的发展。

3. 经济发展状况　经济发展状况将会间接地影响企业的营销活动，这主要包括以下两方面。

（1）一个国家或地区的经济发展水平　美国经济学家罗斯托把经济发展划分为 5 个阶段：传统经济社会、经济起飞准备阶段、经济起飞阶段、经济成熟阶段和大众高额消费阶段。处于前 3 个阶段的国家属于发展中国家，处于后 2 个阶段的国家属于发达国家。

处于不同经济发展阶段的国家存在不同的需求，企业采取的营销策略也有所不同。就消费品市场而言，处于经济发展水平较高阶段的国家和地区，在产品需求方面强调产品款式、性能及特色，营销策略应侧重大量广告及促销活动，其品质竞争多于价格竞争；而处在经济发展水平较低的国家和地区，营销策略应侧重于产品的功能和实用性，其价格因素重于产品因素。

（2）地区发展状况　国家之间、国内各地区之间经济发展存在差异，这种差异造成的市场需求极不平衡，这对企业投资方向、目标市场及营销战略的制订影响巨大。

2013～2017年中国经济发展各项指标对比见表2-3。

表2-3　2013～2017年中国经济发展各项指标对比表

经济指标年份	2017年	2016年	2015年	2014年	2013年
国民总收入（亿元）	824 828.4	740 598.7	686 449.6	644 791.1	590 422.4
国内生产总值（亿元）	827 121.7	743 585.5	689 052.1	643 974	595 244.4
人均国内生产总值（元）	59 660	53 935	50 251	47 203	43 852
国民总收入指数（上年=100）	107	106.7	106.4	108.3	107.1
国内生产总值指数（上年=100）	106.9	106.7	106.9	107.3	107.8
人均国内生产总值指数（上年=100）	106.3	106.1	106.4	106.8	107.2
城镇居民家庭人均可支配收入（元）	36 396	33 616	31 195	28 844	26 467
农村居民家庭人均可支配收入（元）	13 432	12 363	11 422	10 489	9 430
城镇居民家庭恩格尔系数（%）	28.6	29.3	30	31.1	35.0
经济指标年份	2017年	2016年	2015年	2014年	2013年
农村居民家庭恩格尔系数（%）	31.2	32.2	33.5	34.1	37.7
城镇居民消费支出（上年=100）	78.5	78.1	77.8	77.6	77.5
农村居民消费支出（上年=100）	21.5	21.9	22.2	22.4	22.5

注：从2013年起，国家统计局开展了城乡一体化住户收支与生活状况调查，2013年及以后数据来源于此项调查。与2013年前的分城镇和农村住户调查的调查范围、调查方法、指标口径有所不同。

资料来源：国家统计局

2.2.3 自然环境

自然环境是指自然界提供给企业生产和经营的物质财富，如企业生产需要的土地资源、矿物资源、水利资源等。自然环境对企业营销的影响主要表现在以下3个方面。

1. 自然资源日趋短缺　自然界中的自然资源可划分为3类：一是"无限"的资源，用之不尽，取之不竭，如空气、阳光等；二是有限但可以再生的资源，如森林、粮食等；三是有限且又不能再生的资源，如石油、煤和各种矿物等。由于人类无限度地开采和利用，各类资源都出现了短缺，甚至"无限"的水资源在某些大城市出现了短缺。自然资源的日益枯竭，也成了当前社会经济进一步发展的制约因素。

2. 环境污染日益加重　工业化和城市化造成的自然环境污染日益加重，生态平衡遭到破坏，自然灾害频发，人类生存面临威胁。环境污染成为全球关注的严重问题，对企业生产的污染控制提出了更高的要求，一方面限制容易造成环境污染的企业和行业的发展；另一方面，又给某些绿色企业带来了新的机会，使企业在环保工程、绿化工程、废物利用和自然灾害预报与减损等方面获得新的发展空间。

3. 政府干预力度日益加强　为了实现社会长远利益的可持续发展，许多国家加强了对自然资源的战略控制和对环境污染的治理力度，消费者的环保意识逐渐提高，通过开发绿色产品、引导绿色消费，绿色营销已逐渐成为市场营销的新主流。

2.2.4 科学技术环境

企业的最高管理层还要密切注意其科学技术环境的发展变化，了解科学技术环境和知识经济的发展变化对企业市场营销的影响，以便及时采取适当的对策。

科学技术是一种"创造性的毁灭力量"。每一种新技术都会给某些企业创造新的市场机会，进而产生新的行业，同时也会给某些行业的企业造成环境威胁，使这个旧行业受到冲击甚至被淘汰。例如，激光唱片技术的出现，无疑夺走了磁带的市场，给磁带制造商以"毁灭性的打击"。据美国《设计新闻》报道，由于大量启用自动化设备和采用新技术，将出现许多新行业，包括新技术培训、新工具维修、计算机教育、信息处理、自动化控制、光纤通信、遗传工程、海洋技术等。如果企业的最高管理层关注新技术的发展，及时采用新技术，就能求得生存和发展。

新技术还造成了一些往往难以预见的长期后果。例如，在西方国家，避孕药的发明造成了更小的家庭、更多的职业妇女和更多的可随意支配的收入，这样就引起了市场需求的变化，为汽车制造业、饮食业、旅游业、航空公司、日托业等行业创造了新的市场机会。

新技术有利于企业改善经营管理。许多企业在经营管理中既可以使用计算机，也可以通过手机办公或者进行企业的运营监控和管理，对于改善企业经营管理、提高经营效益起了很大的作用。

新技术会影响零售商业结构和消费者的购物习惯。在许多国家，新技术的迅速发展实现了"全球化网购"，消费者可以足不出户、随时随地用手机等移动设备进行网上购物，订购的商品很快就会被送到消费者的家门口。移动支付、电子发票、智能停车以及即将打开市场的无人驾驶等，这些都已经或即将对消费者的生活和习惯产生重大影响。

相关链接 2-2

数字经济激发传统产业变革

数字经济的能量不仅在于网信产业本身,也来自于和传统产业深度融合所激发出的新变革。数字经济在以数字化丰富要素供给,以网络化提高要素配置效率,以智能化提升产出效能,既能推动经济发展的质量变革、效率变革和动力变革,也将不断提升公共服务水平,增强广大人民群众的"获得感"。数字经济与传统产业的融合为转型升级带来的新动能,也对产业和民生产生了影响。

在产业方面,"互联网+产业"可提升效能。例如,阿里巴巴的工业品采购平台在2017年实现了一笔1.06亿元的在线订单,而且一天就完成了。这笔订单里面有2 000种采购品,子类目就有170页,有60多家供应商服务这笔订单。这样一笔订单能够实现,是因为数字化的自动分单、拆单让不同的供应商向采购商提供报价,在线就能完成采购流程。信息化、数字化、智能化已成为推动经济发展向高质量转变,提高全要素生产率的重要动力引擎。

在制造业领域,软件定义、数据驱动、平台支撑、服务增值、智能主导的特征日趋明显。制造业数字化水平由2015年的14.2%增长到2017年的17.2%。我国规模以上工业企业数字化研发设计工具普及率达到63.3%,关键工序数控化率达到46.4%。智能制造工程深入实施,开展428个智能制造项目,网络化协同制造、个性化定制、服务型制造等新模式新业态持续涌现。在服务业领域,融合同样带来了"提档升级",2017年我国网络零售额达71751亿元,同比增长32.2%,跨境电子商务同比增长超过30%。农村电商实现网络零售额1.24万亿元,同比增长39.1%。

在民生方面,"互联网+民生"突破了传统瓶颈。智能导诊利用大数据与人工智能解决资源错配问题,通过智能的人机对话,基于大数据打造的知识图谱,结合人工智能算法模型,实现对疾病及病程的预判,帮助患者推荐合适的科室和医生。信息化已成为保障和改善民生的重要手段,教育、养老、医疗、交通等"老大难"问题在"触网"后的新面貌,让人民群众在共享互联网发展成果上有了更多获得感。当前阶段,教育和医疗成为"互联网+民生"的两个重要突破方向。

在教育领域,"互联网+教育"扩大优质教育资源覆盖面。截至2017年年底,全国中小学互联网接入率达90%,是五年前的3.6倍,多媒体教室比例达87%,教育资源公共服务平台建设初具规模。

在医疗领域,基本医保异地就医直接结算稳步推进。建成全国异地就医系统,基本实现跨省异地就医住院费用直接结算,减少患者"跑腿"和"垫资"压力。全国三级医院全面实现电子病历诊疗,不断开展互联网健康咨询、预约就诊、移动支付等。1.3万余家医疗机构开展远程医疗服务,已覆盖所有国家级贫困县。健康医疗大数据建设积极推进。

根据《中国"互联网+"指数报告(2018)》,在高速增长的全国数字经济诸产业中,医疗、教育延续了2017年的爆发式增长势头,产业指数增速继续领跑所有行业,分别达到371.90%和226.09%。在这两个行业中,也可以看到从模式创新驱动到技术驱动的变化趋势。

资料来源:中国经济网 http://www.ce.cn/cysc/tech/gd2012/201805/18/t20180518_29173326.shtml(有删改)

2.2.5 政治法律环境

政治法律环境是指一个国家或地区的政治制度、体制、方针政策、法律、法规等方面。这些因素常常制约、影响企业的营销活动,尤其是影响企业较长期的投资行为。政治法律环境对企业营销活动的影响主要表现在以下几方面。

1. 政治环境 政治环境对企业营销活动的影响主要表现为国家政府所制定的方针政策,如人口政策、能源政策、物价政策、财政政策、货币政策等,都会给企业营销活动带来影响。例如,国家通过降低利率来刺激消费的增长;通过征收个人收入所得税调节消费者收入的差异,从而影响人们的购买;通过增加产品税来抑制人们对烟、酒商品的消费需求。政治环境影响市场营销,往往还会表现为政府机构通过采取某种措施约束跨国企业,如进口限制、外汇控制、劳工限制、绿色壁垒等。政治冲突是指国际上的重大事件与突发性事件,这类事件在和平与发展为主流的时代从未绝迹,对企业市场营销工作影响或大或小,有时带来机会,有时带来威胁。而政治局面的稳定程度,不仅影响该国或区域经济发展和人民货币收入的增加和减少,甚至会影响群众的心理状况,导致市场需求的变化。

2. 法律环境 法律环境是指国家或地方政府所颁布的各项法规、法令和条例等,它是企业营销活动的准则,企业只有依法进行各种营销活动,才能受到国家法律的有效保护。由于各个国家社会制度不同、经济发展阶段和国情不同,各国的法制也不同,从事国际市场营销的企业必须掌握有关国家法律制度和有关国际法规、国际惯例。目前,整个法律环境正朝着法律制度的不断健全且管制企业的立法增多、政府机构执法更严、公众利益团体力量开始增加的方向变化。

> **相关链接 2-3**
>
> **网约车新规纳入出租汽车服务考核体系**
>
> 针对网约车、顺风车发生的数起侵害乘客权益的问题,相关部门再次强调安全是出租运营服务必须遵循的底线,要加强对驾驶员背景情况的核查,同时发挥技术优势,对于车辆异常情况进行安全监控和应急处置。各地交通主管部门要加大对网约车非法运营、线上线下人车不符和以私人小客车合乘名义开展非法运营的行为的打击力度。
>
> 2018年6月1日起施行的由交通运输部发布的新修订《出租汽车服务质量信誉考核办法》,进一步优化完善了巡游车企业和驾驶员服务质量信誉考核指标,并将网约车平台公司和驾驶员纳入了考核体系,以全面提升出租汽车行业服务水平。
>
> 对网约车平台公司,《办法》制定了数据接入、运营服务信息公开等指标,从企业管理、信息数据、安全运营、运营服务、社会责任和加分项目等6类共19个项目进行考核。从遵守法规、安全生产、经营行为、运营服务等方面对出租汽车驾驶员实施考核,驾驶员在考核周期内得分低于3分的,需按要求接受培训。
>
> 交通运输部有关负责人表示,为切实保障网约车乘客的安全,有关各方和企业应加强对驾驶员的驾驶经历、交通责任事故、暴力犯罪记录等背景情况的核查,防止不合规的企业、车辆和人员进入行业,守住安全底线,从源头上保障安全。
>
> 此外,平台公司应组织驾驶员开展岗前培训和日常教育,提升其遵纪守法的意识和服务水平;应保证接入的车辆和驾驶员取得合法营运资质,保证车辆技术状况良好;还

应发挥技术优势，通过卫星定位、人脸识别等科技手段，更好地保证线上线下车辆和驾驶员的一致性。

资料来源：人民网 http://politics.people.com.cn/n1/2018/0525/c1001-30012616.html（有删改）

2.2.6 社会文化环境

社会文化是人类在创造物质财富的过程中所积累的精神财富的总和，它体现着一个国家或地区的社会文明程度的高低。社会文化是一个复合的整体，涵盖面广，包括知识、信仰、艺术、道德、法律、风俗以及作为社会成员而获得的所有能力和习惯。社会文化对营销活动的影响多半是通过间接的、潜移默化的方式来进行的，往往表现在以下几方面。

1. 教育水平　教育程度不仅影响劳动者收入水平，而且影响消费者对商品的鉴别力，影响消费者心理、购买的理性程度和消费结构，从而影响企业营销策略的制订和实施。

2. 宗教信仰　宗教因素对营销活动的影响主要表现在宗教对于人们道德和行为规范的影响，宗教的要求和禁忌对于需求和营销手段的限制，宗教组织和宗教派别的政治影响以及宗教习惯与宗教节日对需求季节波动的影响等。总之，宗教的禁忌、节日、习俗、规定造成对商品需求的差异及营销方式的不同。

3. 价值观念　价值观念是人们在社会生活中形成的对各种事物的普遍态度和看法。人们生活的社会环境不同，所持的价值观念不同，人们的购买动机和购买行为就会有很大差异。例如，美国人和多数西方人注重个性、崇尚个人成功与独立、鼓励标新立异；而中国人和多数东方人讲究传统、追求整体和谐、注重共性发展，中国人在消费方面普遍持节制、节俭的态度。

4. 消费习俗　消费习俗是指历代传递下来的一种消费方式，是风俗习惯的一项重要内容。消费习俗在饮食、服饰、居住、婚丧、节日、人情往来等方面都表现出独特的心理特征和行为方式。

5. 消费流行　由于社会文化多方面的影响，使消费者产生共同的审美观念、生活方式和兴趣爱好，从而导致社会需求的一致性，这就是消费流行。消费流行在服饰、家电以及某些保健品方面的表现最为突出。消费流行在时间上有一定的稳定性，但有长有短，有的可能几年，有的则可能是几个月；在空间上还有一定的地域性，同一时间内，不同地区流行的商品品种、款式、型号、颜色可能不尽相同。

2.3　微观环境因素

市场营销的微观环境是指与企业紧密相连、直接影响企业营销能力的各种参与者，包括企业本身、供给商、营销中介、顾客、竞争者和公众6个部分。

2.3.1 企业

企业的经营理念、管理体制、目标宗旨、文化等因素都会影响企业的营销活动。但在分析市场环境时我们重点考虑的是营销部门与企业其他各个部门间的协调问题。企业为开展营销活动，必须设立一定形式的营销部门，必须由企业内部各部门分工合作、密切配合、共同承担，如与企业高层管理者、采购、制造、研究与开发、财务部等部门之间的协调沟通，而绝不是营销部门孤立存在的。这些部门能否协调配合，将直接影响企业的营销决策和决策执行力，从而影响企业营销目标的实现程度。

2.3.2 供应商

供应商是指向企业及其竞争者提供生产经营所需原材料、设备、零部件等生产资源的企业或个人。供应商对企业营销活动有着实质性的影响，其所供应的原材料的稳定性和及时性将直接影响企业能否充分满足市场需求和把握市场机会；所提供的原材料数量和质量将直接影响产品的数量和质量；所提供的原材料价格会直接影响最终产品的成本和价格。正是由于供应商对企业营销活动起着重要作用，企业必须密切关注供应商的各种动向，了解供应商并加强与供应商的合作，开辟更多的供货渠道，与之建立良好的关系，甚至可采取"后向一体化"的战略，兼并或收购供应商。

互联网+营销实战 2-1

奢侈品收购供应商愈加频繁

越来越多的奢侈品牌开始把目光转向供应链端。仅在 2018 年 9 月，香奈儿（Chanel）就收购了西班牙皮革制造商革乐美（Colomer），又收购了法国腕表品牌弗朗索瓦·保罗·儒纳（F.P.Journe）20%的股权。前者让香奈儿（Chanel）拥有了更成熟的皮革供应链和高质量的涂饰技术，后者则让 Chanel 得以升级自家腕表的机芯。早在 2016 年，香奈儿（Chanel）收购了 4 家法国的丝绸公司，为的就是加强集团的高端丝绸供应链。当时的香奈儿（Chanel）时装部门总裁在公告中表示，投资这 4 家公司能让香奈儿（Chanel）拥有足够的制衣资源，而走秀与服装上架之间的成败关键之一，就是公司是否有能力迅速生产出所需面料。

除了香奈儿（Chanel），普拉达（Prada）在 2013 年也买下了一家皮革制造公司，这家公司以小羊皮等皮革制造技术闻名，所生产的大多是普拉达（Prada）的系列中常使用的皮革。另外，古驰（Gucci）的母公司开云集团也在 2013 年购入法国著名皮革公司 France Coco 少数股权，当时开云集团发言人在接受 TFL 电视台采访时说："这样一来，就能保证开云品牌持续获得高质量的鳄鱼皮了。"

除了这些老牌奢侈品牌，维多利亚·贝克汉姆（Victoria Beckham）在创建同名品牌时，也专门在公司内部设置了样板师和裁缝的职位，而这两个职位一般是被品牌外包给外部工厂的。品牌有了内部的样板师和裁缝，就意味着公司内既有设计团队也有制造团队，设计师就能在创造新系列样品时更加灵活，及时地做出更改。

不难看出，品牌收购供应链厂商，主要就是为了持续获得高质量的皮革、丝绸等资源，或者通过收购，获得此前品牌不具有或尚不精湛的生产技术。同时品牌也可以更快速地应对市场变化，毕竟自己有了生产厂商，就可以在从设计到生产过程里更加灵活，掌握更多主动权。收购供应链厂商的另一个明显益处便是能赚更多钱。法国时尚学院的教授 Franck Delpal 曾对《纽约时报》说："如果你控制了品牌供应链的绝大部分，你在每一步就能得到更多的利润，最终品牌能挣更多的钱、生意也做得更大。"所以这些收购其实就是巨头为扩展更大的市场而做的交易。

资料来源：新浪时尚 http://fashion.sina.com.cn/s/in/2018-11-20/1035/docihmutuec1852241.shtml（有删改）

2.3.3　营销中介

营销中介是指协助企业将产品促销、销售和经销给最终购买者的所有分销机构，包括中间商、物流公司、营销服务机构和金融中介等。

1. 中间商　中间商是指协助企业进行产品经销或销售，将产品最终销售给购买者，并在这一过程中取得或者不取得商品所有权的个人或者组织。中间商包括商人中间商和代理中间商，前者对其经营的商品有所有权；后者又称经纪商，对其经营的商品无所有权。

2. 物流公司　物流公司也称为实体分销商，是指帮助企业运输产品并进行储存的仓储企业。实体分销商的主要职能是调节生产与消费之间的矛盾，弥补生产者与消费者间的时间和空间上的差距，将商品适时、适地和适量地供给消费者，从而满足其需求。

3. 营销服务机构　营销服务机构是指为企业提供营销服务项目，协助企业进行产品宣传、开拓新市场、咨询等活动的机构，包括市场调研公司、广告公司和营销咨询公司等。

4. 金融中介　金融中介是指协助企业融资或担保货物购销、储运风险的各种机构，包括银行、信贷公司和保险公司等。金融中介机构虽不直接从事商业活动，但对企业的经营发展至关重要。随着市场经济的发展，企业与金融机构之间的关系越来越密切，企业的信贷资金来源、企业间的业务往来、企业财产和货物的风险保障等都会直接影响企业的生产经营活动。

2.3.4　顾客

顾客是企业服务的对象，是企业市场营销活动的出发点和归宿。因此，顾客是企业最重要的环境因素，企业的一切营销活动都应以满足顾客的需求为中心。不同市场中的顾客，其购买动机和需求又是不同的，这就要求企业必须认真研究其目标顾客，以不同的方式提供相应的产品和服务，从而有针对性地制订营销决策。

2.3.5　竞争者

在现代经济社会中，竞争是市场经济的普遍规律，企业都是处在不同的竞争环境中。企业的营销活动肯定会受到不同竞争对手的影响。因此，企业必须清楚地把握竞争对手的竞争目标与竞争策略，力求知己知彼。市场竞争日趋激烈，企业的竞争对手除了本行业的现有竞争者外，还有代用品生产者、潜在加入者、原材料供应者和购买者等多种竞争力量。例如，原材料供应者可以通过抬高价格或降低产品和服务质量对企业进行威胁；潜在的加入者随时准备跻身于现有的竞争行列，从企业手中夺走一部分顾客；购买者作为一个团体与企业讨价还价，加剧生产者之间的竞争。在这种情况下，企业往往很难确定对本企业经营造成威胁的主要竞争对手究竟是谁。所以，企业要加强对竞争对手的研究，在形形色色的竞争对手中，寻求增大本企业产品吸引力的各种方法，使自己在竞争中立于不败之地。

2.3.6 公众

公众是指对企业实现其市场营销目标具有实际或潜在利害关系或影响力的所有群体。企业所面对的公众主要可分为以下几种。

1. **融资公众** 融资公众包括影响企业融资能力的各种金融机构，如银行、投资公司、证券经纪公司和股东等。
2. **媒介公众** 媒介公众包括联系企业和外界的大众传播媒体，如报纸、杂志、广播、电视、网络等。
3. **政府公众** 政府公众包括对企业市场营销活动有影响作用的有关政府机构。
4. **社会公众** 社会公众包括各种保护消费者权益的组织、环境保护组织及其他群众团体。
5. **地方公众** 地方公众指企业周围的居民和社会组织。
6. **企业内部公众** 企业内部公众指企业员工，包括各级管理人员和一般职工。
7. **一般公众** 一般公众是指除上述公众之外的社会公众。此类公众虽然不会有组织地对企业采取行动，但企业形象会影响他们对企业产品的购买选用。

各种公众对企业的态度及企业在公众心目中的形象，都会影响企业营销活动的顺利进行。企业要采取积极措施，努力保持和发展与公众的良好关系，塑造良好的企业形象。

互联网+营销实战 2-2

小红书推广新格局 构建粉丝经济新生态

在现有营销环境下，小红书倚靠流量 KOL 和明星加持迅速引爆某一单品的做法，已经越来越受到品牌的关注和认可。艾瑞发布的《2018 中国网红经济发展洞察报告》中数据显示，截至 2018 年 5 月，社交化媒体网红粉丝总人数达到 5.88 亿人，同比增长 25%。与此相对还有另一组数据：2018 年，社交化媒体头部网红的数量增长了 23%，其中与 MCN（Muti-Channel Network，多频道网络的产品形态）机构签约的比例高达 93%。也就是说，许多拥有超过百万粉丝的个人博主，其背后有专业的团队协助生产内容以及实现稳定变现。

移动互联网时代，人们可以通过小红书、微博、微信等随时随地进行双向沟通，信息传播更加精准与个性化，流量明星的人气源自他们在双向交互中与粉丝建立起的情感联结。小红书是一个基于兴趣关注的社交电商平台，热点聚合和兴趣驱动是其两大差异化特征。围绕快速聚合关注（Awareness）、引发情感共鸣（Interest）、提升营销转化（Purchase）及持续释放价值（Loyalty）这一条营销链条，依托科学的用户社交数据和丰富的 KOL 资源，快速聚焦时下热点，以优质内容引发用户的情感共振，深度根植于用户内心，持续释放品牌营销影响力。

品牌通过在小红书上的产品内容发布和品牌活动来吸引粉丝关注，并且利用小红书来和粉丝做深度互动，从而达成产品成交形成的商业营销闭环。在获得大量粉丝关注的同时，为粉丝进行营销与服务，让粉丝在小红书上购买到真正感兴趣的商品，缩短品牌成为"偶像"的时间。品牌使用小红书做营销推广，一方面能增加品牌的曝光度，另一方面粉丝的情感消费越多，也使其商品消费的过程显得更加人性化，而这正是广告主所期待的。粉丝作为典型的"生产型消费者",他们在社会化网络中拥有了更大的主动权和辐射力,他们既是商品消费者,也是直接参与设计生产环节的产品经理。粉丝群体的信息反馈会对品牌产生影响,甚至参与品牌的构建,同时,粉丝圈子的传播互动能够产生较强的辐射效应。

随着移动互联网时代的发展,以小红书为代表的社交电商以"粉丝经济"为依托,借助 IP 化包装手段使传统的营销推广与用户更加融合,给品牌形象营造出全新的立体感与丰富感,在打破了传统营销模式的同时,开启了互联网营销的全新想象。

资料来源:https://baijiahao.baidu.com/s?id=1619452087289992898&wfr=spider&for=pc(有删改)

2.4 营销环境的总体分析

营销环境的不断发展和变化给企业经营带来了极大的不确定性,但企业只有对环境变化做出积极的反应才能够求得自身的生存和发展,因此,环境分析是企业制订经营战略和营销策略的先决条件。

企业在进行环境分析时,一种简便易行的方法就是 SWOT 分析法。SWOT 所代表的含义是 Strengths(优势)、Weaknesses(劣势)、Opportunities(机会)、Threats(威胁)。所谓 SWOT 分析法就是将企业面临的外部机会、威胁以及自身的优劣势等各方面因素相结合而进行的综合分析,其中,优劣势的分析主要是着眼于企业自身的实力及其与竞争对手的比较,而机会和威胁分析则将注意力放在外部环境变化对企业可能的影响上面。SWOT 分析法是营销环境分析的常用方法,以下将阐述其基本的分析思路和内容。

2.4.1 辨析外部环境机会和威胁

环境机会,具体地讲就是企业从宏观环境和微观环境中可能获得的重大的有利形势,如市场的较快增长、出现较多的新增顾客、竞争对手出现重大决策失误、与供应商关系改善等;而环境威胁则指环境存在重大不利因素,构成对企业经营发展的约束和障碍。

各种宏观、微观环境因素的变化对不同企业所产生的影响是不同的。同一个环境因素的变化对某些企业可能是机会,而对另外一些企业则可能是威胁。在进行环境分析时,应具体问题具体分析,深入比较分析各种机会和威胁,分析其现实可能性的大小及对企业的影响程度,从而找出那些对本企业影响最重要的环境机会和威胁,并按轻重缓急或影响程度等排序,如通常要将那些对组织发展有直接、重要、迫切、长远影响的因素排在前面,优先考虑。

2.4.2 分析企业内部优劣势

企业的优势和劣势,通常是指消费者眼中一个企业或它的产品胜于或劣于其竞争对手的因素,它可以是产品的质量、可靠性、适用性、风格和形象,价格的竞争性,渠道的便利性,服务的及时性以及态度等。

决定企业竞争优劣势的内部因素主要涉及企业的生产、技术、资金、人员、营销、管理等方面,具体可从生产成本、设备状况、产品的竞争地位、员工素质、研发能力、财务状况、营销能力、组织管理能力等方面进行分析。需要特别注意的是,衡量一个企业是否具有竞争优势,只能站在现有潜在用户的角度,而不是站在企业的角度。企业 SWOT 分析的内外部因素见表 2-4。

表 2-4 企业 SWOT 分析的内外部因素

	潜在外部威胁(T)	潜在外部机会(O)
外部环境	市场增长较慢	纵向一体化
	竞争压力增大	市场增长迅速
	不利的政府政策	可以增加互补产品
	新的竞争者进入行业	能争取到新的用户群
	替代产品销售额正在逐步上升	有进入新市场或拓展市场面的可能
	用户讨价还价的能力增强	有能力进入更好的企业集团
	用户需要与爱好逐步转变	在同行业中竞争业绩优良
	通货膨胀	扩展产品线满足用户需要
	其他	其他
	潜在内部优势(S)	潜在内部劣势(W)
内部条件	产权技术	竞争劣势
	成本优势	设备老化
	竞争优势	战略方向不同
	特殊能力	产品线范围太窄
	产品创新	技术开发滞后
	具有规模经济	营销水平低于同行业其他企业
	良好的财务资源	管理不善
	高素质的管理人员	战略实施的历史记录不佳
	公认的行业领先者	不明原因导致的利润率下降
	买主的良好印象	资金拮据
	适应力强的经营战略	相对于竞争对手的高成本
	其他	其他

2.4.3 制订应对策略

在对企业内外部环境因素进行全面分析和评价的基础上,就可以进一步运用系统分析和综合分析的方法,制订企业的经营策略,以便更好地促进企业的发展,具体见表 2-5。

表 2-5 SWOT 分析对策表

内部优劣势分析 \ 外部环境分析	机会（O）	威胁（T）
优势（S）	S.O.对策	S.T.对策
劣势（W）	W.O.对策	W.T.对策

制订企业应对策略的基本思路是发挥优势因素,克服劣势因素,利用机会因素,化解威胁因素;考虑过去,立足当前,着眼未来。具体有以下四类对策可供选择。

（1）防御型战略（W.T.对策） 防御型战略即考虑劣势因素和威胁因素,目的是努力使这些因素都趋于最小。W.T.对策就是改进内部弱点和避免外部威胁的战略。例如,一个质量差（内在劣势）、供应渠道不可靠（外在威胁）的企业应该采取 W.T.对策,强化企业管理,提高产品质量,稳定供应渠道,或走联合、合并之路以谋求生存和发展。

（2）扭转型战略（W.O.对策） 扭转型战略即着重考虑劣势因素和机会因素,目的是努力使劣势趋于最小,使机会趋于最大。W.O.对策就是利用外部机会来改进内部弱点的战略。例如,一个面对计算机服务需求增长的企业（外在机会）,却十分缺乏技术专家（内在劣势）,那么就应该采用 W.O.对策,培养、聘用技术专家,或购入一个高技术的计算机公司。

（3）多种经营战略（S.T.对策） 多种经营战略即着重考虑优势因素和威胁因素,目的是努力使优势因素趋于最大,使威胁因素趋于最小。S.T.对策就是利用企业的优势,去避免或减轻外部威胁的打击。例如,一个企业的销售渠道（内在优势）很多,但是由于各种限制又不允许它经营其他商品（外在威胁）,那么就应该采取 S.T.对策,走集中型、多样化的道路。

（4）增长型战略（S.O.对策） 增长型战略即着重考虑优势因素和机会因素,目的在于努力使这两种因素都趋于最大。此对策就是依靠内部优势去抓住外部机会的战略。例如,一个资源雄厚（内在优势）的企业发现农村市场未饱和（外在机会）,那么它就应该采取 S.O.对策,去开拓这一市场。

[**营销方法**]

1. 竞争厂商调查表 竞争厂商调查情况见表 2-6。

表 2-6 竞争厂商调查表

地区		调查人员		调查时间	年 月 日
竞争厂商名称					
公司地址					
工厂地址					
业务人员姓名					
学历、年龄					
服务时间					
业务员的口才					
行销能力					
业务员给客户的印象					
业务的方针及做法					
待遇					
销售的对象					
代理商的名称					
产品的种类（特殊规格）					
产品的性能					
产品的品质					
产品的价格					
市场占有率					
其他特殊因素					

2. 竞争者动向一览表　竞争者动向情况见表 2-7。

表 2-7 竞争者动向一览表

竞争同业名称	主要商品	新商品	重点顾客名称	新开发动向	投入营业比例	促销	其他

[本章小结]

1. **市场营销环境** 市场营销环境是指与企业市场营销活动有关的各种外界力量和因素的总和,而这些力量和因素是影响企业的生存与发展的外部条件。

2. **市场营销环境的构成** 企业市场营销环境分为宏观环境和微观环境两大类。宏观环境是指对企业开展市场营销活动产生影响的各种社会力量,包括人口环境、经济环境、自然环境、科学技术环境、政治法律环境和社会文化环境等;微观环境是指与企业紧密相连直接影响企业营销活动的各种参与者,包括供给者、营销中介、顾客、竞争者、社会公众以及影响营销管理决策的企业内部各个部门。

3. **SWOT 分析法** SWOT 分析是进行企业外部环境和内部条件分析,从而寻找二者最佳可行营销战略策略组合的一种分析工具。S 代表企业的"长处"或"优势";W 代表企业的"弱点"或"劣势";O 代表外部环境中存在的"机会";T 代表外部环境所构成的"威胁"。

重要概念

市场营销环境　微观营销环境　宏观营销环境　自然环境　科学技术环境
社会文化环境　营销中介　环境威胁　市场机会　个人可支配收入　恩格尔系数

[案例分析]

在美国叫板亚马逊的梅西百货缘何败走中国?

2018 年年底,美国零售巨头梅西百货发布了撤店公告——天猫国际梅西百货官方海外旗舰店从 12 月 3 日起停止接单。而早在半年前,梅西百货中国官网就宣布将于 2018 年 6 月 9 日停止运营。一前一后的两个公告,似乎意味着梅西百货在中国市场的大势已去。身为跨越三个世纪的超级零售航母,梅西百货实战经验丰富,成就斐然,巅峰时期在美国市场能和沃尔玛、亚马逊同台竞争,结果在中国市场惨遭滑铁卢。

客观地说,任何跨国巨头进军海外市场,都难免会"水土不服",这是因为不同国家和地区之间的文化习俗、经济状况与管理体制存在着巨大差异。针对此问题,通常的做法是不断地进行自我调整与革新,逐步去除企业本土化特质的不足之处,并扎根当地的风土人情,将其与企业自身发展方向相融合,进而在慢慢适应大环境的基础上,以更加稳健的步伐前行,如肯德基、麦当劳、7-Eleven 等跨国企业都在实践中取得了不错的成效。

梅西百货的问题出在没能洞悉或服务好中国消费者的需求与偏好。当前,新零售的热潮正在中国市场风起云涌,其背后的原因在于"消费者主权"时代的降临,即消费者需要什么,生产者就生产什么。与之相应的,是消费需求逐渐成为零售企业一切价值活动的起点,而这也正在重构传统的零售供求关系,生产、营销、渠道和盈利模式都会不同以往。更进一步说,在"消费者主权"时代,广大消费者不再是传统零售意义上单纯的购买商品、完成交易,其中有几个重要的"参数"发生了变化。

1)消费者越来越注重个性化、体验式消费。

2)消费者的时间变得格外宝贵,社交、休闲、学习、工作占据着他们的时间。

3）购买的界限逐渐消失，无论是线上还是线下，消费者崇尚随时随地想买就买。

4）消费者一旦形成习惯就会持续购买。

正因为如此，商家首先要做的，就是通过无限贴近消费者来了解他们的消费习惯与偏好。商家了解消费者的方式关键在于数据，在互联网时代，人既是"物理"的，也是"数据"的。基于海量消费数据的积累沉淀，商家可以清晰地勾勒出每一个消费者的画像，包括他们青睐哪些商品、喜欢何时消费、消费频次与金额多少、经常会去哪些位置……而这些，更是让商家"无限贴近消费者"成为可能。对于传统零售商来说，以下两点将会是转型的重要抓手。

1）抓住新零售的时代机遇，充分发挥人工智能、云计算等新兴技术的优势并为自身赋能，推动线上与线下同步发展；同时，要重视对数据的挖掘与应用，尽可能为消费者提供精准的营销与个性化服务。

2）要迎合消费者的体验式购物需求，在推出符合消费者偏好的商品品类时，还应着力提高生产经营效率，降低流通成本，让消费者更高效地买到高性价比商品。此外，商家还需将零售与旅游、休闲、娱乐、餐饮等多种商业功能跨界融合，进而全方位地提升消费者的购物体验。

资料来源：搜狐 http://www.sohu.com/a/286010475_115035（有删改）

思考与分析

1．分析梅西百货败走中国的原因有哪些。

2．你对"走出国门"的零售企业有何营销建议？

营销实训
企业内外环境分析

【**训练目的**】加深对企业内外环境分析的理解。

【**训练方案**】以 5～8 人的小组为单位，选择一个产品或者一个行业，通过实际调查、访问或者查阅相关资料，收集企业面临的宏观环境与微观环境信息。

活动 1：列出企业潜在的环境机会和环境威胁以及企业的优劣势。

在获取相关信息的基础上，通过小组成员讨论该产品或者行业面临的：

- 环境机会＿＿＿＿＿＿＿＿＿＿＿＿＿＿＿＿＿＿＿＿＿＿＿＿＿＿＿＿
- 环境威胁＿＿＿＿＿＿＿＿＿＿＿＿＿＿＿＿＿＿＿＿＿＿＿＿＿＿＿＿
- 优势＿＿＿＿＿＿＿＿＿＿＿＿＿＿＿＿＿＿＿＿＿＿＿＿＿＿＿＿＿＿
- 劣势＿＿＿＿＿＿＿＿＿＿＿＿＿＿＿＿＿＿＿＿＿＿＿＿＿＿＿＿＿＿

活动 2：运用 SWOT 法分析评价企业环境。

利用 SWOT 分析法进行分析评价，制订企业对策，完成分析报告，并在全班进行讨论。

复习与思考

1．什么是市场营销环境？市场营销环境由哪些因素构成？

2．简述企业分析市场营销环境的意义及市场营销环境的特征。

3．环保问题已逐渐成为举世瞩目的焦点问题，请简述目前自然环境发展的趋势。在这些趋势下,你认为国内企业所面临的市场机会有哪些?

4．以你身边熟悉的企业为例,分析企业的微观环境。

5．如何进行SWOT分析?

延伸阅读

1．《世界是平的:21世纪简史》,[美]托马斯·弗里德曼著,何帆等译,湖南科学技术出版社,2015．

作者简介：托马斯·弗里德曼,《纽约时报》专栏作家,三次普利策奖得主。他在《纽约时报》的专栏文章,同步在全球超过七百个媒体上刊登。著有《世界又平又热又挤》《曾经的辉煌》《从贝鲁特到黎巴嫩》《凌志车与橄榄树:理解全球化》等全球畅销书。

内容提要：该书描述了当代世界发生的重大变化。科技和通信领域如闪电般迅速的进步,使全世界的人们可以空前地彼此接近——在印度和中国创造爆炸式增长的财富。该书揭开这个世界的神秘面纱,深入浅出地讲述复杂的外交政策和经济问题,解释了世界的平坦化趋势是如何在21世纪来临之时发生的,政府、组织和个人如何才能接受而且必须接受。该书被认为是了解全球化的基本读物。

2．《移动浪潮:移动智能如何改变世界》,[美]迈克尔·塞勒著,邹韬译,中信出版社,2013．

作者简介：迈克尔·塞勒是美国微战略公司的董事长兼首席执行官。他不仅是一位高科技企业家,还是一位严肃的学者,他的商业成就来源于他自大学起——甚至从童年开始——就对托马斯·库恩所称之为"科学革命的结构"的痴迷。他曾经接受CBS电视节目"60分钟"的访问,并作为专访人物出现在《新闻周刊》《时代》《纽约客》《华盛顿邮报》等报刊上。

内容提要：在该书中,作者以一位历史学家的深刻、一位技术专家的精准以及一位首席执行官的务实,展现了一个未来移动世界的全景画面。他认为,移动计算技术是带来更广泛信息革命的临界点技术。信息革命开始于15世纪的印刷术,但直到20世纪60年代,随着计算科技的出现,信息革命才开始加速影响社会。移动计算技术即将成为信息革命推动社会剧变的催化剂。

网站推荐

1. **中国经营网** www.cb.com.cn
2. **中研网** www.chinairn.com
3. **新京报网** www.bjnews.com.cn
4. **亿邦动力网** www.ebrun.com

第 3 章
顾客需求与购买行为分析

学习指导

学习目标

1. 理解消费者市场的特点
2. 掌握消费者购买决策过程和购买行为类型
3. 掌握影响消费者购买决策的因素
4. 对比了解组织购买市场特点和决策过程

> **任务驱动**

中国人的购房观念

房子,在中国人心中不仅仅是容身之所,还被赋予了"家"的寓意。

从婴儿到成人,不同的阶段,家也被不断地注入各种情感寄托。孩子的时候,作为儿女,家是呵护的港湾,有父母爱的庇护;毕业后外地闯荡,作为异乡人,家是对稳定安居的期盼,是奋斗的动力;待到成家立业,作为丈夫或妻子,家是甜蜜的牵挂,是温馨的所在……这些情结的交织,归结于中国人居者有其屋、安定感等需求的传统心理。

居者有其屋,可谓影响着中国人的置业观。接受了这种思想的中国人,在租房和买房的选择之间,更倾向于买房,实现住有所居,是很多中国人为之努力的目标。普遍的社会心理就是:房子在哪里,人就在哪里,家也就在哪里。

对安定感的一种心理需要,也导致中国人十分看重房子。中国人有很深的恋土情结,对房子有种依赖感,把房子看成"安身立命""落叶归根"的场所。

不仅如此,随着社会经济的发展,房子还被给予了更多诉求。

女性对独立的诉求。当代社会,买房主体不再仅限男性,传统观念已然变化,随着女性"自我解放"、社会参与的增强,女性也加入买房大军之中。女性买房既是安全感的需要也是自我价值体现的需求。

对物质财富的诉求。过去,中国人只要有饭吃、有衣穿、有地方睡觉就觉得很满足。但随着经济发展,物质生活水平的不断提升,人们不再仅限于衣食住行的满足,对物质财富的诉求也在不断增加。因此,房子在中国人心中已不仅是住的需要,还有资产增值的需要。

对优质教育的诉求。当前,国内义务教育阶段根据就近入学原则。家长大都希望自己的孩子能够读好学校,这种诉求也就促使父母们去购买重点名校附近的房子,对房子要求不再停留在住、资产配置的层面,而是提升为对优质教育的需求。

资料来源:新浪看点网 http://k.sina.com.cn/article_6443676228_18012b244001005hl7.html(有删改)

企业营销的核心是通过满足顾客的需要获取利润,从而求得自身的生存和发展,因此企业要有效地开展市场营销活动,既要准确地把握市场营销环境,又要着重研究与剖析市场需求和购买者的行为,达到企业营销与购买行为的和谐统一。

按照顾客购买的目的或用途的不同,市场可分为消费者市场和组织市场两大类。消费者市场又称消费品市场或最终产品市场,它是指个人或家庭为满足自身的生活需要而购买商品和服务的市场,购买的目的是为了满足生活需要,而不是为了转卖、盈利或其他目的;组织市场是指各种组织机构为从事生产、销售业务活动,或履行职责而购买产品和服务所构成的市场,包括生产者市场、非营利性组织市场和政府市场。

3.1 消费者购买行为

3.1.1 消费者市场的特点

1. 广泛性 任何个人或者家庭都是消费者市场中的一员,因为任何人都无法避免发生购买行为，而中国人口众多，所以消费者市场具有广泛性。

2．分散性 消费市场中的购买涉及每一个人和每个家庭，中国是一个人数众多、幅员辽阔的国家，购买者虽多，但由于消费者所处的地理位置各不相同而分散，造成购买地点和购买时间的分散性。

3．复杂性 消费者处在一定的社会经济和社会文化环境中，其年龄、性别、收入、地位、习惯、教育、兴趣、爱好等不同，影响每个消费者的消费需求、消费心理和消费方式，对消费品的选择也就各不相同，于是具有极大的复杂性。

4．重复性 消费品的购买一般以个人和家庭为单位，由于受消费品本身特点和家庭收入的制约，消费者每次购买的消费品以能满足一定时间内个人及家庭的需要为限，一般来说交易的数量和金额相对较少，多属零星购买，重复购买频率较高。

5．发展性 随着科技进步、生产力发展和消费者收入水平的提高、各类新产品的出现，消费者对产品和服务的需求不断变化，逐渐呈现出由少到多、由低级到高级的发展趋势。

6．伸缩性 消费者受收入水平、生活方式、商品价格和储蓄利率等因素的影响，在购物数量、品种、档次等方面有很大的弹性。通常情况下，收入增高时会增加购买，收入减少时则会减少购买；商品价格高和储蓄利率高的时候会减少购买，反之增加购买。

7．可诱导性 消费者市场中的购买者绝大多数都不是专家，除非有过在该领域工作的经历或经验，否则大都缺乏相应的专业知识、价格知识和市场知识，尤其是对某些技术性较强、操作比较复杂的商品，更显得知识缺乏。在多数情况下，消费者购买时往往受感情和过去的购买经验的影响较大。因此，消费者很容易受广告宣传、商品包装以及其他促销方式的影响，产生购买冲动。

8．替代性 提供给消费者选择的商品种类繁多，不同品牌甚至不同品种之间的商品往往可以互相替代，导致消费者选购时可以在不同产品、品牌和企业之间流动。

此外，消费者市场还具有层次性、地区性、季节性、周期性、时代性等多种特点。

3.1.2 消费者市场参与购买的角色

企业管理者和营销人员除需了解影响消费者的各种因素、消费者的购买模式之外，还必须弄清楚消费者的购买决策，以便采取相应的措施，实现企业的营销目标。消费者消费虽然是以一个家庭为单位，但参与购买决策的通常并非是家庭的全体成员，许多时候是家庭的某个成员或某几个成员，而且由几个家庭成员组成的购买决策层，其各自扮演的角色亦是有区别的。家庭成员在一项购买决策过程中可能充当以下角色。

（1）发起者　发起者是指首先提出或有意向购买某一产品或服务的人。

（2）影响者　影响者是指其看法或建议对最后决策具有一定影响的人。

（3）决策者　决策者是指在是否买、买什么、买多少、何时买、哪里买等方面的购买决策做出完全或部分最后决定的人。

（4）购买者　购买者是指实际进行采购人。

（5）使用者　使用者是指实际消费或使用产品或服务的人。

了解商品或服务的购买参与者和影响者在购买过程中发挥的不同作用，能够帮助营销人员制订切实可行的营销策略。

3.1.3 消费者购买行为类型

消费者在购买商品时，会因商品的价格、购买的风险程度不同而投入不同程度的购买。目前，主要根据购买者在购买过程中介入程度的高低（即购买的风险程度）和产品品牌间差异的大小（即可供挑选的余地），将消费者的购买行为分为 4 种类型（见表 3-1）。

表 3-1 消费者购买行为的基本类型

品牌差异 \ 介入程度	低	高
小	习惯性的购买行为	减少失落的购买行为
大	寻求变化的购买行为	复杂的购买行为

1. 习惯性的购买行为 对于价格低、需经常购买、品牌差异小的商品，消费者不会花过多的精力去收集信息、评价产品、做出决策，购买行为相对简单。消费者购买时，更多的是靠多次购买和多次使用而形成的习惯去选定某一品牌。例如，购买食盐、味精的行为。

2. 寻求变化的购买行为 有些产品品牌差异大，但商品价格低，购买风险小，消费者并不愿意花过多的精力去评价、选择产品，而是不断变换所购产品的品牌，寻求购买的多样性，以满足自己求新求异的心理并从中寻找最适合自己消费特点的产品。例如，购买饮料的行为。

3. 减少失落的购买行为 减少失落的购买行为也称为寻求平衡的购买行为，主要是指对于有些产品品牌差异不大但价格高，消费者不经常购买或购买时有一定的风险，此时，消费者在购买过程中介入程度高，花较多精力收集信息并货比三家，在品牌差异不大的产品中权衡、比较后，做出自己认为最合适的决策，求得心理平衡和最大满意度。

4. 复杂的购买行为 当消费者购买一件贵重、不常买、品牌差异大、有风险的产品时，其购买决策最为复杂。由于产品品牌差异大，产品对消费者存在较大购买风险，消费者购买时会高度介入。由于对这些产品的性能缺乏了解，为慎重起见，他们往往需要广泛地收集有关信息，并经过认真的学习，了解这一产品的性能，形成对品牌的态度，并慎重地做出购买决策。

3.1.4 影响消费者行为的主要因素

消费者的购买行为在内、外因素的影响下，也会发生很大的变化。这些因素不仅在某种程度上决定着消费者的决策行为，而且它们对外部环境与营销刺激的影响起着放大或抑制作用。这些内、外因素可概括为 4 大类：文化因素、社会因素、个人因素、心理因素，如图 3-1 所示。

1. 文化因素 文化因素对消费者的购买行为有着最广泛和最深远的影响。

（1）文化 文化是人类欲望和行为最基本的决定因素，包括一个群体（可以是国家，也可以是民族、企业、家庭）在一定时期内形成的价值观念、道德规范、风俗习惯、宗教信仰、审美观和语言文字等。不同的文化造就了不同消费者的购买观念，能满足文化需求的产品较易获得顾客的认可，反之会导致企业营销活动的失败。

（2）亚文化　亚文化又称小文化、集体文化或副文化，是指某一文化群体所属次级群体的成员共有的独特信念、价值观和生活习惯，一种亚文化不仅包含着与主文化相通的价值与观念，也有属于自己的独特的价值与观念，而这些价值观是散布在种种主导文化之间的。亚文化主要包括民族亚文化、宗教亚文化、种族亚文化、地理亚文化等。亚文化以独特的认同感和社会影响力将群体成员联系在一起，形成不同的消费亚文化。

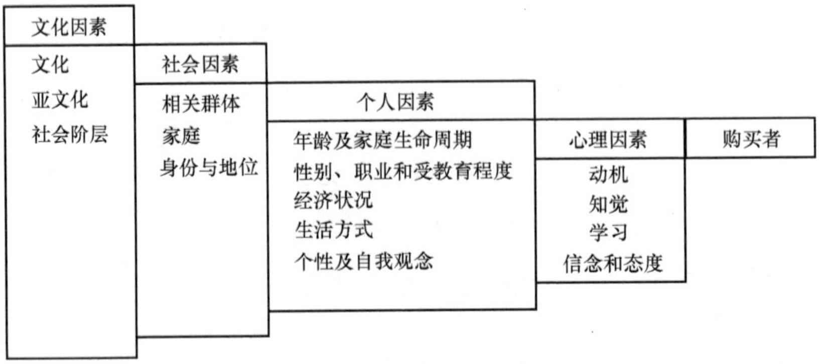

文化因素	社会因素	个人因素	心理因素	购买者
文化 亚文化 社会阶层	相关群体 家庭 身份与地位	年龄及家庭生命周期 性别、职业和受教育程度 经济状况 生活方式 个性及自我观念	动机 知觉 学习 信念和态度	

图 3-1　影响消费者购买行为的主要因素

互联网+营销实战 3-1

春运，一张代表中国的明信片

中国春运因为其规模性和独特性一直受到国际关注，它的一帧帧画面都是当今社会的缩影，是世界看中国的一个窗口，也是外国朋友认识中国的重要渠道。随着国家的关注、科技的发展、路网和服务的完善，中国人民的春节回家路已经越走越顺畅，走出了美好的春运新形象。

"高铁+共享"打通春运最后一公里的新形式，不仅改善了交通拥堵的情况，更是看到了交通部门心系人民的初心。随着网络购票、"刷脸进站"、智能机器人"小路"等技术的应用，有效地解决了车站旅客的滞留问题，也折射出中国科技水平和运输能力的提升。

春节承载着中国人民对团圆的渴望和对美好生活的向往。高铁"四纵四横"的完美收官，航空公司的"手机解禁"，从设施到服务各运输部门都在为给大家打造一个畅通"春运"回家路而努力着。继"中国新四大发明"被各国纷纷盛赞后，春运再次向世界传递了一张中国明信片。

资料来源：映象网 http://news.hnr.cn/pl/yxwp/201802/t20180211_3067991.html（有删改）

（3）社会阶层　人们根据职业、收入、教育、财产等因素，把社会划分为不同的社会阶层。社会阶层是指一个社会中具有相对同质性和持久性的群体。处于同一社会阶层中的消费者，其价值观、消费观、审美标准、消费内容和方式有着很大的相似性；处于不同社会阶层的消费者，由于其收入水平、职业特点的不同，造就了他们在消费观念、审美标准、消费内容和方式上存在明显的差异性。因此，营销人员应该对不同社会阶层的消费者进行市场细分，采取更有针对性的营销策略。

2. 社会因素

（1）相关群体　相关群体也称为参考群体或参照群体，是指对一个人的看法、态度和行为实施过程中起着参考、影响作用的个人或某些人的集合。相关群体可分为直接参照群体和间接参照群体。直接参照群体又称为成员群体,即某人所归属的群体或与其有直接关系的群体,它又可分为首要群体和次要群体。首要群体是指与消费者直接接触、经常接触的一群人,一般都是非正式群体,如家庭成员、亲戚朋友、同事、邻居等;次要群体是对其成员并不经常发生影响,但一般都较为正式的群体,如宗教组织、行业协会等。间接参照群体又称为非成员群体,是指消费者并不属于该群体,但又受其影响的群体,消费者会产生喜好或者厌恶,从而选择去模仿或者远离。例如,消费者对影视明星、体育明星的模仿等。

相关群体对消费者购买行为的影响表现在以下 3 个方面:①相关群体为消费者展示出新的生活方式和行为方式。②相关群体引起消费者的仿效欲望,或使其对某些产品态度发生改变。③仿效促使消费者的消费行为与相关群体趋于一致。

(2)家庭　家庭是社会组织的基本单元,对消费者的购买行为具有重要的影响。消费者购买活动中会受到家庭的规模、性质、购买决策方式等方面的影响。随着社会的进步,妇女逐渐走出家庭开始工作,并成为推动社会经济发展的重要力量。于是,当消费者以家庭为单位购买产品时,传统的丈夫做主型逐渐演变成为各自做主型、共同做主型、丈夫做主型、妻子做主型等多种形式共存的局面。抓住决策中的关键人物,有利于提高营销效率。

相关链接 3-1

中国时尚消费者六大新趋势

2018 年 6 月,麦肯锡公司发布《中国时尚消费者的六大新趋势》,中国早已成为全球时尚品牌的必争之地。而需求不断升级、变化的中国时尚消费者,正给这个市场注入新鲜的血液和源源不断的活力。该文旨在分析中国时尚消费者的六大新趋势(见图 3-2)。

图 3-2　中国国际品牌消费者日渐成熟

需求多样化（趋势一）

从需求来说，中国消费者的偏好越来越多样化，品味也越来越个性化。整体来看，品牌知名度、体现个人品味的设计、制作精良等条件是决定购买的首要因素。同时，消费者在品牌选择上更注重个人感受，开始从深层次思考品牌和个人价值的连接。在被问及购买国际品牌的原因时，超过60%的受访者表示"国际品牌是自我表达的方式"。超过50%的受访者声称是因为优质的服务和良好的体验。超过40%的受访者表示，只要产品符合心意就很愿意尝试新的品牌，哪怕从未听说过这个品牌。基于心理需求、消费行为和态度倾向可以将国际品牌的消费者分为不同群体，每个细分群体呈现出截然不同的人口特征、购买习惯、消费态度以及品牌偏好。

诉求悦己化（趋势二）

奢侈品在中国经历了从无到有的成长期，奢侈品市场也从由男性主导、以彰显地位为主的炫耀性消费逐渐转变为由女性主导、寻求自我表达和价值观认同为出发点的悦己性消费。在国际品牌纷纷进驻中国并积累了一定知名度，同时消费者的海外经历也日渐丰富的情况下，消费者已经不再满足于知名国际品牌的标签带来的"合群感"，而是更深入地考量品牌与自身价值观的连接，通过选择不同的国际品牌来满足和表达自己的诉求，完成对于"本我"的探索。对消费者来说，购买不再只是单纯的货品和金钱交换，而是品牌故事和价值观的态度表达。这从受访者对于产品环保性的态度可见一斑。根据麦肯锡公司的调研，约45%的受访者在"是否愿意承担环境友好型产品的额外成本"这一项上选择了"非常愿意"或"愿意"。

过程体验化（趋势三）

在体验式消费大行其道的当下，越来越多的消费者愿意为更好的购物体验和休闲娱乐服务支付溢价。目前，生活方式一体化的购物广场风头正劲。例如，以摩天轮著称的上海大悦城推出了下午茶套餐、情侣纪念品、照片拍摄等服务，旨在促成交叉销售，大悦城变为城市购物目的地，每天最高人流量超过4000人。大悦城的文化街有40多家不同类型的店铺，分为不同的生活方式体验主题，如DIY工作坊、休闲食品和酒吧等。而定位"艺术购物中心"的K11于2017年11月在武汉开设了分店，在华中发力。除了"云、湖泊、瀑布"科技互动装置，前后下沉式广场、主题中庭、小剧场和屋顶花园之外，K11还设立了咖啡博物馆（COFFEE MUSEUM）、草本健康区（Herb Museum）、新鲜食·集（ZONA FRESCA）的体验区域，力求实现以生活方式为导向的购物体验。品牌也积极响应这一趋势。路易威登（LOUIS VUITTON）在世界各地的文化艺术空间展览"Espace"，免费为画廊和艺术提供展示空间，实现了从售卖产品到满足消费者情感需求的转变。

信息扁平化（趋势四）

从信息的获取来说，从过去单向的品牌推送转变为自上而下的、由用户口碑引导的消费。随着科技的发展，消费者和品牌的接触点越来越多。这一点在中国消费者身上体现得尤为明显。根据麦肯锡公司的调研，中国消费者在单次决策旅程中平均要经历15个信息接触点，包括7个线下触点和8个线上触点，是所有国家接触点最多的消费者。

在最近一次的消费中，59%的信息触点来自品牌导向，包括店内体验、品牌广告和明星代言，其余41%的信息触点则是来自用户主导的信息渠道，包括看见他人展示、亲朋推荐、用户评价、网红推广和网络资讯平台的介绍。

决策冲动化（趋势五）

现如今消费者购买前考虑的时间越来越短。根据麦肯锡公司2017年的调研，超过50%的奢侈手袋购买决定是在一天之内做出的。相比2010年的25%，决策时间大大缩短，这一趋势同样反映在服饰和腕表品类。同时，消费者纳入考量的品牌数量却有所增多。根据2017国际品牌消费者调研，大约四分之一的消费者表示现在相比一年之前会考虑更多的品牌（考虑减少品牌数量只有6%）。信息的全球化和数字化让消费者掌握了更加丰富的奢侈品知识，也越来越有信心做出即兴的购买决定。从品类和客群来看，"90后"考虑的品牌数量最少，时间最短，而"80后"考虑的品牌最多，"70后"考虑的时间最长。相较于重奢品，消费者购买轻奢品时普遍考虑的品牌数量更多，但考虑时间更短。

渠道合一化（趋势六）

尽管最终购买仍然绝大多数在线下实现，消费者决策旅程已经全渠道化，并对在线购买国际品牌展现了浓厚的兴趣。就最终购买行为来说，国际品牌线上消费经历了每年27%的增长，线上渗透率从2012年的3%增长到了2016年的9%。根据麦肯锡公司的调研，只有16%的消费者在线下完成了解、考察和购买的全部过程，而84%的消费者在整个购物过程中受到线上的影响，虽然其中只有9%的消费者在线上买单。此外，调研表明，60%的消费者表示未来愿意尝试在网上购买国际品牌，虽然仍然存在产品真伪和购物体验的痛点。

纵观零售的发展趋势，数字化渠道的迭代已经从"全渠道"逐渐演变成"颠覆全渠道"，这意味着线上的影响力已经无可取代，企业必须全方位拥抱线上。一言以蔽之，随着信息的全球化和社交化，以及线上和线下科技的突破，中国的时尚消费者更加成熟，更知道自己认同的价值观和品牌内涵，多触点、重体验、随时即兴地按个人喜好进行购买。消费者的新面貌也对业界带来了新启示和挑战。

资料来源：搜狐网 http://www.sohu.com/a/233668039_165955（有删改）

（3）身份与地位　在社会生活中，一个人会属于不同的群体，并在不同的群体中具有不同的身份和地位，因此，其消费需求和行为也不同。

3．个人因素　消费者的购买决策会受个人因素的影响，这些因素主要包括年龄和家庭生命周期、性别、职业、受教育的程度、经济状况、生活方式、个性及自我观念等。

（1）年龄及家庭生命周期　不同年龄的消费者，其消费欲望和购买行为会有很大差别。家庭生命周期是指一个人从离开父母开始独立生活到老年的家庭生活解散所经历的全过程。消费者处于不同家庭生命周期的不同阶段，其爱好、需求和购买行为有明显差异（见表3-2）。

（2）性别、职业和受教育程度　男性和女性在购买方式上有明显不同。男性购买商品一般目标明确、决策果断，理智型购买居多；女性在购买中一般为不确定型，易受销售人员及他人的影响，决策犹豫，但挑选仔细。职业不同的消费者因其所处的工作环境、职业特点不同，消费习惯和购买行为也有所区别。受教育程度也影响着消费者的购买行为，一般情况下，一个人的受教育程度越高，其购买行为中的理性成分就越大，利用其具有的知识和信息对商品做出比较客观的判断,受外界信息干扰程度小,决策能力较强。

表 3-2　家庭生命周期及消费方式

家庭生命周期		消费方式
单身阶段	刚参加工作,自己独立生活	状态:几乎没有经济负担,新观念的带头人,娱乐导向
		消费:小型生活日用品、汽车、娱乐、旅游
新婚阶段	刚刚结婚、无子女	状态:经济状况较好,购买能力强,耐用品购买力高
		消费:汽车、小型生活日用品、耐用品、度假
满巢阶段Ⅰ	子女不到6岁	状态:家庭用品采购的高峰期,流动资产少,不满足现有经济状态,有部分储蓄,喜欢新产品,如广告宣传的产品
		消费:婴儿用品等
满巢阶段Ⅱ	年幼的子女超过6岁	状态:经济状况好,购买能力强
		消费:食品、生活日用品、教育等
满巢阶段Ⅲ	子女成年但尚未独立	状态:经济状况较好
		消费:食品、生活日用品、教育、甚至子女房屋的购买等
空巢阶段Ⅰ	年长的夫妇,子女已经独立生活	状态:经济富裕有储蓄,对旅游、娱乐、自我教育尤感兴趣,愿意施舍和捐献
		消费:旅游、耐用品、家用装修用品、汽车等
空巢阶段Ⅱ	年老的夫妇,子女已经独立生活	状态:收入锐减、赋闲在家
		消费:有助于健康的医用护理、保健产品

（3）经济状况　经济状况是指消费者的经济收入和信贷能力。经济状况反映消费者的实际支付能力,商品选购在很大程度上取决于个人的经济状况。一般而言,低收入者在选购商品时,对商品价格更加敏感,其开支主要用于生活必需品;高收入者用于生活必需品以外的开支更多,且信贷能力更强。

（4）生活方式　生活方式是个体在成长过程中,在与社会因素相互作用下表现出来的活动、兴趣和态度模式。一个生活俭朴的人和一个生活奢侈的人,其购买行为会有很大的不同。

（5）个性及自我观念　个性就是个别性、个人性，就是一个人在思想、性格、品质、意志、情感、态度等方面不同于其他人的特质。这个特质表现出来就是他的言语方式、行为方式和情感方式等。任何人都是有个性的，个性化是人的存在方式。个性是一个人身上表现出来的经常的、稳定的、实质性的心理特征，它表现了一个人对其他事物的反应，通常可用外向、内向、保守、开放、固执、随和等性格特征来描述。消费者的个性对购买行为的影响是明显的。例如，性格外向的人易对时髦产品感兴趣，往往成为新产品的试用者；性格保守的人则是品牌的忠实维护者。

自我观念又称自我形象，是指自己对自己的看法，它与个性有关。自我观念分为实际自我观念和理想自我观念，即自己实际对自己的看法和自己希望的理想看法。不同自我形象的消费者有着不同的购买行为，并把购买行为作为树立自我形象的重要方式。

4．心理因素　消费者的购买行为也要受四个主要心理因素的影响，即动机、知觉、学习、信念和态度。

（1）动机　动机是指激发和维持个体活动，使活动朝向一定目标的内部动力。动机的产生可以是内部条件或者外部条件，甚至是两者同时作用。产生动机的内部条件是达到一定强度的需要，需要越强烈则动机表现得越强烈；产生动机的外部条件是各种诱因。消费者的购买动机是纷繁复杂的，同一购买行为可由不同动机引起，同一购买动机也可能引起不同的购买行为。关于需要与动机的理论有很多，在市场营销学中运用最广泛的是马斯洛的需求层次理论，如图3-3所示。

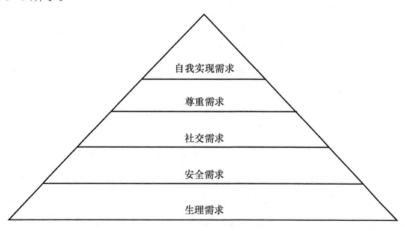

图3-3　马斯洛需求层次理论

马斯洛认为人的需求是以层次的形式出现的，按其重要程度的大小，由低级需求逐渐向上发展到高级需求，依次排列为：①生理需求，这是人类最基本的需求，包括衣、食、住、行等基本的生存需求。②安全需求，当生理需求得到满足后，就会产生更高一层的需求，即对安全、稳定以及免受痛苦、恐惧、战争、失业等方面的需求。③社交需求，这是情感和归属方面的需求，即期望同他人平等相处、友好往来，获得友情、爱情和社会归属感的需求。④尊重需求，即获得自尊、赞赏和受到别人尊敬的需求。⑤自我实现需求，即实现个人的理想和抱负，实现自我价值、取得成就的需求。

相关链接 3-2

同为"90后",其实大不同

2018年2月5日,麦肯锡公司在北京发布了麦肯锡季刊特刊——《"双击"中国消费者》,该报告从时尚、快消、家居和游戏等几个行业的角度探讨了新消费时代下消费者的心理状态和行为表现。而"90后"这个频繁出现的标签也被作为重点研究对象进行了更为细致的剖析。

麦肯锡公司认为,"90后"在2017年成为了中国增速最快、购买力也最大的消费群体,但过去常在各品牌战略中见到的"千禧一代"一词其实并不能很好地抓住这个族群的特征:中国"90后"的行为态度和其他群体消费者大相径庭,与"千禧一代"中的"80后"也有显著差异。此外,中国"90后"和西方的"千禧一代"也不一样。

总体来说,中国"90后"是一个具有多样性的消费者群体,由于成长于财富大量增长的时代,又受到西方文化和新兴技术的影响,他们对成功、健康、家庭、品牌和产品以及个人未来所持的多元看法都有着自己的理解。

麦肯锡公司将"90后"消费者细分为了五个类型,即追求幸福者、追逐成功者、知足青年、任性挥霍者和宠二代。

追求幸福者:这是"90后"中最大的一支,占到39%,他们出生在1995年之后,以学生为主。虽然将来有赡养父母的负担,但是他们对自己的经济前景仍然充满信心。在这个类型中,有86%的人认为成功意味着幸福的生活,54%的人对品牌不感兴趣,更关心产品本身;还有53%的人愿意花多点钱购买环保产品。

追求幸福者对同龄人眼中的自己不怎么关心,他们重视品质,不会任性挥霍自己辛苦赚来的钱。这意味着品牌如果想迎合他们的偏好,恐怕要更重视自己在社会责任方面的品牌塑造,如时尚品牌Everlane会在标签上公布自己的生产成本构成,就更容易得到追求幸福者的青睐。

追逐成功者:占"90后"的27%,主要是受过良好教育的白领阶层。这一群体对目前的生活和未来感到颇有压力,因此更懂得犒赏自己。他们不相信未雨绸缪,喜欢什么就买,对成功的定义是"发家致富"。

知足青年:占"90后"的16%,他们不关心发家致富,只在意自己是不是过得比别人好,其中32%的人认为"只要努力工作,就可以改变命运"。知足青年对高端品牌或高科技产品兴致不高,也不像同龄人那样对日常生活倍感压力。

任性挥霍者:只占"90后"的10%,群体较小。但其秉持的物质主义至上的原则和对未来满不在乎的态度,使其成为品牌商眼中非常具有价值的消费者。其中有48%的人愿意花钱尝试新事物,38%的人认为产品越贵越好,42%的人买得起小件奢侈品,以彰显品位。

任性挥霍者在父母满足其所有物质需求的家庭中长大,以至于工作后并没有学会省钱。这一类年轻人接受过良好教育、收入不错、愿意花钱追求新时尚、顶级品牌和休闲活动。

宠二代："90后"中的最小细分群体，仅有8%的人归属于此。宠二代至今仍然生活在父母的羽翼之下，经济尚未独立，尤其是大额消费需要家庭支持。宠二代收入不高，但想要过自己的生活。他们对成功的定义是过得比别人好，对现状和未来不存在太大压力。由于收入前景相对暗淡，宠二代中只有38%的人认为其家庭收入会在未来五年内显著提高，他们可能会存钱以备不时之需。

资料来源：http://www.sohu.com/a/221238165_329832（有删改）

（2）知觉　知觉是指人对事物传递或表现出的信息的一种综合性反应。而感觉是人通过个别的感觉器官感知到事物的个别属性，不是对事物整体性的认识判断。只有将这些感觉综合起来才能形成人们对事物整体的判断、认识并成为行动依据。知觉对消费者的购买决策、购买行为影响较大。在刺激物或情境相同的情况下，消费者有不同的知觉，他们的购买决策、购买行为就截然不同。常见的3种知觉过程是：①选择性注意。选择性注意是指在众多信息中，人们易于注意与自己有关的、期待中的信息，而多数信息会被有选择地忽略。②选择性扭曲。人们对注意到的事物，往往喜欢按自己的经历、偏好、当时的情绪、情境等因素做出解释，会将信息加以扭曲，使之合乎自己见解的倾向。③选择性记忆。消费者在接触到的大量信息中，会把与自己看法一致和自己相信的一些信息保留下来。

（3）学习　学习也称"习得"，是指由于人后天经验而引起个人知识结构和行为的改变，即消费者在购买和使用商品的实践中，逐步获得和积累经验，并根据经验调整自己购买行为的过程。学习是通过驱策力、刺激物、提示物、反应和强化的相互影响、相互作用而进行的。企业要扩大销售，不仅要了解自己的产品（刺激物）与潜在消费者的驱策力的关系，而且还要善于向消费者提供诱发需求的提示物和适当的广告宣传手段，积极进行反复宣传的"强化"工作，以加强消费者的印象。

（4）信念和态度　消费者通过购买实践和学习获得经验，建立自己的信念和态度，而信念和态度又反过来影响消费者的购买行为。信念是指一个人对某些事物所持有的看法或评价，它是一种描述性的看法，没有好恶之分。企业的产品和品牌的形象就是顾客对企业和品牌的总体看法，它来源于消费者的认识、学习和消费经历，带有强烈的感情色彩。如果企业能使消费者对自己的产品建立起正确、良好的信念，将有助于本企业产品的销售。

态度是指一个人对某些事物或观念长期持有的是与非、好与坏等认识上的评价、情感上的感受和行为上的倾向。态度能使人对相似的事物产生一致性的行为，表现出稳定一致的特点，并且不容易改变。如果消费者形成了对某个品牌良好的态度，就可能进行重复购买；反之就会拒绝购买。由于态度具有稳定性的特点，所以营销人员不要试图改变消费者的态度，而是改变自己的产品以迎合消费者已有的态度，使之与消费者既有的态度相一致；否则，企业需要耗费大量时间改变目标市场消费者的态度，并要为此付出高昂的费用和艰辛的努力。

3.1.5　消费者购买决策过程

在复杂的购买行为中，消费者要完成某一商品的购买决策过程要经历以下5个阶段，如图3-4所示。

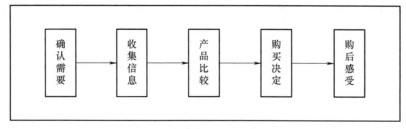

图 3-4 消费者购买的决策过程

1. 确认需要 确认需要是消费者购买决策过程的起点。当消费者在现实生活中感觉到或意识到实际与其理想状态之间有一定差距，并产生了要解决这一问题的要求时，购买决策便开始了。消费者的这种需求的产生，既可由内在原因或外在刺激引起，也可以是两者相互作用的结果。内在原因可能是由人体内在机能的感受所引起的，如一个饥饿的人看到美味的食物，饥饿感就会增加，从而产生了对食品的需求。外在刺激可能是由收入增加、企业促销力度较大或消费者的所见等引起的，如看到各种汽车广告引发购买汽车的想法；朋友买了一部时尚手机，或者商家促销有多项优惠等促使消费者有购买手机的想法等。

营销工作者应该深入理解消费者产生某种需要的环境，找到引发这种需要的内在动因和外在刺激因素，从而运用多种营销手段，促使消费者与刺激因素频繁接触，善于安排刺激物、提示物等诱因，引发消费者对本企业产品产生强烈的需求，熟悉、喜爱本企业的产品，并采取购买行为。

2. 收集信息 当消费者产生了购买动机之后，便会开始进行与购买动机相关联的活动。如果他所欲购买的商品就在附近或者购买风险不大时，他便会实施购买活动，以满足需求。但是当所需购买的商品价格高、购买风险大，甚至需求一时难以得到满足时，他便会把这种需求存入记忆中，并注意收集与需求密切联系的信息，以便进行决策，而这个收集信息的数量和时间会根据购买的风险程度来决定。通常，消费者一般会通过以下几种途径收集所需商品的信息：①个人来源，是指家庭成员、朋友、邻居或同事等提供的信息。②商业来源，是指从推销员、广告、零售商、商品包装、展示会、商品说明书等方面获得的信息。③公共来源，即大众传播媒介、消费者评估组织等提供的有关信息。④经验来源，是指消费者本人通过以前购买使用或当前试验中获得的知觉。

3. 产品比较 消费者在通过各种渠道获得有关产品的信息后，便对可供选择的品牌进行分析和比较，并对各种品牌的产品做出评价，最后决定购买。消费者对产品的评价主要从以下几个方面进行：①产品属性，即产品能够满足消费者需要的特性。消费者一般将产品看成能提供实际利益的各种产品属性的组合，对不同的产品，消费者感兴趣的属性是不同的。②建立属性等级。每一个产品的所有属性并非都是最优的，消费者也不会将产品的众多属性看作同等重要的因素，而是从满足需要的角度出发，对产品属性进行分析后，建立自己心目中的属性等级。例如，对于游戏爱好者来说，他购买计算机首先考虑的是硬件设施，其次才考虑外形；而对于时尚女性购买者来说，她首先考虑的是外形，其次才考虑性能等因素。可见，每种商品的属性在购买者心目中的重要程度是不同的，企业应当根据购买者对不同属性的态度进行市场细分，采取多种对策影响购买者决策，提高本产品被选中的概率。③确定品牌信念。消费者会根据收集到的所有品牌的属性及各属性的参数，建立对各个品牌的不同信念。④形成"理想产品"。消费者会通过各种品牌的属性及各属性的参数对于分别满足其需求的重要程度来进行评分，从而评选出得分最高者，即为购买的初步对象。

4. 购买决定 购买决定是消费者购买行为过程中的关键性阶段，因为只有做出购买决定以后才会产生实际的购买行动。消费者经过分析比较和评价以后便产生了购买意图。但消费者购买决策的最后确定，除了受消费者自身喜好的影响外，还受其他因素的影响，如他人的态度、环境因素等。

5. 购后感受 产品在被购买之后就进入了购后阶段，此时，市场营销人员的工作并没有结束。消费者购买商品后，通过自己的使用或者其他信息来对自己的购买活动进行检验，从而产生某种程度的满意或不满意。购买者对其购买活动的满意感（S）是其产品期望（E）和该产品实际性能（P）的函数，即 $S=f(E,P)$。若 $E=P$，则消费者会满意；若 $E>P$，则消费者不满意；若 $E<P$，则消费者会非常满意。消费者根据自己从卖主、朋友以及其他来源所获得的信息来形成产品期望。消费者对其购买的产品是否满意，将影响以后的购买行为。如果对产品满意，则在下一次购买中可能继续采购该产品，从而形成品牌忠诚并向其他人推荐该产品；如果对产品不满意，则会选择要求退货或者赔偿，甚至会采取更加过激的行为来诋毁或者报复企业。

市场营销人员通过了解购买者如何经历确认需要、收集信息、产品比较、决定购买和购后感受的全过程，就可以获得许多有助于满足消费者需要的有用线索；了解其购后感受和对商品的使用与处置方法更是开发新商品构思的重要来源；通过了解购买过程的各种参与者及其对购买行为的影响，就可以为其目标市场设计有效的市场营销计划。

3.2 组织市场购买行为

企业的市场营销对象不仅包括广大的消费者，也包括各类组织机构。这些组织机构构成了原材料、零部件、机器设备、供给品和企业服务的庞大市场。为此，企业必须了解组织市场及其购买行为。

3.2.1 组织市场的分类和特点

组织市场是指为了用于从事再生产、销售、转卖活动或履行职责而购买企业产品或服务的各类组织机构所构成的市场。

1. 组织市场的分类 组织市场包括 4 种类型，即生产者市场、中间商市场、非盈利性组织市场和政府市场。

（1）生产者市场 生产者市场又称为产业市场、工业品市场或企业市场，是指一切将购买的产品和服务用于再加工、再生产从而生成其他产品或服务，以供销售、租赁并获取利润的组织或者个人。生产者市场是一个庞大的市场，组成生产者市场的主要行业是农业、林业、渔业、牧业、采矿业、制造业、建筑业、运输业、通信业、银行业、保险业以及其他一些行业。

（2）中间商市场　中间商市场又称为转卖者市场，是指那些通过购买商品或服务后将之转售或出租给他人，以获取利润差的个人或者组织，包括批发商和零售商。

（3）非营利性组织市场　非营利性组织是指所有不以营利为目的而从事社会公益事业的机构、组织和团体，它们可以是现有的政府事业单位、教育机构和注册的民办科技机构等。非营利性组织购买产品和服务是为了维持正常运作和履行自身职能，这样的购买行为所形成的市场称为非营利性组织市场。

（4）政府市场　政府市场是指为了执行政府职能或提供公众服务而购买产品和服务的各级政府及下属部门所组成的市场。随着我国改革开放的不断深入，政府采购规模越来越大，范围越来越广，要求越来越严格，企业在营销活动中要充分重视这一潜力巨大的市场。

2. 组织市场的特点

（1）购买者数量小，购买量大　若消费者市场的购买者是个人和家庭，则购买者数量多，重复购买的频率高，但购买量少；而组织市场却恰恰相反。由于组织市场的购买者是企业或组织，所以其购买者数量较少，但他们一次性的购买量较大。

（2）购买者的地理位置相对集中　在我国，大多数组织市场的购买者都集中在北京、天津、上海、武汉、广州、成都、深圳等国内城市，所以，组织市场购买者的地理位置相对较为集中。

（3）供需双方关系密切　由于组织市场购买者数量少，一次性购买量大，这就要求企业有源源不断的原材料供应，而原材料供应企业同样需要稳定的产品销路，所以，双方容易建立密切的关系。一方面通过沟通，供应方了解企业的需求特点及特殊要求，提供最大限度地满足；另一方面建立互惠互利的合作关系，有利于降低交易成本和保证产品的销售。

（4）市场的派生需求　消费者市场是所有市场的中心，任何市场的生产行为都必须围绕着消费者市场的需求而运转。因此，组织市场的需求还随着消费者市场相应需求的变化而变化。

（5）需求弹性小　生产者市场上，生产者主要根据最终消费者的需求来确定自己的采购品种和数量；相对于消费市场，生产者市场产品价格的上升或下降对产品需求不会有太大影响。例如，在蛋糕需求总量不变的情况下，面粉价格下降，蛋糕生产者未必就会大量购买，除非目标市场中消费者对蛋糕的需求量突然增加。面粉价格上涨，蛋糕生产者为了保持市场需求，防止未能满足需求而使新竞争者乘虚而入，也未必会减少面粉的购买，除非蛋糕生产者找到了其他替代品或发现了节约原料的方法。

（6）需求波动大　消费者市场中的需求只要有一点增加或减少，就会引起生产产品的工厂和设备需求发生大幅的变动，经济学上将这种现象称为乘数效应，又称加速原理。有时，消费者需求只增长10%，可能会导致生产者市场需求增长100%；而消费者需求只减少10%，可能导致生产者市场需求大幅减少甚至可能为零需求。

（7）专业人员购买　由于组织市场具有购买者数量较少，而其购买量较大的特性，与消费者市场相比，通常影响组织购买决策的人较多。大多数组织有专门的采购部，采购人员大都经过了专门训练，掌握了必要的专业知识，熟悉产品的性能、质量、规格和有关技术要求，特别在重大购买时，往往会成立临时性专家组，由技术专家、高层管理人员、财务人员甚至法律顾问组成，决策往往是由采购专家组中的成员共同做出的。

（8）租赁　组织市场购买者往往会以租赁的方式来取得生产用品，这样既可以减少资金投入，又可以使用最新的设备，也在一定程度上降低了购置风险，尤其是大型机械设备或使用时间短的设备。

相关链接 3-3

专家解读国家组织药品集中采购试点

2018 年 11 月 14 日，中央全面深化改革委员会第五次会议审议通过了《国家组织药品集中采购试点方案》，国家组织的药品集中采购是什么？推行国家集中采购的目的是什么？对老百姓来说有什么好处？记者采访了国家卫健委卫生发展研究中心研究员傅鸿鹏、中国研究型医院学会医改专家魏子柠。

跟现行的集中采购有何区别？

目前，对临床使用量较大、采购金额较高的基本药物和非专利药品，我国实行的是以省为单位的药品集中采购办法。国家组织的集中采购与现行政策有何不同？

傅鸿鹏说，国家组织的集中采购主要是以完善带量采购的方法换取更优惠的价格。带量采购是在集中采购的基础上提出的，指的是在药品集中采购过程中开展招投标或谈判议价时，要明确采购数量，让企业针对具体的药品数量报价，这种明确采购量的采购方法被称为带量采购。

带量采购有三大优势：一是带量采购有确定的商品数量要求，买卖双方可以针对交易细节开展谈判。与不带量的集中采购相比，带量采购可以给药品企业明确的销售承诺和预期，方便企业安排生产和销售，控制成本，从而可以给出更优惠的价格，让患者获得更多收益；二是可减少药品购销过程中的灰色空间。带量的同时意味着该批量药品供应企业的确定性，并且确保采购结果落实。部分药品集中采购在招投标阶段缺乏明确的用量要求，中标并不意味着有销量，医院仍然具有自主选择权。因此企业可能要"二次公关"、医院可以"二次议价"，严重的会使中标结果形同虚设。实施带量采购则意味着通过招投标可以直接签署购销合同，实现招采合一，消除灰色空间，因此意义重大；三是有助于推动药品采购流程的完善。药品招投标中，评标专家主体是医生。在存在"二次议价"空间时，为寻求医院补偿的有效渠道，存在主观上预留价格空间以备再议的动机。消除"二次议价"空间，可以反过来规范评标专家的行为，促进评标过程的规范化。

能推动药品质优价廉吗？

以往的药品招标制度被广为诟病，其根源就在于只招不采、中标不带量，药价虚高且空间难以有效压缩，对破除以药补医的机制作用不大。专家认为，实行带量采购并以国家为单位进行集中采购，将加大议价能力，封堵药品流通灰色空间，使药价回到合理区间，老百姓有望用上价廉质优的药品。

傅鸿鹏说："原来我们用药只有两种选择，不是国产普通仿制药就是进口原研药。如今，随着制药行业的发展以及国家药品一致性评价制度的推行，国产药质量逐步提高，甚至有一些能替代进口药品。带量采购有利于价低质优药品的推广使用，带动国内制药业创新、有序地发展。"

"多年来，药品集中招标采购制度依然是我国药品流通体制的一个基本制度。从市场经济和长远发展的角度看，必须引入市场机制的作用。带量采购谈判价格主要受采购量的影响，采购量越多，价格越低。既可以让患者用上质量好、价格低的好药，也可以让企业尽快收回成本、见到经济效益，带动行业优胜劣汰，更健康地发展。"魏子柠说，尤其是对研发能力强、经营管理规范、药品质量高的企业有利。目前，我国医药生产企业存在中小企业多、仿制药企业多、销售金额少、行业集中度低等现状，带量采购对促进企业转型升级、加强药品供给侧结构改革、提高行业集中度是"关键一招"。

那么如何保障药品质量不会因为降价而受到影响？魏子柠分析，带量采购本身是一种市场行为。我国的带量采购不会、也不可能以牺牲药品质量为代价。据了解，国内药品的生产成本约占实际售价的比例较低，很多药品出厂价与招标价差距很大。三明市在医改过程中进行的药品招标采购办法，药价降价幅度最大的达到96%，最低的也接近70%，充分证明了这一点。

资料来源：中研网 http://www.chinairn.com/scfx/20181119/114002474.shtml（有删改）

3.2.2 组织市场购买的类型

按照购买决策的难易程度，组织市场购买行为的主要类型可分为3种：新购、修正重购和直接重购。

1. 新购　新购即企业第一次采购某种产品或服务。由于是第一次购买，买方对新购产品和原材料供应者"心中无数"，在购买决策前，要收集大量的信息，因而，制订决策所花费的时间也就越长，这是最复杂的购买行为。新购给所有的供应商提供了平等竞争的机会，对供应商的营销要求较高，但一次成功的新购可能会促成今后的重购。

2. 修正重购　它是指企业采购部门基于原来的购买基础，对产品的部分购买内容、购买条件和购买方式进行修正的购买行为。修正内容可以是重新选择供应商，也可以是对产品规格、品种、价格、交货时间、结算方式等因素的修正。造成修正重购的原因可能是供应商服务差，也可能是由于质量和成本方面的差异，或者营销环境的变化（如经济法律、最终用户、技术变革），甚至是客户需求的变化等原因。

3. 直接重购　直接重购也就是重复的购买决定，即采购部门基于上次购买的基础再次购买此前表现令人满意的熟悉产品。这是最简单的购买方式，不需要经过复杂的购买程序。

相关链接 3-4

财政部关于推进政府购买服务第三方绩效评价工作的指导意见（节选）

财综〔2018〕42号

工作内容

（一）明确相关主体责任。各级财政部门负责政府购买服务第三方绩效评价制度建设和业务指导，必要时可直接组织第三方机构开展绩效评价工作；购买主体负责承担第三方机构开展绩效评价的具体组织工作；第三方机构依法依规开展绩效评价工作，并对评价结果真实性负责；承接主体应当配合开展绩效评价工作。

（二）确定绩效评价范围。受益对象为社会公众的政府购买公共服务项目，应当积极引入第三方机构开展绩效评价工作，就购买服务行为的经济性、规范性、效率性、公平性开展评价。各地区、各部门可以结合自身实际，具体确定重点领域、重点项目，并逐步扩大范围。

（三）择优确定评价机构。严格按照政府购买服务相关规定，择优选择具备条件的研究机构、高校、中介机构等第三方机构开展评价工作，确保评价工作的专业性、独立性、权威性。探索完善培育第三方机构的政策措施，引导第三方机构提高服务能力和管理水平。结合政务信息系统整合共享，充分利用现有第三方机构库组织开展评价工作。

（四）建立健全指标体系。编制预算时应同步合理设定政府购买服务绩效目标及相应指标，作为开展政府购买服务绩效评价的依据。指标体系要能够客观评价服务提供状况和服务对象、相关群体以及购买主体等方面满意情况，特别是对服务对象满意度指标应当赋予较大权重。

（五）规范开展评价工作。将绩效管理贯穿政府购买服务全过程，推动绩效目标管理、绩效运行跟踪监控和绩效评价实施管理相结合，根据行业领域特点，因地制宜、规范有序确定相应的评价手段、评价方法和评价路径，明确第三方机构评价期限、权利义务、违约责任、结项验收、合同兑现等事项。

（六）重视评价结果应用。财政部门直接组织开展第三方绩效评价的，应及时向购买主体和承接主体反馈绩效评价结果，提出整改要求，并将评价结果作为以后年度预算安排的重要依据。购买主体组织开展第三方绩效评价的，应及时向承接主体反馈绩效评价结果，探索将评价结果与合同资金支付挂钩，并作为以后年度选择承接主体的重要参考。

（七）做好评价经费管理。财政部门和购买主体要做好评价成本核算工作，合理测算评价经费。允许根据项目特点选择预算安排方式，对于一般项目，评价费用在购买服务支出预算中安排；对于重大项目或多个项目一并开展评价工作的，可以单独安排预算。

（八）加强信息公开和监督管理。财政部门和购买主体要做好信息公开工作，及时充分地将评价机构、评价标准、评价结果等内容向社会公开，自觉接受社会监督；加强评价机构信用信息的记录、使用和管理，将第三方评价机构的信用信息纳入共享平台，对于失信评价机构依法依规限制参与承接评价工作；对评价工作应实行全过程监督，及时处理投诉举报，严肃查处暗箱操作、利益输送、弄虚作假等违法违规行为，依法依规对违规评价机构进行处罚。

资料来源：中国政府采购网 http://www.ccgp.gov.cn/gpsr/zcfg/201808/t20180814_10470710.htm（节选）

3.2.3 组织市场购买决策的参与者

任何一个企业除专职的采购人员之外还有一些其他人员也参与购买过程。根据成员对购买过程执行职能的不同，可分为以下 6 种角色。

1. 发起者 发起者即提出购买要求的人。

2. 使用者 使用者是指组织中实际使用（或拒绝使用）产品或服务的个人或者部门。使用者大多数情况下是购买产品的发起者，但也可能不是。他们在计划购买产品的品种、规格、品牌中起着重要作用。

3. 影响者 影响者是指企业内部和外部直接或间接影响购买决策的人员。他们参加拟订采购计划，协助明确购买商品的规格、型号、品牌等。企业的技术员、工程师、企业外聘专家等往往是购买决策的主要影响人。

4. 决策者 决策者是指企业里决定购买产品和供应者的人。在普通的购买中，采购者就是决策者。而在复杂的采购中，决策者通常是公司的主管或者上级主管部门。

5. 购买者 购买者是指那些被赋予权力按照采购方案选择供应商与之洽谈采购条款的人员或者谈判团队。

6. 信息控制者 信息控制者是指购买组织中有权阻止推销员或信息与采购部门成员接触的人，如企业的秘书、门卫，甚至电话接线员等，他们可以拒绝、终止有关供应信息甚至会扭曲某些事实。

3.2.4 影响组织购买决策的主要因素

影响组织购买决策的因素很多，可概括为以下 4 类。

1. 环境因素 环境因素是指企业外部环境的各种因素，如国家的经济前景、需求水平、技术发展变化、市场竞争、政治法律、经济政策等。目标市场中的环境因素决定了市场的走向，也决定了各企业的购买计划和购买决策。当经济不景气或市场前景不好时，组织企业就会缩减投资，压缩原材料库存和采购；同时，企业购买者也会受到当时科技、政治和竞争因素的影响。

2. 组织因素 组织因素是指生产企业自身的因素，主要包括企业经营目标、方针政策、组织政策、组织结构、组织制度和运行程序等。这些因素对企业的购买行为影响很大。例如，组织的经营目标和战略的变化，会使其对采购产品的款式、功效、质量和价格等因素的重视程度、衡量标准有所不同，从而导致他们的采购方案的差异化。

3. 人际因素 人际因素是指购买企业内部参与购买过程的各个角色之间的职务、地位、影响力及相关人事关系对购买行为的影响。营销者应当了解每种角色对购买决策的影响及所起的作用，同他们建立良好的关系，促使产品销售，确保交易成功。

4. 个人因素 个人因素是指企业内部参与购买决策的有关人员的年龄、个性、受教育程度、风险意识等因素。这些因素会影响每个参与者对所购产品和供应商的感觉和看法，从而影响购买决策和购买行为。

3.2.5 组织购买决策过程

与消费者市场的购买者一样，组织购买者也有决策过程，市场营销人员应该了解其购买过程的各个阶段的情况，并采取适当措施，以适应顾客在各个阶段的需要，才能实现交换活动。组织市场购买过程阶段的多少，取决于购买行为的复杂程度，在新购这种最复杂的情况下，购买决策过程可分为以下 8 个阶段。

1. 认识需要 与消费者市场一样，需要是由两种刺激引起的：①内部刺激，来源于对企业内部资源的分析和利用。例如，企业生产新产品需要原料和设备、企业设备老化需要更新；原购设备和原料出现问题，需要更新供应商等。②外部刺激，来源于外部的营销竞争和市场需求变化。例如，新产品展览、广告促销使采购人员发现了新的、更理想的产品；消费者市场需求的变化，促使生产者重新规划其生产。

2. 确认需要 确认需要是指确定组织所需产品的基本特征和数量等。简单的购买任务通常由企业采购部门直接决定，复杂的购买任务则由采购部门会同企业高层人员共同确定。

3. 说明需要 组织确定自己的需要后，还要对新购产品的品种、性能、数量、价格和服务要求等做进一步的详细说明，形成产品采购说明书，作为采购人员的采购依据。必要时，企业还会成立专门的专家小组或技术小组来商讨各项参数指标。

4. 挑选供应商 组织购买者会通过各种途径收集供应商的信息，经过调查、分析、比较、遴选，确定被选对象。

5. 征求建议 对已选择的候选供应商，购买者通常会邀请他们提交供应建议书，尤其是对价值高、价格贵的产品，还会要求他们写出详细的说明，对经过筛选后留下的供应商，要他们提出正式的说明。目前，这一过程较为常见的方式是招标投标。

6. 选定供应商 在收到多个供应商的有关资料后，组织购买者将根据资料选择比较满意的供应商。在这一过程中，组织购买者会将供应商的各种属性作为评价指标，并赋予相应的权重，而后针对这些属性对供应商加以评分，找出最具吸引力的供应商。例如，价格、产品可靠性、供应的及时性、信誉程度等。

7. 正式订货 企业选定供应商以后，就会向供应商发出正式订单，并与供应商签订采购合同。采购合同的主要内容应包括所需产品的规格、价格、数量、交货期、支付方式、退货条件、运输、维修、保证条款等。

8. 绩效评价 在完成上述工作后，组织购买者会对各供应商履行合同的情况进行评估，并作为今后决定维持、修正或终止供货关系的依据。

> **互联网+营销实战 3-2**
>
> **支付宝再次扩大国外市场**
>
> 得益于肯尼亚 Equity 银行与新加坡在线支付公司 Red Dot Payment 开展的合作，肯尼亚电子商务业务已接入支付宝服务。拥有肯尼亚 Equity 银行股权的 Finserve 公司董事经理 Jack Ngare 表示，与 Red Dot Payment 的合作使得肯尼亚拥有更多的移动支

付服务的选择，同时这也能够促进国际经济贸易的增长。"Equity 的目标是赋能更多的企业，我们相信肯尼亚在移动支付服务领域有着更大的发展空间。"

在接入支付宝服务后，相关的支付平台允许客户通过支付宝进行无缝贸易交易，同时 Equity 银行发布了中文版本的应用，以方便中国消费者使用相关的银行服务。

Jack Ngare 强调，Equity 银行希望能够通过此次机会学习支付宝在移动支付领域的经验，同时希望能够推出本土的移动支付服务。

阿里巴巴想做五件事情——全球卖、全球买、全球支付、全球运输、全球旅游。他们表示，"支付宝肯定对非洲和肯尼亚有兴趣，关键是找到合作伙伴。"这会是个肯尼亚公司，而不是阿里巴巴在肯尼亚的公司，这是给当地创造价值。

而阿合曼也不是第一位邀请支付宝去非洲的外国人，此前世界银行行长金墉来到支付宝母公司蚂蚁金服，并向蚂蚁金服 CEO 井贤栋发出了邀请。金墉说，世界银行希望可以和蚂蚁金服一起为非洲的银行、小微用户提供普惠金融的服务，"不用担心可能存在的风险，让我们一起合作，世界银行会做蚂蚁金服在非洲的后盾"。

而支付宝正在加快布局全球市场。中国游客到非洲已经可以使用支付宝，2017 年 6 月底，南非著名的"Hop-On Hop-Off Bus"观光巴士接入支付宝，该巴士服务穿梭于约翰内斯堡、开普敦的旅游景点，是游客重要的旅游出行交通。肯尼亚航空公司官网可以用支付宝买机票，未来去非洲玩耍还能在当地体验到更多支付宝服务。

同时，自 2015 年起，支付宝响应"一带一路"的倡议，通过向当地合作伙伴输出技术经验，助力当地手机钱包的诞生或发展，许多国家和地区的用户正在逐步享受到移动支付安全而高效的服务。

资料来源：中研网 http://t.chinairn.com/finance/20180620/142600739.shtml（有删改）

营销方法
消费者购买行为的 7-O 模式

消费者购买行为的 7-O 模式见表 3-3。

表 3-3　消费者购买行为的 7-O 模式

消费者市场由谁构成（Who）	购买者（Occupants）
消费者市场购买什么（What）	购买对象（Objects）
消费者市场为何购买（Why）	购买目的（Objectives）
消费者市场的购买活动有谁参与（Whom）	购买组织（Organizations）
消费者市场怎样购买（How）	购买方式（Operations）
消费者市场何时购买（When）	购买时间（Occasions）
消费者市场何地购买（Where）	购买地点（Outlets）

第3章 顾客需求与购买行为分析

[**本章小结**]

1. **市场的分类** 按购买者的不同和购买的目的不同，可将市场分为消费者市场和组织市场两大类，其中组织市场包括营利性组织市场、非营利性组织市场。

2. **消费者市场** 消费者市场又称消费品市场或最终产品市场，它是指个人或家庭为满足自身的生活需要而购买商品和服务所形成的市场。

3. **影响消费者行为的主要因素** 影响消费者行为的主要因素有文化因素、社会因素、个人因素、心理因素。

4. **消费者购买行为类型** 消费者在购买商品时，会因商品的价格、购买的风险程度不同而使得投入购买的程度不同。目前，主要根据购买者在购买过程中介入程度的高低（即购买的风险程度）和产品品牌间差异的大小（即可供挑选的余地），将消费者的购买行为分为习惯性的购买行为、寻求变化的购买行为、减少失落的购买行为、复杂的购买行为。

5. **消费者购买决策过程** 消费者购买决策过程为确认需要、收集信息、产品比较、购买决定、购后感受。

6. **组织市场** 组织市场是指为了用于从事再生产、销售、转卖活动或履行职责而购买企业产品或服务的各类组织机构所构成的市场。

按照购买决策的难易程度，可将组织市场购买行为的主要类型分为三种：新购、修正重购和直接重购。

组织市场购买过程阶段的多少取决于购买行为的复杂程度，如在新购这种最复杂的情况下，购买决策过程可分为以下8个阶段：认识需要、确认需要、说明需要、挑选供应商、征求建议、选定供应商、正式订货、绩效评价。

―――― 重要概念 ――――

消费者市场　组织市场　复杂的购买行为　减少失落的购买行为　习惯性的购买行为　寻求变化的购买行为　动机　马斯洛需求层次　亚文化　家庭生命周期　相关群体　知觉与感觉　选择性扭曲　选择性记忆　派生需求

[**案例分析**]

三只松鼠：精心打造品牌文化

2018年11月11日0时9分29秒，位于安徽芜湖的三只松鼠总部大本营里爆发出一阵热烈的欢呼——三只松鼠天猫旗舰店单渠道销售额突破1亿元大关！再次刷新最快破亿时间！11日24时，三只松鼠"双十一"全品类日销售额6.82亿元，同比增长30.51%，天猫单店4.51亿元，"七连冠"名副其实，稳居行业第一！也是在当天，三只松鼠成为天猫平台上首个粉丝数突破2 000万的品牌店铺，是目前天猫所有品牌店铺中粉丝数最多的一家。

三只松鼠爆发式增长背后靠的是口碑的裂变——在顾客中通过极致体验建立口碑，并通过社交媒体建立网络口碑。其核心是推己及人——站在消费者的角度，思考需求；利用主人文化，将弱关系变为强关系。

建立极致口碑

三只松鼠是如何将口碑做到极致的呢？

1．品牌人格化：消费者零距离　当客户第一次接触三只松鼠，会在第一时间留下难以磨灭的印象，原因就是那三只可爱的松鼠——鼠小贱、鼠小酷、鼠小美。

三只可爱松鼠的"萌"营销只是表层原因。直接赋予了品牌以人格化，以主人和宠物之间的关系，替代了传统的商家和消费者之间的关系，这才是三只松鼠的本质意义。

客服以宠物松鼠的口吻来与顾客交流，顾客成了主人，客服成了宠物。于是，客服可以撒娇，可以通过独特的语言体系在顾客脑中形成更加生动的形象。

这样一种聊天方式把整个交易的过程转化为一种互动化的戏剧性的沟通过程。三只松鼠实际上已经实现了品牌人格化。借助主人文化和三只可爱的松鼠，品牌不再高高在上，而变得亲切、真实，体验感极强。

2．深入人性：售卖流行文化和人文关怀　文化具有最持久的生命力，那么三只松鼠代表哪种文化呢？

人为什么爱吃零食，其本质并非为了满足生理需求，而是某种情感需求。很多分享的"主人"会提到"我和男朋友吵架了""我看见松鼠了""我出去旅游了"。

"主人们"往往在这些场景之下想到三只松鼠，三只松鼠之所以会引起人们的喜爱，是因为它们能够带来快乐，并且随时嵌入消费者的生活之中。

在这种理念之下，三只松鼠成立了松鼠萌工场动漫文化公司，他们希望可以创作互联网动画片、动漫集、儿童图书等，为"主人"带来快乐。

3．在所有细节上超越客户期望　消费者在购物之后，往往会通过社交媒体（如微信朋友圈）分享自身的购物体验，我们称之为"晒"。

消费者往往会"晒"比较炫酷的产品，或者分享喜悦、发泄负面情绪，而这种情感的分享和传播会影响朋友圈的购买行为。这是一个巨大的变革，也是一种商业领域话语权的更迭，这是一个由消费者主导的时代。

在这样一个消费者为王的时代，网络口碑在品牌建设中起了至关重要的作用。

消费者购买坚果，肯定需要一个垃圾袋，于是，三只松鼠就在包裹中放置一个0.18元的袋子，虽然这增加了额外的成本，但是消费者会被三只松鼠的细心和体贴关怀所深深感动，这就是极致体验。

连续制造"惊喜"，令消费者感动，三只松鼠将消费者的每一个需求点或者尖叫点串联起来，最终给消费者以惊喜。

极致体验背后的秘密

1．角色扮演：真正融入服务情境　三只松鼠通过将客服变成"松鼠"，将顾客变成"主人"，从而实现了极强的场景感和代入感，为了让这种服务更加自然，就要让客服深深融入松鼠的角色。最终，使得客服接受、习惯乃至喜欢这种角色。

三只松鼠的员工都以鼠来命名，如鼠三宝、鼠小疯、鼠小白等。像其他具有电商血统的企业一样，三只松鼠的员工平均年龄很小，甚至在创立之初，平均年龄只有23岁。这些"80

后""90 后"具有创新、娱乐精神。在公司,员工从二楼下一楼是可以乘坐滑梯的,充分打造了一个"松鼠"的世界。

2．客服文化：永远贴近消费者　自成立之日起,三只松鼠形成了一种客服文化。推出客服十二招,目的就是要"做一只讨人喜爱的松鼠",当消费者和客服的关系演化成"主人"和宠物之间的亲密互动,自然的撒娇可以促成交易,也可以极大提升客户满意度。

3．重视回头客：以及口碑转化顾客　三只松鼠注重为回头客以及口碑转化顾客提供不一样的体验。例如一位顾客在三只松鼠一共买了三次产品,包裹外观都不是一成不变的。这位顾客大为感慨："三只松鼠简直是太用心了!"从此成了三只松鼠的铁杆粉丝。

4．洞悉心理：顾客想要的是占便宜的感觉　《小松鼠客户壹拾贰》中第三是告诉小松鼠们注意,当"主人"去找廉价的商品时,实际上这些商品本身并非是"主人"最高兴的,最令"主人"高兴的实际上是占便宜的感觉。因此,在推荐产品的时候必须利用一切理由告诉顾客,此时此刻,你购买这款产品是物超所值的。

客服在和顾客沟通的时候,很少强调折扣或者绝对价格的概念,而是更多强调品牌和品质,以及相对价格的概念。这就是为了让顾客有占便宜的感觉,诱发"主人"的购买冲动。

三只松鼠的文化体系

互联网的本质是消费者为王和与消费者零距离。实际上,三只松鼠的所有员工都称呼消费者为"主人",在他们眼中,自己就是为"主人"服务的一只松鼠。"主人"第一的思维是企业的共识和组织原则,在三只松鼠的文化中,有一种客服文化或者包裹文化。其本质是永远贴近消费者,保持为消费者服务的意识。

三只松鼠的企业文化肇始于一场关于生死的空前危机。由于对需求判断不足,三只松鼠用了所有能用的人还是没有及时发出货物。很多"主人"被三只松鼠的真诚打动了。当时,很多原本怒火中烧的顾客反而变成了三只松鼠的铁杆粉丝。三只松鼠在生死边缘徘徊多日后,又奇迹般地振作起来。通过建立内部粉丝和外部粉丝,三只松鼠实现了口碑裂变和爆发式增长。

资料来源：

第 1 营销网 http://www.cmmo.cn/article-204769-1.html（有删改）

搜狐网 http://www.sohu.com/a/275048707_220490（有删改）

思考与分析

1．想制订正确的营销策略必须要准确了解和把握顾客的消费心理与行为。你认为三只松鼠成功把握了哪些顾客信息?

2．请分析顾客喜爱三只松鼠的原因,并谈谈你得到的启示。

营销实训
消费者体验分析

【训练目的】 加深对消费者购买决策过程和影响因素的理解。

【训练方案】以5~8人的小组为单位，选择某个具体产品，分析消费者的购买决策过程和购买类型，确立企业的营销对策，加深学生对消费者购买决策过程和影响因素的理解。

活动1：分析消费者如何确认产品需要
- 需要产生的内在因素
- 需要产生的外在因素

活动2：分析消费者收集产品信息的途径和方式
- 列举消费者收集信息的途径

活动3：分析不同消费者对同种产品的比较方式
- 男性消费者所关注的产品属性和权重
- 女性消费者所关注的产品属性和权重

活动4：列举消费者购买决定的常见信号
- 列举影响消费者做出购买决策的因素
- 列举消费者做出购买决策的信号

活动5：列举消费者的购后感受和行为

复习与思考

1．什么是消费者市场与组织市场？
2．影响消费者购买行为的主要因素有哪些？并说明我国现阶段传统文化有哪些变化趋势？
3．试述消费者购买行为的主要类型及企业营销对策。
4．以你的一次复杂购买经历为例，根据购买决策过程的5个阶段，分析你的购买决策过程，并分析其影响因素。
5．试述组织购买行为的主要类型。
6．试述生产者购买行为决策的主要过程。

延伸阅读

1．《顾客为什么购买：畅销10年的销售圣经》，[美] 帕科·昂德希尔著，刘尚焱译，中信出版社，2016.

作者简介：帕科·昂德希尔是美国著名的消费行为学研究专家。他还是著名研究咨询公司Envirosell的创始人，该公司为《财富》500强公司提供营销咨询服务，其客户包括花旗银行、星巴克、麦当劳、雅诗兰黛、阿迪达斯等。

内容摘要：帕科·昂德希尔带领着自己的团队深入各种消费场景，花费20年时间深入研究消费者和销售环境的互动，在此基础上分析了决定这些消费行为和消费习惯的底层逻辑以及购买行为与消费心理的博弈关系，并描绘了商家、市场营销人员和消费者之间的竞争关系。

2.《影响力》,[美]罗伯特 B. 西奥迪尼著,闾佳译,北京联合出版公司,2016.

作者简介:罗伯特 B. 西奥迪尼是全球知名的说服术与影响力研究权威。先后在北卡罗来纳大学以及哥伦比亚大学取得博士学位并从事博士后研究工作,目前是亚利桑那州立大学心理学系教授。

内容摘要:本书是西奥迪尼的社会心理学经典作品,在书中作者从专业角度为读者阐释了顺从他人行为背后的六大基本原则:互惠、承诺和一致、社会认同、喜好、权威和稀缺,为我们解释了为什么有些人极具说服力,而我们总是容易上当受骗。

网站推荐

1. 新浪网　sina.com.cn
2. 映象网　www.hnr.cn
3. 21世纪经济报道(数字报)epaper.21jingji.com
4. 中国政府采购网　www.ccgp.gov.cn

第 4 章
竞争者分析

学习指导

学习目标

1. 掌握竞争者分析的基本框架
2. 理解竞争者的识别
3. 了解竞争者的基本分析
4. 了解合作竞争

任务驱动

7FRESH 与盒马鲜生的新零售大战

2018年1月4日,"一周7天,每天新鲜"的7FRESH生鲜超市第一家门店在北京亦庄正式开业,京东出品、独立品牌、独立公司化运作。同年11月2日,7FRESH与成都市政府共同宣布京东7FRESH西南总部落户成都成华区,京东放出豪言,计划未来3~5年在全国铺设超过1000家门店。与盒马鲜生类似,7FRESH也是主打"线上+线下"场景融合、"超市+餐饮"的复合零售业态。在购物体验方面,7FRESH以"超市+餐饮+O2O+黑科技"为主战场,提供海鲜加工、在店即食、西餐烹饪等服务,提供以门店中心3公里为半径的最快30分钟送达配送服务。7FRESH和盒马鲜生是两大线上电商巨头的线下布局和新零售模式的试水。同为生鲜超市,盒马鲜生和7FRESH到底在争什么?为什么阿里巴巴和京东都在布局生鲜超市?

有人说是速度之争,一方面,盒马鲜生在覆盖范围内实现30~45分钟送达,若其形成规模效应,京东的半日达服务也难免会受到盒马鲜生的冲击。有人认为是流量入口之争,超高的购物频次使生鲜品类成为引流入口,盒马鲜生擅长经营大众生鲜商品,并且从生鲜中最难做的水产和海鲜入手,赢得了超强的用户黏性,此次京东想借7FRESH在生鲜领域扳回一局。也有观点认为,服务体验是盒马鲜生和7FRESH这类新型超市运营非常关键的要素,两者都选择开设了大面积实体店,并增加餐饮区域,力求让用户得到最佳的购物体验,7FRESH为了增加用户体验,在店内配备智能购物车,为部分水果配备了"魔镜"系统,自动获取水果的原产地、甜度等信息。

关于二者之争,业内人士表示已经大规模长时间运营的盒马鲜生显然具备更好的用户体验,它在供应链层面有着更大的优势,特别是培育了许多本地化的供应链。盒马鲜生的开店速度远超7FRESH,线下空间有限,先发肯定比后发占便宜。也有人士认为,7FRESH在"无界零售"布局中打通线上线下最后1公里配送,并且7FRESH借助京东品牌背书和线上商城流量的导入,线上交易额正稳步增加,7FRESH是站在了巨人的肩膀上,实现弯道超车只是时间问题。

你认为类似7FRESH和盒马鲜生这些互联网行业发展的线下实体店,对传统行业(如超市)的影响如何?

资料来源:https://baijiahao.baidu.com/s?id=1616200445120808161&wfr=spider&for=pc(有删改)

竞争是商品经济的基本特性,只要存在商品生产和商品交换,就必然存在竞争。企业在目标市场进行营销活动的过程中,不可避免地会遇到竞争对手的挑战。因为只有一个企业垄断整个目标市场的情况是很少的,即使一个企业已经垄断了整个目标市场,竞争对手仍然有可能想参与进来。因为只要存在着需求向替代品转移的可能性,潜在的竞争对手就会出现。竞争者的营销战略以及营销活动的变化,会直接影响企业的营销。例如,最为明显的是竞争对手的价格、广告宣传、促销手段的变化,新产品的开发,售前售后服务的加强等,都将直接对企业造成威胁。因而企业必须密切注视竞争者的任何细微变化,并做出相应的决策。

4.1 竞争者分析的基本框架

对特定的动态市场的投资决策是任何企业都要面对的问题，因此企业必须了解行业的吸引力。行业吸引力在很大程度上取决于市场竞争的性质和强度，竞争状况是决定行业吸引力的一个重要因素。哈佛大学的迈克尔·波特（Michael Porter）从竞争的角度识别出有五种力量决定了一个市场或细分市场的长期内在吸引力（波特五力分析模型）。这五种力量是细分市场内竞争的激烈程度，进入、退出壁垒，替代产品，购买者的讨价还价能力和供应商的讨价还价能力。竞争状况对行业吸引力的影响主要表现在以下几个方面。

（1）细分市场内竞争的激烈程度　如果某个细分市场已经有了众多的、强大的或者竞争意识强烈的竞争者，那么该细分市场就会失去吸引力。如果该细分市场处于稳定的或者衰退的状态，生产能力大幅度扩大，固定成本过高，撤出市场的壁垒过高，竞争者投资很大，那么情况就会更糟。这些情况常常会导致价格战、广告争夺战、新产品推出战，公司要参与竞争就必须付出高昂的代价。

（2）进入、退出壁垒　某个细分市场的吸引力随其进入、退出的难易程度而有所区别。最有吸引力的细分市场应该是进入的壁垒高、退出的壁垒低。在这样的细分市场里，新的企业很难进入，但经营不善的企业可以安然撤退。如果细分市场进入和退出的壁垒都高，则该细分市场的利润潜力就大，但也往往伴随较大的风险，因为经营不善的企业难以撤退，必须坚持到底。如果细分市场进入和退出的壁垒都较低，企业便可以进退自如，获得的报酬虽然稳定，但不高。最坏的情况是进入细分市场的壁垒较低，而退出的壁垒却很高。于是在经济良好时，大家蜂拥而入，但在经济萧条时，却很难退出，其结果是生产能力过剩，企业收入下降。

（3）替代产品　如果某个细分市场存在替代产品或者潜在的替代产品，那么该细分市场就失去了吸引力。替代产品会限制细分市场内价格和利润的增长。企业应密切注意替代产品的价格趋向。如果替代产品所在行业中的技术有所发展，或者竞争日趋激烈，该细分市场的价格和利润就可能会下降。

（4）购买者的讨价还价能力　如果某个细分市场中购买者的讨价还价能力很强或正在加强，该细分市场就没有吸引力。在这种细分市场中，购买者会设法压低价格，对产品质量和服务提出更多要求，并且使销售商互相斗争，所有这些都会使销售商的利润受到损失。购买者的讨价还价能力加强的原因包括购买者形成组织，该产品在购买者的成本中占较大比重，产品无法实行差别化，顾客的转换成本较低，购买者的利益较低而对价格敏感。销售商为了保护自己，会选择议价能力最弱或者转换销售商能力最弱的购买者。

（5）供应商的讨价还价能力　如果企业的供应商——如原材料和设备供应商等，能够提价或者降低产品和服务的质量，或减少供应数量，那么该企业所在的细分市场就没有吸引力。如果出现以下情况，如供应商集中或有组织、替代产品少、供应产品是重要的投入要素、转换成本高、供应商可以向前实行联合等，那么供应商的讨价还价能力就比较强大。因此，与供应商建立良好关系和开拓多种供应渠道才是企业的防御上策。

> **互联网+营销实战 4-1**

浅谈外卖行业的迅速发展对传统餐饮业的影响

传统餐饮业一直是我国第三产业的支柱产业，是满足居民"衣、食、住、行"四大基本生活需求之一的行业，体积庞大，种类繁多。国家统计局数据显示，2017 年，全国餐饮收入达 4.0 万亿元，同比增长 10.7%。但随着时代的进步，对"互联网+"认知的逐渐普及，传统餐饮业也面临着重大的机遇与挑战。影响餐饮行业发展的因素有很多，本文仅以外卖行业迅速成长为抓手，浅析其对传统餐饮行业的冲击和影响。

一、传统餐饮行业的现状

改革开放以来，我国经济飞速发展，无论总量和质量都较以前有了长足的进步，传统餐饮业也得到了快速发展。规模的扩大也意味着市场竞争加剧，消费结构的变化使得新型业态不断涌现。传统餐饮业一方面面对着前所未有的繁荣局面，另一方面也遇到了重大的挑战，新型餐饮力量的介入，消费者消费习惯的变化，互联网平台的加入等因素对传统餐饮业带来颠覆性的影响。如何把握时代的方向，借助时代的力量，顺应时代的进步，是每个餐饮人应该考虑的问题。

二、外卖行业的兴起

外卖是什么？提起外卖，大多数人首先想到的是"方便"两个字。这也是外卖相对传统餐饮业的最大优势。随着"互联网+"在餐饮行业的深入发展，"互联网+餐饮"的代表模式就是外卖；经过一段的时间沉淀后，外卖显然已经成为时下年轻消费群体的新宠。火热的外卖大军不可阻挡，宛如餐饮界的明星一般耀眼，更值得一提的是，央视更是认为外卖"改变了近年来中国人生活"！

《2018—2019 年中国外卖行业现状与发展前景分析报告》显示，我国外卖行业 2017 年上半年外卖交易额近千亿，美团外卖及饿了么占比逾八成。同时与团购相比，外卖月度覆盖率差距明显，行业发展潜力巨大。截至 2017 年 6 月，外卖用户规模同比增长超一倍，日活跃用户数量（DAU）近 1500 万，三线及以下城市外卖用户规模呈稳步增长态势，2017 年 6 月底，三线及以下城市用户超过五成。用户使用手机订餐的习惯稳步养成，外卖用户黏性增强。

三、把握优势，有机结合，促进传统餐饮业的发展

通过上面的分析可以看出，互联网代表着未来各个行业发展的趋势。大势所趋，顺应则蓬勃发展，违背则意味着没落。在大数据、云计算、"互联网+"的趋势下，餐饮企业应该主动拥抱互联网，抓住互联网，继续抢占外卖市场。

传统餐饮业从业者首先需要更新观念，充分认识未来发展趋势，在保住传统优势的同时主动适应时代。既要做好"内功"，也要开发"外力"。在保持传统的"正宗""精细""品种""品质"的同时，也要认真学习新的知识，研究当前消费者的消费观念、消费习惯。关注以"外卖"为代表的新型消费模式的改变。随着互联网的发展、支付习惯的形成，扫码支付这种线上线下的模式逐渐被越来越多的消费者所接受。通过微信公众号、自媒体、微博等现代方式宣传、营销。既直观、形象，又能节省成本开支，餐饮人是很乐意接受的。

总之，以外卖为代表的"互联网+餐饮"模式的发展是适应了时代的进步的，在资金和政策的关注下，在新消费习惯形成的背景下，在充分被消费者认可的前提下，也必然代表了未来发展的趋势。传统餐饮业只有接受并适应这种趋势，才能更好地生存、发展。

资料来源：神州·下旬刊 2018 年 6 期 http://www.fx361.com/page/2018/0628/3718636.shtml（有删改）

波特五力分析模型的前3种力量是指明确的竞争者。很清楚的是，竞争不仅普遍存在而且激烈。随着世界经济发展的一体化，企业的竞争对手已扩展至全球，如为了使竞争更加有效，欧盟撤除了欧洲国家间的贸易壁垒；与此同时，北美自由贸易区也在撤除美国、加拿大和墨西哥间的贸易壁垒。这些长期的发展趋势可以解释当前为什么有那么多关于"营销战争""竞争情报系统"等的热门话题。市场的竞争是如此激烈，企业只了解顾客是不行的，企业还必须十分注意它们的竞争对手，就像注意它们的目标顾客一样。成功的企业往往都拥有一个能连续收集竞争者信息的情报系统。一个企业必须经常将它的产品、价格、渠道和促销与其接近的竞争对手进行比较。用这种方法，企业就能确定竞争者的优势与劣势地位，从而使企业能发动更为准确的进攻以及在受到竞争者攻击时能进行较强的防卫。

4.2 识别竞争者

"谁是竞争者？"这是企业首先必须弄清楚的问题。营销理论提供了不同的观念来帮助企业识别竞争者。这里，可以通过行业竞争观念与市场竞争观念去达到识别竞争者的目的。

4.2.1 行业竞争观念与竞争者识别

行业的定义常常为一组提供同一种产品或相互可以彼此完全替代的一类产品的企业，如我们常谈论汽车行业、石油行业、医药行业等。经济学家将完全替代品定义为具有高度的需求交叉弹性的产品。如果某种产品的价格上升，引起另一种产品的需求上升，则两种产品完全可替代。例如，韩国汽车价格上升，人们转而购买马来西亚的汽车，这两种产品就完全可替代。

经济学家绘制了一个如图4-1所示的框架以了解行业的动态。从本质上讲，分析始于对行业需求与供给基本条件的了解。这些基本条件将影响行业结构，行业结构又会进一步影响行业行为，如产品开发、定价和广告战略，而行业行为又最终确定了行业绩效，如行业的效率、技术进步、盈利能力和就业。

这里我们将集中分析决定行业结构的主要因素。

1. 销售商数量及产品差异程度 描述一个行业的出发点就是要确定有多少销售商在销售同类产品以及产品是否是同质的或是高度差异的。在不同的行业市场中，销售商的数目及其产品的差异性呈现出不同的特点。

（1）完全竞争 完全竞争的行业是由许多提供相同产品或服务的公司所构成的。因为各销售商提供的产品没有差别，所以各竞争者的价格将是相同的。在这种情况下，销售商要获得不同的利润率，只有通过低成本生产或分销来实现。

（2）垄断竞争 垄断竞争的行业由许多能从整体上或部分地区别它们所提供的产品或服务并使其具有特色的公司（如餐厅、美容院等）所组成。在这样的行业竞争市场中，竞争者的数目较多，其中许多竞争者趋向提供与其他竞争对手存在差异的产品，从而能够更好地满足某些细分市场的顾客需要，并索取产品溢价。

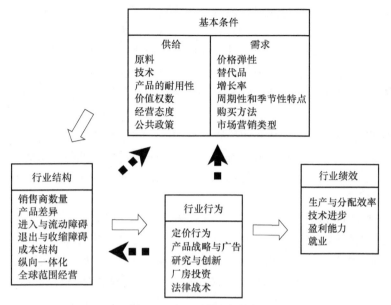

图 4-1 行业结构分析模式

（3）寡头垄断　在垄断行业中，少数几个大企业生产从高度差别化到标准化的系统产品。在寡头垄断市场中，厂商的数目很少，因此每个厂商的竞争实力都非常强，如果各厂商提供的产品没有差异（如石油、钢材等），则各竞争者往往在服务与成本上寻求竞争优势；如果各厂商提供的是有差别的产品（如汽车、相机等），则各厂商力求在质量、特性、款式或者服务等方面与竞争者拉开差距，并以此吸引顾客偏爱该属性从而为该属性索取产品溢价。

（4）完全垄断　完全垄断存在于只有一个厂商在某国或某一地区提供一定的产品或服务。该厂商的独家垄断可能是由规章法令、专利权、许可证、规模经济或其他因素造成的结果。由于缺少相关替代品，一个追求最大利润的大胆的垄断者会抬高价格，少做或不做广告，并提供最低限度的服务，因为在没有相关替代品的情况下，顾主别无选择，只得购买其产品。

行业的竞争结构会随着时间的推移而变化。我们不妨来研讨一下索尼公司发明随身听的例子。索尼公司开始是完全垄断，但很快有少数几家公司进入该市场，该行业就转化为寡头垄断。随着更多的竞争者提供各种型号的随身听，行业结构进入垄断竞争。当需求的增长慢慢下降时，某些竞争者退出该行业，市场又转变为一种寡头垄断。

2. 进入与流动障碍　各个行业是否容易进入的差别很大，如开设一家新餐馆比较容易，但是进入汽车行业就相当困难。主要的进入障碍包括对资本的要求、规模经济、专利和许可证条件、场地、原料或分销商、信誉条件等。其中一些障碍是某些行业所固有的，而另一些障碍则是那些负有责任的企业采取了单独的或联合行动所设置的。尽管一家企业进入了一个行业，当它要进入行业中某些更具吸引力的细分市场时，可能还会面临流动障碍。

3. 退出与收缩障碍　最理想的情况是企业能随意离开在利润上对它无吸引力的行业，但实际上它们也面临着退出障碍。退出障碍包括对顾客、债权人或雇员的法律和道义上的义务，由过分专业化或设备技术陈旧引起的资产利用价值低，缺少可供选择的机会，高度的纵向一体化，感情障碍等。许多企业只要能赚回可变成本和部分或全部的固定成本，就会在一个行业里继续经营下去。然而，它们的存在削减了大家的利润。因此，减少其他企业的退出障碍是符合意欲继续留在该行业里的企业的利益的。为此，它们可以主动买下竞争者的资产，满足顾客义务等。即使某些企业不能退出，也可劝说它们缩小规模。当然，也有部分企业努力减少收缩障碍，以使苦恼的竞争者得到小小的安慰。两种最常见的收缩障碍是合同约定和顽固的管理限制。

4. 成本结构 每个行业都有驱动其战略行为的一定的成本组合。例如，轧钢厂需要较高的制造和原材料成本，而玩具制造厂需要分配和营销成本。企业将把最大的注意力放在它们的最大成本上，并从战略上来减少这些成本。因此，拥有现代化工厂的钢铁公司比其他钢铁公司有更多的优势。

5. 纵向一体化的程度 在某些行业，公司发现后向或前向一体化（纵向一体化）是很有利的。一个好的实例是石油行业，主要的石油生产者进行石油勘探、石油钻井、石油提炼，并把化工生产作为他们经营业务的一部分。纵向一体化常常可以降低成本并能更好地控制增值流。另外，这些企业还能在它们所经营业务的各个细分市场中控制其价格和成本，在税收最低处获取利润。然而，纵向一体化也有某些缺点。例如，在价值链的部分环节和缺少灵活性的情况下，它的维持成本高。

企业可以依据以上因素对自己所处行业的结构特点进行分析，并由此识别企业的竞争对手。

6. 全球范围经营的程度 一些行业的地方性非常强，而另一些行业则是全球性的，如石油、飞机发动机、手机。全球性行业的公司，如果想要实现规模经济和赶上最先进的技术，就需要开展以全球市场为基础的竞争。

4.2.2 市场竞争观念与竞争者识别

一个企业识别竞争者似乎是一项简单的工作。可口可乐知道百事可乐是其主要竞争者，索尼知道松下是它的主要竞争者。然而，企业实际的和潜在的竞争者是广泛的。一个企业更可能被新出现的对手或新技术打败，而非当前的竞争者。例如，在胶卷业，柯达公司一直担心崛起的竞争者——日本富士公司，但柯达面临的更大威胁却是新发明的"摄像机"。由佳能与索尼销售的摄像机能在电视上展现画面，可转录入硬盘，也能删掉。可见，对胶卷业而言，更大的威胁是来自于新技术。

根据市场竞争观念，我们可以把企业及其竞争对手看作一些力求满足相同顾客需要或服务的企业。这样，我们可以区分以下4种层次的竞争者。

1. 品牌竞争者 当其他公司以相似的价格向相同的顾客提供类似产品与服务时，企业将其视为竞争者。例如，被长虹视为主要竞争者的是价格、档次相似、生产同样彩电产品的康佳、TCL。

2. 行业竞争者 企业可把制造同样或同类产品的企业都广义地视作竞争者。例如，长虹可能认为自己在与所有彩电制造商竞争。

3. 形式竞争者 企业可以更广泛地把所有制造能提供相同服务的产品的企业都作为竞争者。例如，长虹认为自己不仅与家电制造商竞争，还与其他电子产品制造商竞争。

4. 一般竞争者 企业还可进一步更广泛地把所有服务于同一顾客群的人都看作竞争者。例如，长虹可以认为自己在与所有的主要耐用消费品生产企业竞争。

市场竞争观念开阔了企业的视野，使其看到还存在着更多的、实际的和潜在的竞争者，并激励其制订更长远的战略性规划。

辨别竞争者可以通过产品—市场竞争分析表来把行业和市场分析结合起来考虑，见表 4-1。

表 4-1 牙膏产品—市场竞争分析表

顾客细分 产品细分	儿童	成年人
普通牙膏	高露洁公司、美晨公司（黑妹）、好来公司（黑人）、狮王公司（狮王）	高露洁公司、宝洁公司、联合利华公司、上海牙膏厂、好来公司（黑人）、狮王公司（狮王）
含氟牙膏		高露洁公司、宝洁公司、联合利华公司
中药牙膏		奥奇丽公司（田七）、两面针公司
竹盐牙膏		LG 公司

4.3 竞争者的基本分析

4.3.1 分析竞争者的战略与目标

1. 分析竞争者的战略 企业最直接的竞争者是那些为相同的目标市场推行相同战略的人。一个战略群体就是在一个特定行业中推行相同战略的一组企业。在多数行业中，竞争者可以区分为几个实施不同战略的群体。这些群体之间的战略差别通常表现在目标市场、产品档次、性能、技术水平、价格以及销售范围等方面。一个企业需要辨别、评估它所处的竞争战略群体，这是其最具威胁的对手所在群体；同时，也必须关注其他群体，因为竞争战略群体之间也存在着竞争、对抗。首先，某些战略群体所吸引的顾客群相互之间可能有所交叉；其次，顾客可能看不出不同群体的供应品有多少差异；再次，各个群体组别可能都想扩大自己的市场范围，特别是在规模和实力相当以及在各群体之间流动障碍较小的情况时，更是如此。

一个企业必须不断地观测竞争者的战略，因为战略决定着竞争者的基本经营方向与性质。富有活力的竞争者将随着时间的推移而修订其战略。例如，福特是早期的赢家，主要是因为它成功于低成本生产；通用汽车超过了福特，主要是因为它响应了市场上对汽车多样化的需求；后来，日本公司取得了领先地位，主要是因为它们供应的汽车省油。日本企业下一步的战略是生产可靠性高的汽车。在美国的汽车制造商注重质量时，日本汽车商又将注意力转移至知觉质量，即汽车及部件更好看和感觉更好。很清楚的是，企业必须警惕顾客需求的变化和竞争者的战略变化，以满足这些新出现的需求。

2. 分析竞争者的目标 在辨别了主要竞争者及他们的战略后，我们必须继续追问：每个竞争者在市场上追求什么？每个竞争者的行为推动力是什么？

我们先提出一个有用的假设,竞争者都将尽量争取最大的利润。当然,在这个问题上,企业对于长期与短期的利润的重视程度会有所不同。此外,有些企业的思想是围绕"满足"而不是最大化而改变的——它们建立目标利润指标,只要这些目标能够达到,它们便感到满足了。即使通过其他战略和努力会产生更多的利润,它们也不再行动了。另一个假设是每一个竞争者都有其目标组合:目前的获利可能性、市场份额增长、现金流量、技术领先和服务领先等。了解了竞争者的加权目标组合,我们便可了解竞争者对其目前的财务状况是否感到满意,它对各种类型的竞争性攻击会做出何种反应等。例如,一个追求低成本领先的竞争者对于其竞争者在制造过程实现的技术突破所做出的反应远比同一位竞争者增加广告预算所做出的反应要强烈得多。

把美国与日本的企业进行比较便可很好地说明竞争者的目标明显不同。美国企业多数按最大限度扩大短期利润的模式来经营,这因为其当前经营绩效的好坏是由股东们进行判断的,而股东们可能会失去信心,出售股票并使企业资本成本增加;日本企业则主要按照最大限度扩大市场份额的模式来经营,由于它们从银行获得资金的利率较低,因此,它们也满足于较低的利润收益。竞争者的目标是由多种因素确定的,其中包括规模、历史、目前的经营管理和经济状况。如果竞争者是一大企业的组成部分,我们便要知道它的经营目的是为了增长或赚钱,还是为了从母公司中榨取利润。如果一个业务单位不是其母公司的核心,进攻它就容易取得成功。有人认为,最难打垮的竞争者往往是业务单一且在全球经营的竞争者。另外,企业也必须监视它的竞争者的扩展计划。

4.3.2 评估竞争者的实力和反应

1. 评估竞争者的优势与劣势 各种竞争者能否执行他们的战略和达到其目标,取决于每个竞争者的资源和能力。企业需要评估每个竞争者的优势与劣势。通常可以通过以下步骤来完成相应的评估工作。

(1)了解竞争者的基本情况 一个企业应收集每个竞争者业务上的最近的关键数据,包括销量、市场占有率、心理占有率、情感占有率、毛利、投资报酬率、现金流量、新投资、设备能力利用等内容。其中,"心理占有率"是指在回答"本行业中你最先想到的企业"这一问题时选择竞争者的顾客占总顾客的比重。"情感占有率"则是指在回答"本行业中你最喜欢的企业"这一问题时选择竞争者的顾客占总顾客的比重。较高的心理占有率及情感占有率可以支持企业取得良好的市场表现。企业通过上述关键数据的收集与分析,可了解竞争者的基本情况。实际上,有些信息的收集是很困难的。例如,经营工业品的企业,就经常缺少为这个行业服务的综合性资料。

相关链接 4-1

日本企业获取竞争对手情报的方法

日本企业的竞争观念十分强烈,因而获取情报的观念也十分强烈,他们把从竞争对手那里获得情报的秘诀归结为以下诸条。

1)通过参加各种会议搜集。
2)从竞争对手处挖走关键人物来搜集。
3)通过咨询人员间接访问竞争对手。

4）通过设计顾问进行搜集。
5）询问竞争对手的前职员。
6）与竞争对手的基本客户交谈。
7）通过竞争对手的物料供应商侧面了解。
8）向商业经营部门渗透。
9）分析报刊上的招聘广告。
10）分析劳动雇用合同。
11）研究空中摄影照片（从空中拍摄竞争者照片是非法的，但可以从报刊、政府档案等公开途径获得）。
12）到相关信息部门查阅文件，从中搜集竞争对手有关新产品的情报。
13）查阅商业贷款记录。
14）衡量专用线路上路轨的锈渍程度。
15）以假身份参观工厂。
16）分析对方产品进行工艺还原，即反求工程。
17）购买对手的工业垃圾。
18）潜入内探。

资料来源：http://www.sinoci.com.cn/?thread-469-1.html

（2）分析评价　企业可以根据所得资料综合分析竞争者的优势与劣势。在实际操作中，企业可以通过第二手资料、个人经历或传闻来了解有关竞争者的优势和劣势，同时，也可以通过向顾客、供应商和中间商进行第一手营销调研来增加对竞争者的了解。

所有这些资源信息及相关分析、评估可以帮助企业对向谁挑战做出决策。对于与竞争者相比而发现的企业的劣势，可以针对最成功的竞争者开展定点赶超。在寻找竞争者的劣势时，企业还应设法辨认竞争者为其业务和市场所做的假想有哪些已经不能成立。如果我们知道竞争者已经在按照一个严重错误的设想来经营，我们就可以超过它。所谓的定点赶超，是以找出的竞争者在管理和营销方面的最好做法为基准，加以模仿、组合和改进，力争超过竞争者的过程。企业通过有效的定点赶超，可以和竞争者做得一样好，从而改变自己的竞争劣势。

2. 竞争者的反应模式　单凭对竞争者的竞争战略与目标以及竞争优劣势的分析，还不足以解释其可能采取的行动和对诸如降价、加强促销或推出新产品等企业举动的反应。此外，各个竞争者都有一定的经营哲学、某些内在的文化和某些起主导作用的信念对其可能的竞争行为有深刻的影响。因此，我们要深入了解某一竞争对手的心理状态，以求预见面对竞争时竞争者可能做出的反应。

理论上认为，竞争者在竞争中常见的一些反应类型如下。

（1）从容型竞争者　这一类型的竞争者对某一特定竞争者的行动没有迅速反应或反应不强烈。对竞争者缺少反应的原因是多方面的：①他们可能感到其顾客是忠于他们的；②对竞争者的主动行动反应迟钝；③可能没有做出反应所需要的资金。

（2）选择型竞争者　这一类型的竞争者可能只对某些类型的攻击做出反应，而对其他类型的攻击则无动于衷。例如，当竞争对手同时采用了降价销售以及加大广告宣传的营销策略时，只对降价策略做出针锋相对的还击，而对广告宣传攻势的加强不做反应。

（3）凶暴型竞争者　这类竞争者对向其所拥有的领域发起的任何进攻都会做出迅速、强烈的反应，以警告其竞争对手最好停止任何攻击。

（4）随机型竞争者　有些竞争者并不表露可预知的反应模式。这一类型的竞争者在任何特定情况下可能会也可能不会做出反击，而且无论根据其经济、历史或其他方面的情况，都无法预见竞争者会做什么反应。许多小公司都是随机型竞争者。

4.3.3　选择竞争者

在获知良好的竞争情况以后，企业就可以很容易地制订其竞争战略。他们将更好地意识到市场上可与谁进行有效的竞争。一般来说，企业面临三种类型的选择：强与弱、远与近以及好与坏。

1．强与弱　强与弱即在弱竞争者与强竞争者之间选择。大多数企业喜欢把目标瞄准弱竞争者，所谓"大鱼吃小鱼"。这样的选择取得市场份额的每个百分点所需的资金和时间较少，比较容易取得竞争优势地位。但是，这样选择的结果是企业在能力方面也许毫无进展。企业也可以选择与强有力的竞争者竞争，因为通过与他们竞争，企业不得不努力提升目前的竞争实力与水平。再者，即使强有力的竞争者也有某些劣势，与强有力的竞争者竞争可能取得更大的市场回报。

2．远与近　远与近即在近竞争者与远竞争者之间选择。大多数企业会与那些与其极度类似的竞争者竞争。例如，雪佛兰汽车要与福特汽车而不是与美洲豹汽车竞争。同时，企业应避免"摧毁"邻近的竞争者，否则，企业可能得到的结果是，虽然损害了其最近的敌手并取得了成功，但却引来了更难对付的更具实力的竞争者。波特曾经举了一个令人哭笑不得的"胜利"的例子：鲍希和隆巴公司曾积极同其他软性隐型眼镜生产商对抗并且取得了极大的成功，但是失败的对手们纷纷将其资产卖给露华浓、强生等较大的公司——鲍希和隆巴公司的"胜利"引来了"深海鲨鱼"。

3．好与坏　好与坏即在所谓的"良性"与"恶性"竞争之间选择。波特认为每个行业都包含"良性"和"恶性"竞争者。一个企业应明智地支持好的竞争者，攻击坏的竞争者。良性竞争者有一些特点：遵守行业规则；对行业的增长潜力所提出的设想切合实际；依照与成本的合理关系来定价；喜爱健全的行业；把自己限制于行业的某一部分或细分市场里；推动他人降低成本，提高差异化；接受为它们的市场份额和利润所规定的大致界限。另一方面，恶性竞争者则违反规则：它们企图花钱购买而不是靠自己努力去赢得市场份额；它们敢于冒大风险；它们的生产能力过剩但仍继续投资。总的来说，"坏的"企业打破了行业的平衡。在一个行业中，"好的"企业应尽力促成只有由良性的竞争者所组成的行业。它们通过谨慎的许可证贸易、有选择的报复行动和联合来塑造一个行业。因此，竞争者并不谋求互相倾轧，也不胡作非为。它们遵守规则，各自有些差别。它们力求挣得而不是购得市场份额。企业从良性竞争者处可得百利而无一害。良性竞争者的存在给予企业的战略利益有增加总需求，导致更多差别，为效率较低的生产者提供了成本保护伞，分享市场开发成本和给一项新技术予合法地位，增强与劳工或管理部门讨价还价的能力，可以服务于吸引力不大的细分市场。

互联网+营销实战 4-2

支付宝发 15 亿元人民币红包是何用意？

支付宝自创立以来，就一直受到用户的喜爱，随着移动支付的兴起，支付宝更是一跃成为移动支付领域的领头羊。在国内，能与支付宝相提并论的就只有微信支付了。支付宝一直受用户喜爱的原因是其经常给广大用户"发钱"，如集五福、发红包等，而发红包的活动几乎一直在进行。2018 年年底，支付宝再次发出巨额红包，用户只要在 2018 年 12 月里有 15 天使用支付宝到店付款且每笔金额大于 2 元，便可参与瓜分 15 亿元人民币红包的活动，奖金还可翻倍，最高能达 20 倍。

其实支付宝如此大手笔的用意很明显，要想参与此次活动，需要在一个月中有 15 天使用花呗到店付款，这样做不仅能提升人们使用支付宝的频率，提高支付宝用户的活跃度，培养用户使用支付宝的习惯，还可以加速支付宝的商业变现。同时，用户移动支付习惯的培养还可对微信支付形成一定压力，扼制微信支付的势头，巩固支付宝在移动支付领域的龙头地位。

当然，微信也有其优点，其最大的优势就是有"人"，微信如果能完成自己的商业化，那它真的是巨无霸级的庞然大物，移动支付这场战争，究竟鹿死谁手还很难说。根据消息，微信支付于 2018 年 12 月 18 日起，向民生银行卡提现或转账到民生银行卡将在原有 0.1% 的服务费上增加 0.05% 的附加费。我们不禁会想，如果支付宝出一款社交软件，有多少人会选择离开微信？

资料来源：https://baijiahao.baidu.com/s?id=1619705802880002641&wfr=spider&for=pc（有删改）

4.4 企业市场竞争策略

竞争策略是指企业依据自己在行业中所处的地位，为实现竞争战略和适应竞争形势而采用的各种具体行动方式。

4.4.1 不同地位企业的竞争策略

市场上处于不同地位的企业所采取的竞争策略及具体措施各不相同，详见表 4-2。

表 4-2 不同地位企业的竞争策略

企业类型	竞争策略	具体措施
市场领导者	1. 扩大市场需求量，以获取更多的收益	（1）吸引新的使用者 （2）开发新用途 （3）提高使用率

（续）

企业类型	竞争策略	具体措施
市场领导者	2. 维护现有市场占有率，以抵御挑战者的争夺	（1）创新。在产品、技术、服务等方面不断创新，以保持领导者的地位 （2）防御。保持原有产品或强势产品的市场占有率，不给主要竞争者留下可乘之机 （3）正面对抗。对竞争者的挑战及时做出反应
	3. 扩大现有市场份额，但要考虑成本效益	（1）增加新产品 （2）提高产品质量 （3）增加开拓市场的费用
市场挑战者	攻击市场领导者、攻击同类型但表现欠佳的企业，攻击比自己弱小的企业，以期扩展市场份额，取代领导者	（1）正面攻击。进攻竞争对手的强项 （2）侧翼攻击。进攻对手的弱项（如相对薄弱的地区、细分市场） （3）包围进攻。全面攻击对手的市场 （4）迂回进攻。避开竞争者的现有领域，发展多样化的不相关产品，或开发新市场，或研究新技术代替现有产品 （5）游击进攻。以小规模、间断性的攻击骚扰对手，以找寻永久的立足点，最适合小企业
市场追随者	1. 紧密跟随	尽可能地在各个细分市场及营销策略方面模仿领导者
	2. 距离跟随	仅在主要市场和主要营销策略方面追随领导者
	3. 选择跟随	根据自己的情况，在某些方面紧跟领导者，以明显地获取好处，而在某些方面又自行其是
市场补缺者	专业化营销	（1）用户专业化，如航空食品公司 （2）产品特色专业化，如动漫商店 （3）客户订单专业化，按订单为客户定制产品 （4）地理区域专业化

4.4.2 合作竞争新思维

1. 合作竞争的含义　合作竞争，就是使拥有不同优势的企业在竞争的同时也注重彼此之间的合作，通过优势互补，共同创造一块更大的蛋糕，营造更持久有力的竞争优势，同时实现"双赢"或"群赢"。当然，从竞争到合作，同样是优胜劣汰的过程，因为谁能在竞争中通过最佳方式获得最佳合作伙伴，从而最大限度地增强自己的竞争力，谁才是市场最后的胜利者。

传统意义上的竞争，往往是争抢同一块蛋糕，这种你死我活的输赢之争，不仅使企业外部竞争环境恶化，而且使企业错失许多良机。如今在网络经济时代，经济一体化的发展和全球竞争的加剧，使得企业很难仅靠自身的力量抗击来自全球范围内规模不一、实力不等的竞争者。同时，现代社会科学技术飞速发展，信息传播加快，产品的寿命周期不断缩短，顾客的需求日趋个性化、多样化，企业也将很难仅依靠自身的力量来维持长久的竞争优势。因而必须与其他企业紧密合作，使不同企业间的资本、人才、技术以及信息资源得以有效、灵活的组合，以充分利用市场机会，通过双赢策略在合作竞争中创造更大的利润空间。

20世纪90年代以来，许多曾是"冤家对头"的企业都开始摒弃前嫌、携手合作，通过两个或更多个相互独立的企业间在资源或项目上的合作，达到增强市场竞争力的目的。随着信息技术的迅猛发展，企业间的这种合作关系越来越引人注目，如IBM在1999年，先与戴尔（Dell）公司达成了价值160亿美元的巨额交易，后又与网络存储设备制造商易安信（EMC）公司签订30亿美元的合作协议，并与亚洲最大的计算机公司宏基（ACER）集团签订了一项为期7年、总金额达80亿美元的战略联盟协议，主要内容是合作伙伴之间在技术、产品方面相互"取长补短"，以提高各自的竞争力。

可以说，时代的发展，已使单枪匹马的孤胆英雄时代成为了历史。竞争已不再是单个企业之间的较量，以合作竞争取代个体对抗将是时代发展的重要趋势。

2. 合作竞争的具体形式　世界范围内企业间合作竞争的运作模式多种多样，最主要的有以下几种。

（1）同行业企业间的联合　20世纪70年代，欧洲四家飞机制造公司为了与雄踞世界之首的美国波音、麦道两大飞机制造公司相抗衡，由原先的彼此间竞争走向联合，组建欧洲空中客车公司，在德国生产机身，英国生产机翼，西班牙生产尾翼，最后在法国组装，把欧洲各国飞机制造业务的优势统一整合起来，形成了一股强大的攻势。至20世纪90年代初期，其规模已超过美国麦道公司，成为紧随波音之后的世界第二大飞机制造商，动摇了美国飞机制造业的世界霸主地位。为了维护美国飞机制造业的霸主地位，美国的波音、麦道两大公司又于1997年实现了合并，以对付欧洲空中客车公司。

（2）合作生产　合作生产就是合作企业间根据优势互补、共同发展的原则，相互利用对方的优势资源共同组织生产经营活动，以扩大规模，增加收入，提高效益。浙江纳爱斯公司凭借其品牌和销售网络的优势，进行外联合作，委托加工产品。通过委托加工的方式可以实现产地销售，减少了运费，进一步降低了成本，从而使得纳爱斯的低价策略有了保证。

（3）与上下游企业合作　在双赢思维模式的影响下，企业可以与下游的分销商、经销商，或上游的供应商紧密合作，结成命运共同体。由于分销商贴近且控制着消费终端市场，分销商的积极合作与努力，不仅可以为企业开拓广阔的市场，还可以帮助企业实现市场（顾客）零距离的愿望；他们会积极地宣传、推销合作伙伴的产品，及时地做好售后服务工作，主动积极地收集市场需求信息和用户反馈意见，以便合作伙伴能快速及时地抓住商机。宝洁公司就投资1亿元人民币用于分销商的计算机系统建设和车辆购置，以使分销商管理和覆盖方式实现初级现代化。除此之外，宝洁公司还建立了多部门工作组向分销商提供有关财务、人事、法律、信息技术、储运等方面的专业指导，以全面提高分销商的管理水平和运作效率，从而提高分销商的竞争力。

企业与供应方紧密合作，不仅可以使企业的供应链关系得以稳定，还可以为企业节省大量的市场交易成本（采购成本）和管理、协调成本。更为重要的是，达成战略性共识和协作的合作伙伴还可以一同考虑如何缩短生产周期、降低生产成本和改进产品质量等问题，并齐心协力设法加以解决。

互联网+营销实战 4-3

携手菜鸟运输市场　顺丰的综合化破局之路

顺心捷达于 2018 年年底宣布，正式与菜鸟运输市场达成物流合作协议。双方表示，将通过建立开放、透明、共享的数据应用平台，充分利用先进的互联网技术，为客户和加盟商伙伴提供优质高效的物流服务。同时，顺心捷达还将携手菜鸟，在时效提升、大数据应用、服务标准化、行业诚信体系等领域开展更深入的合作。

众所周知，菜鸟运输市场前身是于 2010 年 11 月正式上线的"阿里物流"。而顺心捷达快运，则是顺丰与新邦合资组建的零担快运企业，由顺丰主力投资。不过与顺丰一直秉承的重资产式的直营模式不同的是，顺心捷达采取以加盟制为主的方式。2018 年 5 月，"顺心捷达"品牌发布暨广东站合伙人招募大会在广州召开。实际上，作为快递行业的龙头企业，在强敌环伺的环境下，顺丰的发展也并不容易。在其 2018 年 11 月发布的三季度财报中，公司无论是在业务量还是净利润上的表现都不尽如人意。财报显示，顺丰第三季度的订单量为 9.5 亿件，排在了"四通一达"之后，与第一名中通的 21 亿件相差了两倍有余。与此同时，其净利润则为 7.94 亿元，同比下降了 54.84%。此外，该集团的市值也已缩水近一半，从 2017 年 3 月 1 日市值最高点的 3226 亿元降到了如今的 1600 多亿元。

如今，国内快递市场的增速已经逐渐放缓，面对行业中日趋激烈的竞争，各个快递公司纷纷开始寻找新的增长点，谋求多元化布局。顺丰方面，其原本的规模优势已经日渐式微，企业想要实现长远的发展也必须得寻找一个新的盈利点。而王卫似乎也意识到了这点，曾表示公司要从 4000 亿的快递市场，进军 12 万亿市场的大物流，向联邦快递一类的综合物流运营商转型，集团今年以来在各领域的探索也是接连不断。

顺心捷达则承担了顺丰在重货产品领域的寄托，瞄准零担快运市场。据集团此前透露的规划可知，顺心捷达计划通过两年的时间，搭建一张国内零担快运网络。在 2020 年将实现 12000 家网点规模，使服务网络纵深覆盖全国。此次成功牵手菜鸟运输市场，在给企业带来一定助力的同时，也同步对顺心捷达的经营与管理提出了更高的要求。菜鸟运输市场由于平台的特殊性所在，出于对其大量商家权益的保障，对供应商的要求相对来说自然就更为严格，顺心捷达也将迎来更多的考验。

资料来源：电商报 http://www.dsb.cn/91327.html（有删改）

（4）虚拟经营　虚拟经营是指企业在组织上突破有形的界限，虽有生产、行销、设计、人事、财务等功能，但企业内部没有完整地执行这些功能的组织。就是说，企业在有限的资源下，为取得竞争中最大的优势，仅保留企业中最关键的功能，而将其他的功能虚拟化——通过各种方式借助外力进行整合弥补，其目的是在竞争中最大效率地利用企业有限的资源。

虚拟经营在国外早已十分普遍，如耐克、锐步运动鞋根本就没有自己的工厂，其产品却畅销全球；飞利浦（电器）及一些服装生产商也在相当程度上采取这种方式，它们创造了品牌，企业却不拥有生产线。这些企业将其生产部分虚拟化，自己则专注于设计、行销的规划，他们把设计好的样品和图样交给劳动力成本较低的新兴国家的签约厂商，最后验收产品，贴上自己的商标。凭借此做法，使得企业不同产品的生产调整成本很低，可以很快地应对市场上的变化，从而创造高弹性的竞争优势。

还有越来越多的企业开始借助外部的人力资源以弥补自身智力资源的不足。著名的惠普公司常年聘请许多来自不同领域的技术、管理专家组成公司的高级智力团，参加企业的发展筹划，并帮助解决生产经营过程中的具体问题，从而发挥了企业内外人才优势互补和集成的作用。

（5）策略联盟　策略联盟是指几家公司拥有不同的关键资源，而彼此的市场有某种程度的区隔，为了彼此的利益进行策略联盟，可以交换彼此的资源，以创造竞争优势。具体的做法有技术策略联盟、销售联盟、研究与开发（R&D）联盟等。我国 TCL 集团曾是国内最大的电话机生产商，1993 年进入家电领域，以其在通信业创下的品牌及销售网络与有生产优势的香港长城公司结成策略联盟，只用了三年多的时间，就在中国彩电业市场占有率上便仅次于两大行业巨头——长虹和康佳，居于第三位。2002 年，海尔与日本某企业达成协议，相互利用对方的营销渠道在各自国内销售对方的产品，这样做也为海尔拓展日本市场创造了条件。

[营销方法]

1. 竞争者优劣势分析表　竞争者优劣势分析表见表 4-3。

表 4-3　竞争者优劣势分析表（顾客、中间商）

竞争者	顾客对竞争者的评价				
	顾客知晓度	产品质量	情感份额	技术服务	企业形象
A					
B					
C					

2. 良性竞争对手评估表　良性竞争对手评估表见表 4-4。

表 4-4　良性竞争对手评估表

评估项目	评估分数
遵守行业规则	
对行业和自身的假设实事求是	
具有明显的弱点而且有自知之明	
按照成本进行合理的定价	
局限于自己的细分市场而无扩张野心	
该企业的细分市场没有和自己的市场重合	
具有和自己的企业可协调的目标	

（续）

评估项目	评估分数
致力于提高自身产品的差异化	
不喜欢采用降低产品价格来占领市场	
满足现有的市场地位和利润水平	
有适度的退出壁垒	
对研发和生产的再投入不大，以保持足量现金	
有一定的信誉、资源和能力	
仅有短期计划	
讨厌风险	

表4-4中左边是需要评估的项目，选择的一个竞争对手，在右边栏目里为其打分。（7分表示完全符合，1分表示完全不符合，按照从强到弱7个等级打分。）

将评估分数加总，看是否超过60分。若超过，那么该竞争对手可被视为良性的对手。

本章小结

1. 竞争者分析的基本框架 竞争状况是决定行业吸引力的一个重要因素。主要有5个方面：细分市场内竞争的激烈程度，进入、退出壁垒，替代产品，购买者的议价能力和供应商的议价能力。

2. 识别竞争者 行业是由一组提供同一种产品或相互可以完全替代的一类产品的企业构成的。可以用图4-1所示的框架来分析行业结构，这种分析以对行业需求与供给等基本条件的了解为基础。这些基本条件将影响行业结构的情况，行业结构又会进一步影响行业行为，如产品开发、定价和广告战略等，而行业行为又最终决定了行业绩效。

市场竞争观念引导企业从市场竞争的角度去识别竞争者。这种观念认为应该区分4种层次的竞争者：品牌竞争者、行业竞争者、形式竞争者以及一般竞争者。

3. 竞争者的基本分析 对竞争者的基本分析包括辨别竞争者的战略与目标，评估竞争者的优势与劣势，分析竞争者的反应模式等。

4. 合作竞争 合作竞争是使拥有不同优势的企业在竞争的同时也注重彼此之间的合作，通过优势互补，共同创造一块更大的蛋糕，营造更持久有力的竞争优势，同时实现"双赢"或"群赢"。

---- **重要概念** ----

纵向一体化　品牌竞争者　行业竞争者　形式竞争者　一般竞争者　从容型竞争者
选择型竞争者　凶暴型竞争者　随机型竞争者　强竞争者　弱竞争者　近竞争者
远竞争者　"良性"竞争者　"恶性"竞争者　合作竞争

[**案例分析**]

美团与饿了么竞争分析：究竟谁略胜一筹？

  口碑并入饿了么运营，饿了么在阿里巴巴加持下合并百度外卖，美团点评获腾讯领投40亿美元巨额融资，阿里巴巴全资收购饿了么，滴滴战略性防御上线外卖业务。阿里巴巴注血、腾讯加码，外卖行业的竞争最终还是不可避免的上升为两大巨无霸之间的正面较量。对用户而言，外卖行业的天下一统未必就好，群魔混战或者二分天下的生态才能造福广大消费群体。

  2018年7月18日，美团点评宣布推出新业务"美团闪购"，采用快零售的业务模式，为用户搭建一个30分钟到货的生活卖场。美团点评高级副总裁王莆中表示，生鲜水果和快消等低频品类仍有着巨大的线上化空间，美团闪购的上线是为了助力传统零售升级。几乎在同一时间，饿了么也宣布开放其本地配送服务网络，为阿里巴巴的新零售提供物流基础。饿了么CEO王磊表示，饿了么将不再局限在餐饮外卖上，包括水果、生鲜、药品、鲜花等非餐饮品类亦纳入到饿了么的配送范围里，与美团闪购较量的号角正式吹响。

  业务层面的激烈对抗，导致双方在资金上的需求同样巨大。虽然最初定位是外卖餐饮平台，但不管是饿了么还是美团点评，两者都在跟随着形势变化而进行自我调整。事实证明，单纯的外卖无法支撑起本地配送网络的庞大成本，想要实现盈利就必须增加更多的配送服务，因此即使外卖业务的格局已定，但美团点评和阿里巴巴之间的战斗才刚刚打响。

  对于用户地域分布和目标人群，饿了么和美团外卖的目标人群均主要为一二线城市中高端消费水平的年轻消费者，年龄主要集中在24~30岁，以女性用户为主，主要职业为高校学生或是以白领为主的上班族群体。百度外卖以男性消费者为主，并且占据更高端的消费人群，随着阿里巴巴扶持饿了么收购百度外卖，也就意味着饿了么覆盖了华南、华北及更高层次的消费人群，从而从两路包抄美团外卖；2015年，美团与大众点评合并，达成战略合作并成立新公司，通过拆分需求来与饿了么+百度外卖拆分用户群体所抗衡，2018年美团外卖获得腾讯的投资。

  饿了么和美团类似的是，他们的创始人都是大学毕业后自主创业，饿了么的创始人看中了餐饮外送行业这个点，然后开发了网上订单系统。而美团的创始人是看到了一个大的销售模式。所以，饿了么的业务主要集中在外卖领域，专注于打造数字化餐饮生态系统，数据显示，饿了么外卖的用户黏性也是所有外卖App中最高的。而美团从一开始的定位就是提供多样化的服务，只要是能够采用O2O模式的，都可以被纳入他们的服务，但是，随着国内科技巨头们涉足住宿、旅游、电影、团购、机票等领域，美团的多样化业务也开始受到挫折。

  资料来源：中研网 http://www.chinairn.com/scfx/20180724/103109578.shtml（有删改）

思考与分析

1. 简要分析美团外卖和饿了么的竞争状况。
2. 请结合相关竞争理论，对美团外卖或者饿了么提出营销策略。

营销实训
竞争对手分析

【训练目的】了解如何对竞争对手进行分析。

【训练方案】3~5人为一个小组,选择一个熟悉行业中的某个企业,收集相关材料,参考本章营销工具,分析其竞争者的优势、劣势并对竞争对手进行评估打分。

复习与思考

1. 有哪些影响行业竞争的基本力量?
2. 如何识别竞争者?
3. 如何评估竞争者的优势与劣势?
4. 你认为选择好的竞争者是否很重要?
5. 你如何理解合作竞争?

延伸阅读

1. 《竞争战略》,[美]迈克尔·波特著,陈丽芳译,中信出版社,2014.

作者简介:迈克尔·波特32岁获得哈佛商学院终身教授之职,当今世界竞争战略和竞争力领域公认的第一权威,是当今最伟大的商业思想家之一。他提出的"五种竞争力量""三种竞争战略"在全球被广为接受和实践,其竞争战略思想是哈佛商学院的必修科目之一。

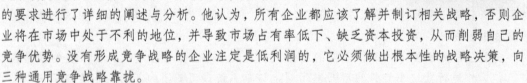

内容提要:波特在本书中提出了三种卓有成效的竞争战略:总成本领先战略、差异化战略和集中战略,并对这三种通用战略实施的要求进行了详细的阐述与分析。他认为,所有企业都应该了解并制订相关战略,否则企业将在市场中处于不利的地位,并导致市场占有率低下、缺乏资本投资,从而削弱自己的竞争优势。没有形成竞争战略的企业注定是低利润的,它必须做出根本性的战略决策,向三种通用竞争战略靠拢。

2. 《策略思维:商界、政界及日常生活中的策略竞争》,[美]阿维纳什 K. 迪克西特、巴里 J. 奈尔伯夫著,王尔山译,中国人民大学出版社,2013.

作者简介:阿维纳什 K. 迪克西特,麻省理工学院博士,现任普林斯顿大学经济学教授。他教授有关博弈论的课程,同时研究国际贸易政策的策略行为。曾在伯克利大学和牛津大学任教。

巴里 J. 奈尔伯夫,牛津大学博士,现任耶鲁大学组织与管理学院经济学及管理学教授。他教授有关策略、政治和决策的课程,经常为《华盛顿邮报》和《纽约时报》等报纸撰写有关策略问题的

文章。他还运用策略思维这一工具,为纽约化学银行、麦肯锡公司等提供咨询。

内容提要:本书以讲故事取胜,用许多活生生的例子,向没有经济学基础的读者展示了博弈论策略思维的道理,关于了解对手打算如何战胜你,然后你战而胜之的艺术。怎样打赢一场网球,少数如何战胜多数,为什么要"喜爱"你最讨厌的对手等。

网站推荐

1. **梅花网** www.meihua.info
2. **南方网** www.southcn.com
3. **凤凰网资讯** news.ifeng.com
4. **电商报** www.dsb.cn

第 5 章
营销调研

学习指导

学习目标

1. 了解市场营销调研的含义及重要性
2. 理解市场需求测量与未来市场需求预测
3. 掌握市场营销调研的方法和步骤

任务驱动

2018中国奢侈品市场消费者数字行为洞察报告

2018年,波士顿咨询公司(BCG)和腾讯(Tencent)强强联手,进行了中国奢侈品消费者数字化行为研究。研究基于腾讯大数据平台挖掘的180万位中国奢侈品潜在消费者样本,并抽样其中2 620位消费者进行了问卷调研。结合腾讯大数据分析能力及波士顿咨询公司奢侈品专业经验,报告首次对消费者的奢侈品购买路径、不同数字化触点和数字内容对购买行为的影响进行了详细刻画,总结出6大市场趋势,如图5-1所示,希望能够帮助奢侈品企业洞察数字化先机。

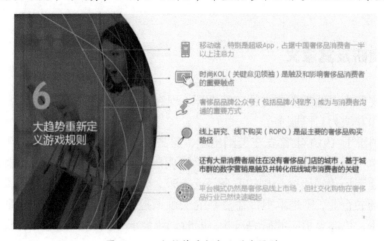

图5-1 六大趋势重新定义游戏规则

奢侈品消费者的注意力50%以上都在网上,特别是在手机的超级应用上。超级应用指的是用户量庞大的手机应用,如微信、腾讯视频、QQ音乐等。2017年,中国智能手机用户50%的时间都在使用腾讯手机端应用。

时尚KOL(Key Opinion Leader,关键意见领袖)是触及奢侈品消费者的重要触点;排名前30的网红平均每个账号吸引了3.2%的奢侈品消费者关注。不过值得注意的是,虽然KOL是吸引消费者的重要触点,但你的目标客户不一定是最当红KOL的粉丝。奢侈品牌还需要进一步分析哪些网红可以真正发挥与品牌匹配的影响力。

品牌公众号(或品牌小程序)正成为吸引和调动消费者参与度的有力阵地;官方账号发布的每篇文章平均阅读量可达到2万,部分内容优秀的奢侈公众号,文章点击量甚至可以超过10万,成为快速有效的沟通平台。

线上调研线下购买(ROPO)成为主要的奢侈品购买路径;年轻的奢侈品消费者会先在网上搜集信息,然后再去实体店购买。而由于价格、店内在售款式等原因,45%的在线采集信息者会选择去国外购买奢侈品。

数字化是触及并转化低线消费者的关键所在;三线及以下城市消费者从网上购买奢侈品的比例达到16%,远超过一线城市(8%)和二线城市(9%)。同时,利用大城市的辐射效应是和此类消费群体取得联系的有效途径。51%的消费者会在网上研究之后,选择去附近的大城市购买心仪的奢侈品。

电商纯线上购买行为约占奢侈品购买行为的12%,其中平台模式仍然占主导,但社交化购物已然在中国奢侈品行业悄然兴起。而中国消费者通过社交平台购买奢侈品的比例达到11%，远高于欧美国家（2%）。

重新构建与消费者沟通的数字化战略

随着奢侈品消费者购物路径的快速演变，中国的数字化生态体系也不断研发创新的数字化工具，在营销引流、线上线下转化、提升体验等各方面为企业赋能。

面临消费者数字化行为的巨大变化，品牌商需要积极借力数字化手段，顺应奢侈品行业新的游戏规则，针对消费者不同的购物路径，定制数字化战略。

问题：请结合本案例说明市场营销调研在企业经营中的重要性。

资料来源：BCG公司官网 https://www.bcg.com/zh-cn/d/press/26sep2018-bcg-tencent-luxury-203457（有删改）

5.1 营销调研及其意义

每个企业或多或少地都需要进行市场调研。现在，甚至许多非营利性组织也开始运用市场调研的原理和方法为自己服务。

市场营销调研于1910年首先在美国出现，第二次世界大战后逐渐推广到世界各国。现代美国企业通常将销售额的0.02%～1%作为营销调研的预算，供企业市场营销研究部门使用或购买外部专业市场营销研究公司的服务。近年来，随着我国经济体制改革深化，无论是面对变幻莫测市场的企业，还是承担日益复杂的宏观调控任务的政府经济管理职能部门，都开始重视市场调研，并建立相应的研究机构；同时，社会上专门提供各种市场调研服务的公司也应运而生。

从最一般的意义上讲，市场营销调研是以营销管理和决策为目的，运用科学方法，对有关信息进行有计划、有步骤、系统地收集、整理、分析和报告的过程。

市场营销调研应用的范围很广，企业中常见的一些调研项目有：宏观环境调研、市场需求分析、销售分析、市场占有率分析、竞争产品研究、价格研究、广告研究、分销渠道研究、消费者购买行为分析等。

5.1.1 市场营销调研的概念和意义

1. 市场营销调研的概念 市场营销调研是指系统地设计、收集、分析和报告与某个组织面临的特定营销问题有关的数据和资料。每个营销者都需要进行市场营销调研。在调研开始之前，通常要进行调研设计，包括调研目标、主题，调研方法、步骤，调研的人员组织和调研时间计划；然后通过一定形式收集所需资料，并对收集的资料进行汇总、分析处理，最后得出解决某个特定问题的方案。营销调研的过程如图5-2所示。

图5-2 营销调研过程

2. 市场营销调研的意义 市场营销调研是营销活动中的基础性工作。在营销实践中，任何营销活动都是从营销调研开始的，市场营销调研是营销活动的起点。以顾客需要为出发点的现代营销观念要求企业必须首先了解顾客需要，然后有针对性地设计产品、制订营销组合和市场竞争战略，从而达到开拓市场、占领市场的目的。

市场营销调研对企业营销的意义表现在以下 4 个方面。

（1）市场营销调研为企业提供消费者需求信息，促进产品更新换代，促进新产品的开发和生产　随着科学技术的进步，新产品不断涌现，产品的更新换代周期日益缩短。企业在市场营销调研中，一方面通过对商品销售量、增长变化趋势和产品普及率的分析，判断商品的市场生命周期，制订产品的更新换代计划；另一方面，在营销调研中了解产品的使用情况，听取消费者对产品使用情况的意见，从这些信息中发现消费者的潜在需求，为改进产品、开发产品提供新的思路。

（2）市场营销调研是制订营销组合，扩大商品销售的重要依据　在公司的营销组合中，无论是目标市场的确定，还是四大策略的应用，都是在充分分析市场、了解消费者的行为后做出的。市场有其运行规律，消费者的购买也有活动规律。企业可以通过市场营销调研，研究市场结构，划分市场消费类型，准确地进行目标市场的选择定位；通过市场营销调研，了解消费者的购买时间规律、购买地域规律，有针对性地进行销售活动，扩大产品销售；通过市场营销调研，研究消费者的购买心理和动机，了解消费者对各种营销活动的反应，正确地做出营销组合决策。

（3）市场营销调研有利于提高经营管理水平，增强竞争力　重视市场营销调研是企业经营管理由经验管理向科学管理转变的重要标志。在现代日益复杂的市场环境中，企业只有重视市场营销调研，才能使企业的管理真正地走向科学管理，才能使企业形成切合实际的管理方法，才能把先进的管理理念应用到实际之中；另一方面，只有进行市场营销调研，才能够真正地了解竞争对手，做出市场应对策略，提高企业的市场竞争力。

（4）市场营销调研是我国公司走向国际市场的重要途径　2001 年，我国正式加入 WTO，这为我国企业提供了更多的发展机遇，也向我们提出了挑战。在世界经济日益一体化的今天，要和国外一些先进的企业站在同一条跑道上进行竞争，这对我国许多企业来讲是一个巨大的挑战。企业要在更大的范围内开展营销活动，这不仅仅是地域的简单扩大，而是市场营销规律发生了质的变化。要到我们不熟悉的消费者群体中开展营销活动，一个前提条件是必须了解这些消费者。韩国三星公司免费派其雇员到世界上某个国家进行长期旅游，但有一个前提条件，旅游者在期满时必须写出对当地市场切合实际的报告。我国公司要走向国际市场，只有重视市场营销调研，才能把挑战转化为机遇，使我国公司真正的国际化。

企业的营销活动都是在一定的市场营销环境中进行的，企业的各种经济行为都会受到营销环境的影响和制约。现代营销学认为，企业营销成败的关键就在于能否适应复杂多变的市场营销环境。营销管理者的一项重要任务就是研究营销环境，预测其发展变化，分析营销机会和威胁，据以制订营销战略和策略，并使企业的经营管理与市场营销环境的发展变化相适应。

5.1.2　市场营销调研的内容和程序

市场营销调研的主要作用是通过信息把营销人员和消费者、顾客及公众联系起来，这些信息用来辨别和界定营销机会和问题，制订、完善和评估市场营销方案，监控市场营销行为，改进对市场营销过程的认识，帮助企业营销管理者制订有效的市场营销决策。市场营销调研的内容及程序如下。

1. 市场营销调研的内容 市场营销调研的内容非常广泛，它要能满足营销决策者对市场信息的了解。我们常常会听到企业说："我们所面临的市场有多大？怎样把销售额提上去？我们应该向谁推销产品？"要找到这些问题的答案必须进行营销调研。

市场营销调研的内容主要是以下 6 个方面：业务、经济形势与企业研究、定价、产品、分销、促销与购买行为。在对数百家公司的市场营销调研进行统计分析后发现，企业经常进行的市场营销调研专题大约有 30 种，其中 80%以上的企业都做过的调研专题有以下 10 种。

1）市场容量估计。市场容量是支付能力下对某产品的需求总和，一般要与收入、目标对象及消费意向等影响因素一起分析。

2）市场特征识别。市场特征识别是指有关市场结构、特征、用户情况、消费状况及经济发展等方面的调查分析。

3）市场份额分析。它是指衡量一个企业某产品的市场生命力和获利能力及企业产品在市场中的地位的分析。

4）销售分析。它是指分析市场销售现状、覆盖面、增长率、总需求是否饱和，销售增长前景与趋势，主要问题及潜在危机等。

5）企业发展方向研究。这是最高管理层如董事会所关心的问题。

6）竞争产品研究。

7）一年短期市场预测。

8）新产品进入市场的接受状况与潜在规模分析。

9）一年以上长期市场预测。

10）价格研究。

2. 营销调研的类型 营销调研有探索型调研、描述型调研以及因果型调研 3 种类型。其中，探索型调研是为确认问题的性质而进行的调研，通常在问题不是十分清楚而进入详细的调查问询时使用，它回答诸如"什么是？"的问题，如"什么是最近一段时间销售不畅的原因？人们是否对我们的新产品感兴趣？"等。探索型调研一般较简单，花费不多，不必制订严格的方案。描述型调研是揭示与描述问题的特征与性质的一种调研，它通常回答"是什么？"，如"购买我们产品的消费者属于什么类型？购买竞争对手产品的是什么人？购买者喜欢我们产品的什么特点？"等。因果型调研是关于现象与影响因素之间呈何种对应关系的调研，它探寻前因后果，主要检验因果关系，如广告效果的调研，通常就是要发掘什么样的广告导致销售的变化和消费者态度的变化以及这种变化影响的程度等。

互联网+营销实战 5-1

美团点评：将品牌融入生活让广告成为优质体验

移动互联网的发展，使得信息和消费者兴趣点呈现更大的不确定性和去中心化的特点。一方面，原来割裂的营销手法越来越无法奏效、需要被整合，而随着技术手段的完善，营销手段被整合的可能性也越来越大。另一方面，越来越难懂的消费者和不断变化的消费场景，让品牌面临新的挑战。特别是移动互联网的存在，使消费者可以实现随时购买，而其购买行为和消费原因难以实时捕捉。以往做营销是"找谁买",未来则是"懂谁会买",这就需要广告比以往更精确地对目标人群进行筛选,并让广告本身成为优质的体验,让品牌真正融入生活。

品牌主相比以往,丧失了一些主动权,因而重新思考如何去捕捉和打动那些挑剔且更加成熟的消费者,重塑品牌与消费者的关系。

作为全球最大的本地生活服务平台,美团点评几乎承载了人们生活中方方面面的场景。

2017年,美团点评提出生活方式营销(Lifestyle Marketing)的营销方法论,致力于用生活方式重新定义广告,利用数据和技术实现线上线下一体化的体验式营销。为此,美团点评主要做两件事情:第一,重新定义目标人群;第二,定位目标人群之后,提供更有效的触达方式。

如何重新定义目标人群呢?美团点评推出"类人群DNA"模型,当品牌的目标受众投射到平台用户上时,美团点评能够首先帮它进行人群划分,即精准地找到"谁会买";之后,通过超过200个细分场景和4万个人群行为标签分析独占的大数据,进而去定义用户的生活方式,了解其消费倾向,最后,分析出用于投放的类人群DNA画像。这个过程解决的是"了解消费者为什么愿意买或者需要买"的问题。

换言之,"类人群DNA"的意义在于,给品牌潜在的消费人群加入一些洞察,让品牌真正理解消费者,从而提供给消费者真正想要的东西。未来的广告是从原来"找谁买"到"懂谁会买"的过程。

在对目标受众进行了精准的画像之后,还需要通过一体化的场景体验将广告融入消费者的生活中,其实就是为消费者提供更全面、更自然的交互历程,让广告成为优质的体验。

很多人觉得去饭店就是为了吃饭,因此只有食物的需求,但其实不然,消费者可能还会有很多隐性的需求,如社交的需求、精神满足的需求、享受服务的需求、等位无聊时打发时间的需求等。因此,满足或者激发消费者的隐性需求,并构建产品在场景中的体验,就成为品牌营销的机会点。

美团点评2017年提出的"线上线下一体化营销"(Co-Line Marketing),其本质上就是以消费者为核心,覆盖生活全场景,利用数据和技术实现线上线下一体化的体验式营销。基于定向能力和人群属性、消费习惯、地理位置等多重维度智能分析,我们能够为品牌提供距离决策和消费场景更近的参考,有效提升广告转化。同时,也能够更好地联动品牌、商户、消费者,真正实现多方共赢。

资料来源:成功营销网 http://www.vmarketing.cn/index.php/index/NewsDetail/nid/30312
(有删改)

3. 营销调研程序

营销调研程序包括4步:确定问题,制订调研计划,实施调研计划,解释和汇报调研结果,如图5-3所示。

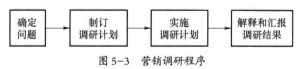

图5-3 营销调研程序

(1)确定问题 确定问题及调研目标往往是整个调研过程中最困难的一步。管理者可能知道出了问题,但却不知道确切的原因在哪里。例如,一个大型连锁折扣商店的经理们仓促地认为商店销售额的下降是由于广告发布不当造成的,于是他们下令调查公司的广告。当调查结果显示目前的广告发布在信息内容及目标顾客方面都没有问题时,他们感到困惑了。最终的调研结果发现,原来是连锁店没有能够提供广告中承诺的价格、产品和服务。在经典的"新可乐"案例中,可口可乐公司将其要调查的问题限定得过窄,结果带来了灾难性的后果。

(2)制订调研计划 这是整个调研过程中最复杂也是最重要的阶段,它包括以下几项活动。

1)确定调研项目。确定调研项目应该考虑 3 个问题:①该项目的设置是否是实现调查目标所必需的。②该项目所需收集的资料是否能够取得。③取得该项资料所付出的代价是否值得。

2)确定资料来源。市场调研的资料来源一般分为第一手资料和第二手资料。第一手资料(原始资料)是专为某项调研项目而通过实地调查或实验所取得的原始数据。第二手资料是运用他人已收集整理好的现成资料。一般来说,营销人员都会选用第二手资料,但要注意资料的时效性和适用性。

3)确定调研方法。确定调研方法即确定收集第一手资料的方法,其主要工作包括确定抽样方法、明确调查方法、设计调查问卷、确定调查资料的整理分析方法,这里的重点是根据调查目标设计调查问卷。

(3)实施调研计划 营销调研的第三步就是将计划付诸实施。这一步包括收集、整理和分析信息。营销调研过程中的数据收集阶段是花费最多和最容易出错的阶段。调查者应密切关注现场工作以保证计划的正确执行;应整理和分析收集到的数据,分离出重要的信息和结论;需要对问卷表中的数据进行检查,以确保其准确性和完整性,并把数据编成代码,以便进行计算机分析;最后将结果列表,并计算平均值和其他统计值。

(4)解释和汇报调研结果 在这一步中,调查者应解释调查结果,进行总结,并向管理者汇报。

5.2 营销调研的方法

5.2.1 案头调研的方法

通常,可以从收集第二手资料的案头调研开始营销调研工作,并据以判断调研问题是否已部分或全部解决,以免再去收集昂贵的第一手资料。第二手资料主要有以下几种来源。

1)内部来源:财务报告、销售数字、库存、预算、年报、销售渠道等。
2)政府机构的各种资料:统计年鉴、经济信息、发展动态、产业结构、信息简报等。
3)各种公开发行的出版物:报纸、杂志、文献、简报等。
4)商业性咨询信息公司:产品销售实测、品牌份额、家庭消费、观念、趋势等。
5)互联网。

第二手资料容易获得,费用低,但采用率较低。因为二手资料不是为本调研专门收集的,故常常不能直接解决问题。有时,二手资料是过时失效的资料,采用率也会很低。另外,二手资料的可靠性比较差，可信度比较差，使用者常会怀疑数据收集过程的合理性和统计分析过程的科学性。

第二手资料的收集分析是为了进一步明确调研的问题，使研究的问题精细化，有些问题可能在第二手资料的分析中就可以得到解决，也有些问题可能在分析中解决了一部分，使问题更集中、准确，从而提高了原始资料收集的效率。第一手资料调查与第二手资料调查的比较见表 5-1。

表 5-1 第一手资料调查与第二手资料调查的比较

调查方式	优点	缺点
第一手资料调查	针对性强	时间长，成本高，对调查人员的能力要求高
第二手资料调查	方法简便、快捷，节省时间，调查成本低	资料适用性不强，可能与调查目的有差距；资料的真实性和可靠性需进一步审查和评估，有错误的可能性，要注意资料的来源

5.2.2 实际调研的方法

通过实际调研，可以获得解决调研问题的原始数据资料信息。通常，实际调研费用大，时间长，投入的人力多。因此，企业必须组织专门的调研团队，仔细制订调研计划，确定调研方法。

实际调研的方法主要有问询法、观察法、实验法和抽样法 4 种。

1. 问询法 主要通过对被访对象不同形式的询问来收集第一手资料。具体方法主要包括以下 3 种。

（1）面谈 面谈即与被调查者就调研问题面对面交流。面谈除了可以记录语言交流外，还可通过察言观色（身体语言、语调、口气、情绪、情感以及描述方式等）了解数字所无法提供的有用信息。面谈有着双向交流、灵活性强及能引导话题的特点，特别适用对有经验人士的访谈。一般面谈要拟定谈话大纲，以充分利用宝贵的面谈时间。面谈也有它的缺点和局限性，如时间有限、成本高、样本数少、地区限制、问题少、当面理解与记录时存在误差等。

（2）电话问询 电话问询即与被调查者就调研问题通过电话进行交流。电话问询费用低，速度快，地区不限。同时有面谈的一些优点，如迅速及时、可达性好。但电话问询也有时间短、容易遭遇对方不合作等问题。电话问询的方法目前发展较快，利用计算机程序的手段，可以在短期内大量快速地进行采访，及时得到足够多的样本数据。

（3）问卷调查 问卷调查是指用书面问卷的形式进行实际调查。这是最常用的实际调研方法。问卷调查具有可送达性最好，不受地区限制，所要求回答的问题可以拟定得非常清楚、准确和详尽，不受记录者偏见与错误的影响，答题不受干扰，费用省等特点。但也有回收率低、时间长、易错（不交流）等问题。

问卷调查表的设计非常重要，所设计的问题一定要清楚明确，易于回答，每一问题都要有调查目的，要精选，要反复推敲。一般来说，问卷调查表的设计要注意以下问题。

1）避开隐私性问题。有关个人或组织的隐私或商业秘密尽量不要提及，如收入、利润和权力等。如果一定要涉及，可以给出一个区间，相对模糊一点。

2）力避模糊用词。在问卷中的问题阐述要力避模糊用词，如"你经常看电视还是偶尔看一会儿？"这一问题里的"经常""偶尔"和"一会儿"都是模糊词，应该尽量避免。

3）不要过分精确。例如，"你四月购买了多少啤酒？""你最近看到过几次某产品的广告？"这些都过于精确，被调查者难以记清这些问题。

4）不要出现组合问题。例如，"假如你有较强的经济实力，你是否会购买较大面积的住房？"这个问题有两处毛病，一是出现模糊词，如较强、较大；二是组合，一个问题的答案是建立在另一问题答案的基础上的，如果回答问题的基础不同，回答就无统计意义。

5）不要别有用心、有意引导。例如，"你对某某产品加价销售有何看法？"这样容易引起被调查者的反感。

6）不要咬文嚼字。例如，"你经常购买调制酒吗？"很多人并不知道什么是调制酒。

7）不要过于技术专业化。例如，在计算机产品的调查中，过多地提问有关零部件的名称和参数，对多数普通用户来说是很难回答的。

8）要便于调查者统计整理。如果开放式问题过多，就很难进行统计。

9）要适合被调查者的特点。要注重被调查者的文化、知识范围、经验及经历等。

问卷设计很有讲究。除了问题本身准确等要求外，提问方式也很重要。为了便于被调查者回答，问题的设计常常会给出选择性的答案，这是封闭式的问题，被调查者只需选择打钩即可；另一种提问方式是开放式，也就是被调查者需要根据自己的观点和见解来回答，这种问题的回答需要花费一定的时间和精力，所以在实际调查中要控制数量，在普通的消费者调查问卷中，开放式问题一般以不超过两个为宜。封闭式问题和开放式问题的描述见表 5-2。

表 5-2　封闭式问题和开放式问题

封闭式问题：给出所有可供选择答案的提问		
名称	说明	例子
是否式	一个问题有两个相互矛盾的答案供选择	您是否拥有私人小汽车？ □是　　　□否
多项选择题	一个问题有两个以上答案供选择	您选购牛奶主要考虑的因素有什么？ □味道　□价格　□营养　□品牌 □质量
李克特量表	被调查者可以在同意和不同意的量度之间进行选择	通信资费应该进一步降低？ □坚决同意　□同意　□不同意也不反对 □不同意　□坚决不同意
开放式问题：所提问题没有可供选择的答案		
名称	说明	例子
语意差别	在两个语意相反的词之间列上一些标度，由被调查者选择代表自己意愿方向和程度的某一点	中国银行的服务： 热情 1，2，3，4，5，6，7 冷漠 全面 1，2，3，4，5，6，7 单一

（续）

开放式问题：所提问题没有可供选择的答案

名称	说明	例子
重要性量表	对某一判定从绝对不重要到绝对重要进行重要性分等	手机的款式对我来说： □绝对重要　□重要　□不重要 □绝对不重要
排序量表	对某些属性的选择进行排序	购买计算机时我考虑的主要因素是（①表示最重要，②次之，依此类推）： □品牌　□价格　□性能　□售后服务 □……
完全自由回答	被调查者不受限制地回答问题	你对本公司的产品有何意见与建议
词汇联想法	列出一些词汇，由被调查者说出他头脑中出现的第一个词是什么	当你听到下面的词汇时，你脑海中出现的第一个词是什么。 洗衣机、电冰箱、空调 ……
语句完成法	提出一些不完整的语句，由被调查者来完成该语句	当你决定外出游玩时，最重要的考虑是_____
故事完成法	提出一个未完成的故事，由被调查者来完成	十一期间我游玩了杭州西湖，发现西湖更有人情味了，我想这大概是_____
看图说话	提出一幅图画，由被调查者说出其中的含义，或写上图中的对话	略

问卷设计要仔细，一般先易后难。问题多少及答题时间长短要视具体情况而定。通常回答时间可以是 10 分钟，也有的长达 90 分钟。一般情况下，拦截式问询填表最好不要超过 15 分钟。卷面设计要有趣，有逻辑次序，要让人看了第一题后有兴趣继续做下去，如果把难的问题放在前面，被调查者会产生畏难情绪。问卷结构包括：①卷头说明词，主要是调查表名称、发表单位、调查目的、要求、保密及赠品等内容。②问卷主体主要是提出的各种问题，一般由易到难，由浅入深，提问巧妙风趣。③卷尾是被调查人的姓名、性别、年龄、职业、收入情况等被调查者的基本资料，感谢用语和填表时间可以放在问卷的结尾。

问卷的发放有多种形式，可以视被调查者的情况加以选择：①发给被调查人，让他们独立完成后当即收回。②边谈边由调查人填写。③邮寄，自行填写后寄回。

2．观察法　观察法是通过记录被调查者当前或过去行为的类型和过程、现状、追求的目标等方面，来收集原始资料的调研方法。观察法不要求被调查者配合交流，也不需要回答问题，有时被调查者并没意识到。有许许多多的行为与对象可以通过观察来获得有关营销信息，主要有①事实行为，如消费者的购物类型（摄像机跟踪消费者的购物语言行为，如销售时的谈话、顾客抱怨及在人群中流传的赞扬与不满）。②情绪行为，如语调、脸部表情、身体动作。③地点与空间，如交通流量、顾客流量/时间。④口头记录，如对广告满意度的观察。

观察法具有写实的特点，可以不受干扰地反映真实情况，不易受主观思想、地位、金钱及偏见等影响。例如，超市要了解消费者购买所花费的时间，可以不问消费者，而只要观察其进出时间差即可；如观察儿童玩玩具，可以发现畅销玩具的特点或改进功能，儿童玩多久？2分钟还是20分钟，怎样玩等，都能提供很有价值的信息。

当然，观察法不易反映消费者内心世界的信息，行为与心理、动机、收入、受教育程度及职业等因素之间的关系比较模糊。

3. 实验法 实验法是在一个特定的环境中，通过改变某一种营销变量的强度来观察其他选定变量的对应变化程度。实验法允许营销者通过控制状态来分析变量之间的因果关系。例如，企业决定改变产品包装，但拿不定哪种包装最好，企业就可以采用实验法，把不同包装的产品分别放在不同的地方销售，几周后看哪个包装的产品销售量增长最大，则一般可以认为是最佳选择。价格变动、新广告及产品功能变化等都可以做实验，以了解各对应变量之间的因果关系，然后调整策略，再向市场全面推广。

4. 抽样法 抽样法是营销调研人员从总消费群体中抽取一小部分样本进行研究，然后得出关于总体的结论。样本是指从总体中挑选的能代表总体的一部分。在理论上，样本应具有代表性，以便调查者能准确地估量总体的思想与行为。

相关链接 5-1

市场调研分析报告的基本结构

（1）前言　说明调研的目的。

（2）背景分析　利用第二手资料分析调研对象的基本行业、市场状况。

（3）实际调研分析　实际调研分析主要包括购买者分析（购买者界定、购买规模及需求特点分析），竞争者分析，中间商分析，企业以往营销策略效果分析，其他环境因素分析。

（4）建议与结论

5.3　市场需求测量与未来市场需求预测

企业在市场营销过程中，有时面临许多营销机会，这就需要对市场机会进行认真的分析比较，从中做出最有利于自己的选择。评估市场吸引力有两个最主要的标准：市场规模（Market Size）和市场增长（Market Growth）。因此，营销管理者需要知道如何估计市场规模及其未来的增长。例如，整个市场的规模有多大？不同地区市场的规模有多大？目标市场的规模又有多大？未来若干年内市场规模将增大到什么程度？企业未来的销售潜力如何？

5.3.1　不同含义的市场

我们早就知道，"市场"一词是指某种商品的所有现实的和潜在的购买者。因此，一个市场的规模就取决于市场上该商品可能的购买者的数量。一般来说，所谓可能的购买者需要具备三个方面的条件：有购买欲望、有支付能力、有接近商品的可能。

例如，对一家经营摩托车的公司来说，它要掌握的第一个数据是对摩托车具有兴趣的潜在消费者人数。最常用的调查方法是随机询问一些消费者："你对拥有一辆摩托车有很强烈的兴趣吗？"如果 10 个人中有 1 个人回答"是"，我们就能推算出整个消费者群中大约有 10%的人是摩托车的潜在市场。换言之，潜在市场（Potential Market）是由那些对某种产品或服务具有一定兴趣的消费者构成的。

但是，仅仅有兴趣还不足以形成市场，这些潜在消费者还必须有足够的支付能力，能买得起摩托车，才能形成"有效市场（Available Market）"。显然，摩托车的价格越高，给这个问题以肯定回答的人数将越少。因此，市场规模是"兴趣"与"支付能力"这两个变量的函数。

市场规模还取决于"接近障碍"的大小，市场规模与接近障碍成反比。如果摩托车未能被送达某一具体地区，或者虽然送到了，但运送成本昂贵到令消费者止步的程度，那么，上述潜在购买者仍然不能成为现实的购买者。总之，有效市场是由那些既有购买欲望，又有足够的购买能力，并有可能接近某产品或服务的消费者构成。

在某些情况下，企业由于受到限制，只能向有效市场中的某一部分人出售其产品。例如，某个城市可能禁止向其居民（或不满 20 岁的青年）出售摩托车，那么，该摩托车公司"有资格的有效市场（Qualified Available Market）"就是由那些有购买欲望和购买能力、能够接近商品，同时还有资格购买的消费者构成。然后，企业还要在这个已被限定的有效市场中，进一步选择具体的更细小的部分作为自己的目标市场，进而在这一目标市场上与它的竞争者展开角逐。其中，购买了本企业产品的市场就成为公司"已渗透的市场（Penetrated Market）"。图 5-4 中显示了这些含义不同的市场。

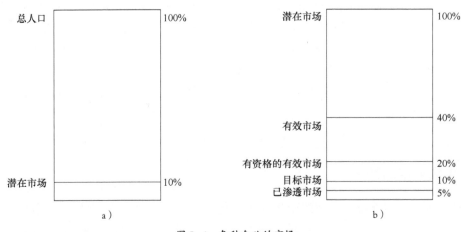

图 5-4　各种含义的市场
a）总体市场　b）潜在市场

图 5-4a 表明潜在市场在整体市场中的比例，图 5-4b 则进一步表明了潜在市场中各种含义的市场所占的比例。

上述不同含义的市场对规划企业的营销过程非常有用。例如，某摩托车公司如果不满足现有的销售情况，它可考虑采取如下对策：①从现有目标市场上吸引更多的购买者。②扩大目标市场范围。③降低产品销售价格，以扩大有效市场的规模。④采取更强有力的广告宣传，使原来对摩托车不感兴趣的消费者产生兴趣，步入潜在购买者的行列。

互联网+营销实战 5-2

> **一般家庭女性主导了 70%以上的消费,商家紧盯"她经济"**
>
> 继"双十一"被炒热之后,众多商家又把目光瞄向了"七夕""三八节"等备受女性关注的节日上,并展开了层出不穷的促销活动。有不少商家认为,在市场上"得女性者得天下"。
>
> 据国泰君安证券的报告显示,近 75%的家庭消费决策由女性主导,女性消费对经济增长的贡献率达到 66.4%,2014 年,中国内地女性经济市场规模近 2.5 万亿元,而到 2019 年,这个数字或将增长至 4.5 万亿元。"她经济"越来越强的生命力,成为消费领域各行业绕不开的焦点。
>
> **促销紧盯女性消费**
>
> "不管你是'孩他妈''软妹子'或是'女汉子',只要你有一颗爱自己如初恋般的心,那么你就是受人敬仰的'女神'!"每年"三八节"来临之际,不论是线下的百货商场还是线上的网购平台,"女神"或者"女王"总是各类促销标语上最常见的字眼,而众多女性也在妇女节这天用"买买买"来犒劳自己,并且这些线上线下的促销玩法除了在"三八节"盛行之外,每逢母亲节、七夕等与女性沾边的节日里也会出现。
>
> **"她"来了"他"就来了**
>
> 现代女性在家庭中说话越来越有分量,针对女性的营销直接吸引了女性消费群体的同时,也间接地吸引了男性群体。男性为女性而消费正是所谓"她来了,他也就来了"。
>
> "三八节"商场搞活动,有不少男性商品趁此机会进行了捆绑消费,买一件女性产品加 29 元就能多得一件男性产品。一些卖场还打出了"欢迎男性陪同女性采购"的口号,将女性吸引过去"剁手",很多男性也只好跟着"剁"。"商家这些促销手段,抓住了女性的消费心理,也就抓住了男性钱包。"每逢特定的日期,商场中的女性专柜前,不乏男性消费者的身影。
>
> 资料来源:搜狐网 http://www.sohu.com/a/227901730_162758(有删改)

5.3.2 市场需求的测量

掌握当前市场需求及本企业的销售情况,是企业制订营销方案和开展营销活动不可或缺的前提。通常,需要测量的有市场总需求、地区市场需求、企业的实际销售额及市场占有率。

1. 市场总需求的测量 市场总需求(Total Market Demand)是指在一定行业营销投入水平及营销组合条件下,以及一定营销环境和一定时期、一定区域内,特定购买者群可能购买的某种产品或服务的总量。

估算市场总需求时,最重要的是不能将其看成一个固定不变的量,事实上,它是上述各条件变量的函数。在不做任何市场营销支出时,仍会有一个基本的销售量,我们称之为市场需求的最低量(市场下限)。随着市场营销支出的增加,市场需求水平也相应提高,提高的速率最初为递增，后变为递减，最后达到某一平稳水平。在这一平稳水平上，无论怎样增加营销投入，需求也不会再增加，这就是市场需求的上限，即市场潜量。

测量市场总需求的方法有多种，这里只重点介绍最常用的方法，其公式为

$$Q=nqp$$

式中　Q——市场总需求量；
　　　n——市场上购买者数目；
　　　q——平均每个购买者的年购买量；
　　　p——产品的平均单价。

例如，一家生产面巾纸的厂家要测算面巾纸市场总需求量，如果每年有 1 亿消费者购买面巾纸，平均每人年购买量为 6 包，面巾纸的平均单价 5 元，则市场总需求量为 $Q=1\times6\times5=30$（亿元）。

2. 地区市场需求的测量　企业面临的难题之一，是如何选择最有利的地区市场投入他们的人力、物力和财力。因此，需要测算和比较各地区不同的市场需求量，其方法有两种：市场累加法和多因素指数法。市场累加法主要用于为工业用户提供产品的企业；多因素指数法主要用于提供生活消费品的企业。我们分别以下面两个不同的实例来加以说明。

（1）市场累加法　通过识别某一地区市场的所有潜在顾客并估算每个潜在顾客的购买量，然后计算出该地区的市场潜量。例如，一家矿山设备制造公司开发了一种新型仪器设备，售价 10 万元，公司认为每家采矿企业都会根据其规模大小购置一台或多台。问题在于怎样正确测算每个采矿企业所在地区的市场潜量，以及确定是否需要安排销售人员负责那个地区的销售工作（公司只能为市场潜量超过 300 万元的地区安排销售人员）。为此，这家公司可利用相关的行业年鉴、工商企业名录等资料，找出对这种设备可能感兴趣的企业的数量、地理位置、雇员人数、年销售额等数据，然后，根据这些资料即可推算出每个地区的市场需求潜量。

（2）多因素指数法　通过与地区购买力有关的各种指数来估算该地区市场潜量。例如，国内一家生产衬衣的公司想建立一个特许经销商系统为其销售产品，估计每年的总销售额能达到 2 亿元，企业将在每个年销售额超过 12 万元的城市设一个分店。于是，这家公司除了登广告招聘特许经销商外，还要有适当的方法审查申请者的资格，确定申请者所在城市是否有足够开设一家分店的市场潜量。常用的方法是考虑购买力指数。某地区（如 i 地区）的购买力指数为

$$B_i=0.5y_i+0.3r_i+0.2p_i$$

式中　B_i——i 地区购买力占全国购买力的百分比（购买力指数）；
　　　y_i——i 地区个人可支配收入占全国的百分比；
　　　r_i——i 地区零售额占全国的百分比；
　　　p_i——i 地区人口占全国总人口的百分比。

上述公式中的 3 个系数就是 3 个要素的权数，权数的大小表明该因素对购买力影响的大小。如果根据统计资料，i 地区的 y_i、r_i、p_i 分别为 7.64%、9%、7.7%，则可得出该地区的购买力指数为 $B_i=0.5\times0.0764+0.3\times0.09+0.2\times0.077=0.0806$，即该地区购买衬衣的总额约占全国购买总额的 8.06%。所以，由于衬衣公司估计在全国的年销售额为 2 亿元，则此地区的销售额为 16.12 万元（2 亿元×0.0806），显然大于 12 万元的最低限额，因此，在这个

地区可开设一家特许经销店。当然，公司可能还要考虑其他公司有没有进入该地区市场销售衬衣的计划。

要注意的是，权数须有一定根据。这种方法主要适用于既非低档又非高档奢侈品的情况。若需要更精确的估算，则还要考虑其他因素，如市场竞争水平、当地促销成本、季节性波动、市场特点等。

3. 估算实际销售额和市场占有率　除了测量总的和地区的市场需求外，企业还需了解它所在行业市场的实际销售情况。这意味着它必须了解竞争者，掌握竞争者的销售情况，知己知彼，方能在市场竞争中"百战不殆"。

各种行业协会通常收集和发表全行业的销售情况，当然并不具体列出每家公司的销量。企业可通过对照全行业的情况给自己以评价。假定某企业的年销量增长了 5%，但全行业的年销量增长了 10%，那么这家企业在本行业中的地位实际上下降了，即市场占有率下降了。

另一个方式是向专业市场调研组织购买有关总销售和各品牌销售的具体资料，然后通过研究比较市场占有率，了解自己与竞争者相比的市场地位是升高还是降低。

5.3.3　未来市场需求的预测

1. 需求预测的程序　除了一些需求绝对水平或发展趋势相当稳定的行业，或不存在竞争关系（如公用事业）和处于完全垄断的市场，预测其产品的未来需求较容易外，在大多数产品市场上，总需求和企业销售都相当不稳定。因此，对未来需求的预测是否准确，就成为企业经营成败的一个关键。预测不准可能造成产品积压或脱销，或被迫降价销售，使企业蒙受重大损失。实际上，需求变化越大的产品，对预测准确性的要求也就越高，越需要慎重行事。

一般采用三段式程序进行销售预测。首先是宏观经济预测，根据经济周期、通货膨胀率、失业率、利率、消费者支出与储蓄比例、工商业投资、政府开支、净出口额等情况的变动，得出对国民生产总值的预测；其次是在此基础上做出行业市场预测，即在已知的环境和既定的营销支出下，预测该行业的总销售量；最后是根据本企业的市场占有率，做出企业销售预测，即预测企业的销售量。

宏观经济预测通常可向外部的营销调研公司或专业预测公司等机构购买有关资料。

2. 企业销售预测的方法　常用的销售预测方法有以下几种。

（1）购买者意向调查　在营销环境和条件既定的情况下，预测顾客可能购买些什么。在顾客购买意向非常明显时，此法特别有效。这种方法多为耐用消费品和工业品所采用。

某轿车企业进行消费者购买意向调查，可向消费者提出："在未来 6 个月里你打算买汽车吗？"答案可有 6 种不同的选择（见表 5-3）。假如某市 50 万有效消费人口，对其中 1 000 人进行汽车消费意向调查，结果见表 5-4。根据对消费者的调查，可以计算出各种情况的消费者所占的比例，从而可以计算出购买期望值以及市场潜量。

表 5-3　购买概率量表

量值	0.00	0.20	0.40	0.60	0.80	1.00
选择	肯定不买	略有可能	可能	很有可能	非常可能	肯定购买

表 5-4　消费者意向调查结果表

量值	0.00	0.20	0.40	0.60	0.80	1.00
选择	肯定不买	略有可能	可能	很有可能	非常可能	肯定购买
比率（%）	30	24	20	12	8	6

则购买期望值为 0×30%+0.2×24%+0.4×20%+0.6×12%+0.8×8%+1×6%=0.324，市场潜量为 500 000×0.324=162 000（辆）。

当然，还要补充调查消费者目前和将来的个人财务状况和对经济前景的预期，然后，耐用消费品制造商即可根据这些调查结果安排自己的生产。在产业市场上，各种调查公司也做这类调查。采用此法预测的结果，大多同实际情况的偏差率在10%以内。

相关链接 5-2

中国老年人过上"潮生活""银发经济"走向消费升级

2018 年，中国多家电商平台发布了与老年人消费相关的大数据报告，这些报告刻画出当前老年人过上的"潮生活"。

看似与智能产品"绝缘"的老年人正在颠覆大家的认知。苏宁易购和苏宁金融联合发布的重阳"潮生活"消费报告显示，当下老年人购买智能手机、智能手表、单反相机的热情已接近甚至超过了 45～60 岁中年群体。

根据苏宁易购的数据，2018 年以来，功能单一的老人机销量下降了 31%，老年人购买的智能手机数量同比增长 12.5%，最受欢迎的品牌是苹果，而中年群体购买的智能手机数量则同比增长 15.1%，最受欢迎品牌是小米。报告称，由此可见，老年群体对智能手机的热情已经不亚于中年人，且一出手就是苹果这样的潮品。

如此现象在京东给出的大数据中亦有体现：京东老年用户的人均消费额的同比增速超出全网 20%，其中，老年用户花费最多的智能产品前五位分别是智能手机、智能电视、智能马桶盖、智能电饭煲、智能手环，而销售额排名第一的智能手机中，苹果手机最受老年人欢迎。

事实上，老年人在智能手机上的逆袭并非个案。2018 年以来，老年人在苏宁易购购买的单反相机数量同比增长 68.8%，人均花掉 24 204 元（人民币，下同），中年群体购买的单反相机数量同比增长略低，为 56.3%，人均花费 28 279 元。

充满科技感只是老年人生活的一面，养护、爱美、健身等颇具时尚感的词汇也能在他们身上有所体现。苏宁易购的数据显示，老年人购买护肤品的数量同比增长 23.4%，阿里巴巴发布的《银发族消费升级数据》显示，淘宝天猫上六成女性银发族有化妆习惯，且银发族年均购买化妆品 6 次，而银发族医学美容支出则是 2017 年的 4.4 倍。

此外，在运动健身消费方面，《银发族消费升级数据》显示，除游泳、舞蹈、羽毛球等依然是银发族的爱好之外，高尔夫球和健身也成为"新欢"。阿里巴巴发布的报告还指出，银发族越来越喜欢移动支付，相比于 2017 年，使用移动支付的银发族翻了一番；使用指纹支付或刷脸支付等支付方式的银发族增长 20%。

老年人的消费有年轻化的趋势，企业不能以固有思维去揣测市场，"银发经济"已不单单存在于养老领域，老年人消费的升级主要体现在 4 个方面，包括对居住条件的要求不断提高、对健康养生消费需求愈发强烈、对老家电升级换代需要越来越集中、对主题老年旅游的关注度逐步提升等。

"银发经济"在老年人生活需求不断丰富的情况下也在走向消费升级，对于老年人的消费在满足符合他们年龄、身体等相关的特殊需求之外，现在更多要考虑的是全领域、多方位的产品、服务供应。

资料来源：中国新闻网 http://www.chinanews.com/sh/2018/10-17/8652645.shtml（有删改）

（2）综合销售人员意见法　在无法对购买者进行询问的情况下，通过听取销售人员对未来需求的估计来进行预测。

当然，对销售人员的推算结果必须做一些必要的修正。销售人员可能有某种片面性，如天性乐观或悲观；由于近期的成功或挫折，使他们的推测可能走向极端；由于所处地位的局限性，他们通常意识不到宏观经济的发展变化及其影响，以及企业整个营销计划对未来市场销售表现的影响。如果企业熟知每个销售人员在预测时常有的片面性，那么修正后的结果将是相当可信的。

（3）专家意见法　营销者有时可求助于企业外部的专家预测未来需求，这些专家包括分销商、供应商、营销咨询顾问及贸易协会成员等。

美国兰德公司的德尔菲法（Delphi Method）是由每位专家分别提出个人预测，然后由专项负责人员综合修正后发回各个专家再进行个人预测，专项人员再修正，如此循环往复，直到得出接近统一的结论为止，其特点是各个专家彼此不见面、不知名。

（4）时间序列分析　许多企业根据过去的销售业绩来预测未来销售发展趋势。这首先要通过统计分析方法，证明企业历年的销售数据确实具有连续性的因果关系，然后才可用作预测未来销售发展趋势的依据。

某种产品历年销售量（Y）的时间数列，可按趋势（Trend）、周期（Cycle）、季节（Season）和偶然事件（Erratic Events）4 个主要因素进行分析。

1）趋势（T），即人口、资金构成和技术等要素发展变化的基本情况。这可从过去的销售曲线的变化规律中推测出来，也可看作过去销售曲线的自然延伸。

2）周期（C），即经济周期波动的影响，剔除周期性的影响，对中期预测相当重要。

3）季节（S）。季节是指一年中销售变化的固有模式，如与日、周、月或季相关的规律性变动。这种变动往往是与气候、假日、交易习惯，甚至顾客的上下班时间相联系的。季节性模式常作为短期销售预测的一种依据。

4）偶然事件（E），它包括暴风雪、火灾及其他偶然性的灾害等。这些因素都是可能遇到而又无法预测的，根据历史资料进行销售预测时，应剔除这些偶然因素的影响，以求得到较规范的销售行为模式。

总之，时间序列分析法就是根据上述 4 个要素（T、C、S、E）分析原始销售数列 Y，再结合这些要素预测未来的销售。例如，某电视机商行今年售出 12 000 台新产品，现在预测明年 10 月的销售量。已知长期趋势是每年销售递增 5%，因此，明年的总销售量估计为

12 600（12 000×1.05）台。但由于经济环境的波动，预计明年的销售量只能达到正常情况下的90%，即11 340（12 600×90%）台。如果每月的销量相等，那么月平均销量应是945（11 340÷12）台。然而，10月份通常是销量高于平均值的月份，季节指数为1.3。因此，预计明年10月份的销售量可能达到1 228（945×1.3）台。此外，预期不会发生偶然事件，所以对明年10月份销售量的最好预计是1 228台。

（5）需求统计分析　时间序列分析将过去及未来的销售变动都看作时间的函数，而不是真正影响需求变化诸因素的函数。实际上，有许多因素在不同程度上影响产品销售，需求统计分析就是用来发现那些影响销售的最重要因素以及这些因素重要程度的一种方法。这里，最常见的影响因素是价格、收入、人口和促销。

需求统计分析法是将需求量（Q）看作一个因变量，然后设法将它分解为若干独立变量的函数，即$Q=f(x_1, x_2, \cdots, x_n)$，运用多元回归分析的方法，可找到最主要的影响因素和最好的预测方程式。

例如，某软饮料公司运用统计分析方法，发现影响某地区软饮料需求量的最主要因素是年均温度和人均年收入，它的表达方程式为

$$Q=-145.5+6.46x_1-2.37x_2$$

式中　x_1——该地区年均温度，单位为℉。

　　　x_2——该地区人均年收入，单位为千元。

例如，某地区年均温度为54℉，年人均收入为24千元，利用公式可得出该地区人均软饮料需求量为$Q=-145.5+6.46×54-2.37×24=146.6$（元）

而实际的人均购买额为143元。如果将此方程式用于其他地区的饮料销售预测也比较准确的话，那么，就可作为一个有效的预测工具。公司可通过预测下一年各地区的年平均温度和年人均收入，推断下一年的销售情况。

营销方法

1. 市场调查表　常用的市场调查表见表5-5。

表5-5　市场调查表

年　　月　　日

目的	
内容	
对象	
现状	
动向	
竞争对手动向	

总经理：_____　销售部经理：_____　调查人：_____

2. 市场调研计划表　常用的市场调研计划表见表5-6。

表 5-6　市场调研计划表

年　　月　　日

调查区域	
调查目标	
考虑因素	
调查方法	
调查进度	
人员配备	
预算	

[本章小结]

1. 市场营销调研的概念、意义　市场营销调研就是指系统地设计、收集、分析和报告与某个组织面临的特定营销问题有关的数据和资料。

2. 营销调研的分类　营销调研包括探索型调研、描述型调研以及因果型调研。

营销调研的程序包括确定问题、制订调研计划、实施调研计划、解释和汇报调研结果。实际调研的方法主要有问询法、观察法、实验法和抽样法 4 种。

3. 市场需求测量　市场需求测量帮助企业把握所面对的市场的规模和增长,从而使他们在进行营销决策时,心中有数。

―――――――― 重要概念 ――――――――

营销调研　案头调研　实际调研　第一手资料　第二手资料　问询法　观察法
实验法　市场总需求　潜在市场　有效市场　有资格的有效市场

[案例分析]

发掘数据价值,微软引领市场营销数字化转型

当今世界,由数字化转型引领的第四次工业革命正在给各行各业带来翻天覆地的改变,特别是在商业领域里,我们能够清晰地感受到技术进步引发的巨变:过去,由于信息贫乏、供求关系固化、生产独立,企业通常更专注于满足消费者的需求,并尽可能提前制订生产计划,交易系统曾是整个商业社会的核心基础。现在,我们面对的是一个信息和数据爆炸的时代,企业内外的生产合作关系交织成一个动态变化的网络,人们需要通过全球市场协作来创造价值,企业会聘请明星出任品牌形象大使来创造和引领消费新趋势,并通过测试和反馈来不断完善产品——与此同时,数据智能系统正在商业活动中扮演越来越重要的角色。

面对数字化转型的机遇,微软希望自己能够成为引领变革的表率。作为一家技术公司,微软对于技术进步给市场带来的影响自然特别敏感。无论是对于 Xbox、Surface 这样的个

人消费类产品，还是对于微软智能云 Azure、Office 365 云办公软件、SQL Server 数据库这样的面向企业的商业技术和解决方案，甚至是微软最先进的人工智能服务，客户在做出购买决策时的思路和方式已经发生了根本的改变：互联网让人们在购买过程中拥有了更强的主动权，大家会上网搜索不同供应商的解决方案，查看来自同行或者意见领袖的评价和反馈，对比功能和价格，查看测试和体验报告。如果愿意，他们甚至无须接触销售人员就能直接在线下单——这与过去需要依靠销售人员个人能力与客户反复沟通推动销售的传统方式截然不同。

与此同时，技术的进步也带来了市场营销自动化技术、互相关联的客户管理系统以及加入了人工智能技术的数据分析工具和云端的营销管理平台。这为微软制订和实施市场营销的策略和方案开启了更多可能，使其能够真正打通不同渠道、不同系统、不同部门之间的数据壁垒，建立统一的客户数据管理体系，获得完整的数据洞察，并对其加以更科学的分析和利用。

微软下大力气打通了不同业务系统之间的数据共享环节，让市场、销售、合作伙伴、授权认证、技术支持等不同部门都能共同构建和分享 360 度的完整用户视图，从而更好地发现客户数据在不同应用场景之间的关联和价值。这也有助于建立长期稳定的客户关系，改变过去各个部门各自为政，每次见客户都"只如初见"而缺少连续性的弊病。此外，微软实现了总公司与全球各市场分公司之间的同步协调，在市场营销中不同部门的每个人都能清楚地知道自己应该在哪个阶段发挥怎样的作用。

过去，销售人员常常会抱怨虽然通过市场营销活动得到了大量销售线索，却缺少合理的质量标准去进行衡量和筛选，因此花大价钱换来线索常常起不到应有的作用。通过全面深化销售与市场营销部门之间的紧密合作，微软为营销活动得到的不同类型的客户反馈行为都制订了科学的评定标准和可量化的指标，并能借助人工智能和机器学习不断优化评定标准，从而确保筛选出更有潜力的销售线索。

在不断完善市场营销技术和工具的过程中，微软不仅将眼光局限于 Microsoft Dynamics 这样自家的产品，还积极整合当今市场上最好的 SaaS 应用，如领英（LinkedIn）、Marketo、Certain Check-In、INXPO、ON24 等。微软正在构建一个市场营销自动化技术的生态系统，将最有用的功能和应用整合成完善的客户管理环境，来加速微软以及更多企业客户的数字化转型。发掘数据宝藏，帮助更多企业进行市场营销转型创新。

作为平台与生产力公司，微软希望将成功经验分享给更多人，打造出面向不同地区、不同行业、不同规模的企业的应用场景和解决方案，帮助全球客户实现业务创新。在市场营销领域，微软正着力从多个方面入手推动营销数字化转型，包括以数据分析精准触达客户、利用人工智能优化销售线索、发掘数据联系促进用户互动、现代化工作模式市场营销创新等。

目前，Office 365 中的 Microsoft Graph 已经和领英的 LinkedIn Graph 实现整合，可以将领英中的个人数据呈现在 Office 365 的个人介绍页面，让公司内部的同事在 Office 365 中增进了解。领英面向商业客户提供的 LinkedIn Sales Navigator 是一项以社交人脉关系为基础的销售线索管理服务，并且已经实现与 Dynamics 365 功能的整合。销售人员可以在领英上搜索到与潜在业务相关的人员和公司信息，将其作为销售线索时刻关注其动态变化，其 TeamLink 功能还可以帮助企业用户梳理出要通过什么样的人脉关系才能与某位潜在客户取得联系。

通过引入人工智能，微软开发的销售智能（SI）模型可以将销售线索管理提升到新的高度。利用机器学习，销售智能模型会对数百种用户行为特征进行分析，并加入风险因素的考量，再针对客户在全生命周期内的利润潜力进行打分。这样，有限的销售资源就能被集中在盈利前景更高的销售线索上，而将低收益的线索排后，或者交由自动化机器人自动处理。目前，微软的人工智能对话机器人已经得到了成功的实践，在日本，基于微软小冰技术的人工智能机器人为某知名连锁店提供对话式人工智能托管服务，通过在对话中向客户推介店内服务，其线上至线下的消费转化成功率超过50%。

过去，企业掌握的客户数据常常储存在不同部门相互隔绝的不同系统中，因此很难得到关于客户的完整画像。而微软正在打通包括 Office 365、Microsoft Dynamics 等业务系统应用之间的数据壁垒，将所有的用户数据都共享到同一个"池子"中，从而帮助企业构建起360度的全方位用户画像，并从中发现潜在商机。

围绕着 Office 365、Microsoft Dynamics，并借助微软智能云 Azure 所提供的云平台支持，微软正在全力打造融入了更多人工智能技术的现代化工作模式，为市场营销的业务创新提供更多的可能。以 Office 365 为例，在这个最为人们熟悉的办公应用中，微软已经加入了53项人工智能应用，广泛覆盖收集知识、整理知识、创造知识、展现知识、分享知识、智能安全等应用场景。例如，运行在云端的 Delve 服务能将企业或者团队中的每个成员的工作进度汇总呈现，让大家及时了解自己和周围同事的工作进展。其 My Analytics 功能可提供每个人工作时间分配、进展的数字化分析，企业则可以使用 Workplace Analytics 进行生产力统计，发现工作中的瓶颈和不合理的业务流程。

资料来源：搜狐网 http://www.sohu.com/a/239261665_100200145（有删改）

思考与分析：

1. 结合资料，谈谈微软公司如何迎合了企业数字化管理的需求而进行了新产品的开发？在数字化转型的机遇下，你认为微软未来的发展机会在哪里？
2. 你认为在未来微软提供的管理技术的市场发展空间有多大？

营销实训
营销调研体验

【训练目的】掌握营销调研的主要操作方法。

【训练方案】以8～10人的小组为单位进行演习，运用所学知识对本校学生每月的生活消费状况进行调研，具体操作包括：①设计抽样方法和样本容量。②设计调查表。③召开学生座谈会。④编写调研报告。

复习与思考

1. 什么是市场营销调研？它包括哪些内容？
2. 市场营销调研的一般步骤是怎样的？
3. 市场营销调研的方法有哪些？各有哪些优缺点？
4. 分析企业应如何进行市场需求测量。

延伸阅读

1. 《当代市场调研》，[美]小卡尔·麦克丹尼尔，罗杰·盖茨著，北京：机械工业出版社，2017。

作者简介：小卡尔·麦克丹尼尔，得克萨斯大学阿灵顿分校市场营销系主任，出版有《营销学原理》《当代市场调研》等11部著作，担任《企业研究学报》编委，日内瓦国际贸易中心高级顾问，1992年，被美国西南市场营销学会授予"杰出调研员"的称号。罗杰·盖茨，DDS调研公司总裁，并担任《应用市场调研》《数据收集学报》等刊物的编委。

内容提要：本书以"进行真实的市场调研"为宗旨，从管理者使用或购买市场调研信息的角度介绍市场调研的思想，内容涵盖市场调研在管理决策中的作用、调研方案的设计、利用统计工具对数据资料进行分析以及市场调研的实际应用等诸多方面。

2. 《网络营销创意三十六计》，徐茂权，电子工业出版社，2017。

作者简介：徐茂权，泉之媒创始人、杆子邦发起人、中关村互联网人才学院副院长，擅长品牌营销策划、软文营销和网络营销创意。现为北京大学、清华大学、上海交通大学、西南财经大学等网络营销总裁班授课讲师，先后担任多家大型企业网络营销顾问。著有《网络营销决胜武器——软文营销实战方法·案例·问题》。

内容提要：本书系统地总结了网络营销中的创意方法和规律，收录了数百个企业案例，有小微企业的销售创意，也有知名企业的品牌推广，有电商的引流创意，也有文案的创意落地。创意三十六计中每一计都结合大量案例展开分析，并给出具体的应用方法及注意事项。

网站推荐

1. 搜狐网 www.sohu.com
2. 中国新闻网 www.chinanews.com
3. 新华网 www.xinhuanet.com

第 6 章
目标市场营销

学习指导

学习目标

1. 掌握目标市场营销的三个步骤
2. 了解市场细分的含义,掌握市场细分的方法
3. 掌握不同目标市场营销策略的运用
4. 理解市场定位的含义,掌握市场定位的基本方法

任务驱动

日本购物中心，堪称"老人迪士尼"

购物中心一般都是年轻人和小孩子的乐园，但是日本有家购物中心，老年人竟然都抢着去：健身、插花、手工、吃大餐……一群老人在里面玩"疯"了。这家购物中心叫永旺 G.G MALL，堪称老人迪士尼。

这家购物中心开业于 1982 年，是永旺购物中心东京葛西店。众所周知，日本是老龄化现象极度严重的一个国家，而这个商场周边 2 公里范围内，65～74 岁的老人就有 3.5 万人，占了该地居民总数的一半。老年人这么多，为什么不把目标消费人群定位于老年群体？专为老年人打造的购物中心在日本还是空白市场，此时切入市场，品牌容易到达市场领导的地位。于是，永旺葛西店重新取名为 G.G MALL，G.G 是指日本战后婴儿潮。在 G.G MALL，一切都以老年人为中心。老年人睡眠少，早上起床早，为此，G.G MALL 营业时间特意提前两小时，早上 7 点开门。G.G MALL 洞察到很多老年人有晨练的习惯，所以，早上免费为他们组织了一节 45 分钟的健身锻炼课程，由商场员工组织，每日有上百位老年人参加。甚至还铺设了一条 180 米长室内的健身步道，为防止老年人滑倒，特意定制的防滑设计。商场有许多柔软的皮质沙发，老年人累了可以随时随地休息，操课上完了悠闲地喝个咖啡，吃个早餐。日本的老年人本来就有早上结伴买菜、运动的习惯，他们口口相传，G.G MALL 一下子就在老年群体中推广开来。

洞察老年人的需求，打造一站式、特殊化购物体验。G.G MALL 的商品也是根据老年人的特殊需求筛选出来的。生活用品、食物、服饰、首饰……各种商品应有尽有。就连那些需在特定商店买的护膝、徒步手杖、按摩器等商品都十分齐全。G.G MALL 在细节上也考虑得十分周到。老年人食量少，家里一般是一两个人吃饭，所以，G.G MALL 的食物以小份装为主，既不会造成浪费，又提高了购买频次。此外，购物车也是专门为老年人设计的，车体重量比普通购物车少了 30% 以上，老年人推起来不吃力，推手下边有独立弯钩，可挂包和购物袋。商场做的营销活动也是根据老年人的消费习惯策划出来的。例如，每日早上 7～9 时有"早鸟折扣"，每月 15 号是"G.G 感谢日"，55 岁以上的顾客可享受 5%的折扣。商场还特意为每个年龄层，定制了电子货币专用卡，年纪越大，使用电子货币专用卡购物就越划算。这种区别于只会打折的，特殊化、定期化、丰富化的营销活动，刺激了老年人的消费欲望，提高了他们的购物体验，增强了用户黏性。

G.G MALL 不仅是老年人的购物天堂，而且还是他们的娱乐圣地。购物、社交、运动、学习课程、做手工等各种娱乐场景，这里有他们想做的一切。这里还是老年人的健身中心，不但有前面提到的晨练操、180 米长的健身步道，还有价格亲民的健身房，有专业教练为老年人指导，避免他们受伤。康复中心的服务也十分周到，护工对待他们就如同自己的家人一样，无微不至地悉心照顾。文化娱乐活动也是 G.G MALL 的一大特色。商场里有可以免费使用的乐器房，他们可以在这里弹钢琴、打架子鼓。老年人也可以很文艺，读一本书，喝个下午茶，安静地坐一下午；跳舞、做瑜伽，让形体变美；G.G MALL 组织了料理、摄影、戏剧等上百种娱乐活动，犹如"老人迪士尼"。

除了这些，商场还有一系列专为老年人提供的服务。咖啡店提供电子产品服务，店员会耐心地教老人怎么使用。宠物照料与美容、交保险、维修家电、修车……G.G MALL 尽全力解决他们生活中可能会遇到的问题。所以，有些老年人心生感慨，"如果没有这家店，我真的不知道该怎么办。"

都说小孩子需要游乐园，其实老年人更需要，他们最害怕孤独，他们需要一个场所来丰富自己的业余生活，将老年生活过得多姿多彩。这也正是 G.G MALL 想要传达的品牌理念：老年人也可以像年轻人一样吃喝玩乐，体验各种新鲜食物，老年人只要心态好，也可以越活越年轻！

为什么 G.G MALL 可以获得如此大的成功？企业该如何选择自己的目标市场？

资料来源：https://chuansongme.com/n/2214676852327（有删改）

所谓目标市场营销，就是企业在营销环境分析的基础上，结合企业目标及资源条件，通过对市场进行细分，选择自己的目标市场并进行有效的市场定位的战略过程。目标市场营销战略具体包括市场细分（Segmenting）、目标市场选择（Targeting）和市场定位（Positioning）3 个步骤，即 STP 战略。

6.1 市场细分

市场细分是目标市场营销活动过程的一个重要基础步骤，对于企业正确制订营销战略目标和正确制订营销策略都具有十分重要的意义。任何企业的产品都不可能做到为市场上的全体顾客服务，而只能满足一部分顾客的某种需求，所以为了解决市场需求的无限性与企业资源的有限性之间的矛盾，企业首先必须进行市场细分。

6.1.1 市场细分的概念

市场细分是美国市场营销学家温德尔·史密斯（Wendell R.Smith）于 1956 年在美国《市场营销杂志》上首先提出来的一个概念。所谓市场细分，就是指企业通过市场调研，根据市场需求的多样性和异质性，依据一定的标准，把整体市场即全部顾客和潜在顾客划分为若干个子市场的市场分类过程。每一个子市场就是一个细分市场，一个细分市场内的顾客具有相同或相似的需求特征，而不同的子市场之间却表现出明显的需求差异。

互联网+营销实战 6-1

不走寻常路，开启她时代营销
她有三千烦恼，更有万千解药
做好大孩子，才能养好小孩子
饿出来的好身材，总是少了些味道
别人说的，听听就行了
睡一觉，说不定灵感就醒了
买包解决不了的事情，背包试试
摔倒了，正好躺下歇歇
握好手中的方向盘，无论去往哪里
加入 She's Mercedes
发出你的声音，唤醒更多女性力量

这是梅赛德斯-奔驰为女性专属平台 She's Mercedes 推出的一个视频宣传广告文案。一般来说，汽车广告针对的目标受众大多是男性，但随着生活水平的不断提高，女性消费者在汽车消费领域的地位也得到了不断提高，女性掌握的话语权比重也逐渐增大。而在女性自我意识崛起的同时，越来越多的品牌也开始将目光放到"女性"群体身上，借助"她时代"营销打开女性消费者市场，让品牌深入到更多女性消费者的心中。梅赛德斯-奔驰作为一个拥有悠久历史的高档汽车品牌，一直被认为是成功精英男士的标配，处处彰显尊贵典雅气质，可最近梅赛德斯-奔驰拍摄的这支广告却把目光转向了女性身上。现实生活中，女性常常会被定义为弱势的一方，也常常被刻板印象所束缚，而梅赛德斯-奔驰却通过这个广告从女性角度出发，精准洞见了现代独立女性不愿被标签化和标准化的痛点，重新定义了女性，塑造出刚柔并济的女性形象，通过搭建几个真实生活场景，传达出每个都市女性真实的内心独白以及不愿盲从、随意自在的生活态度。可以说，这样的矛盾性格才是女性独有的特色。除了懂女性外，梅赛德斯-奔驰还鼓励女性勇敢大胆做自己，"握好手中的方向盘，无论去哪里。心所向，驰以恒，一切都从心出发。"这也是梅赛德斯-奔驰想要向女性消费者传递的价值观。

梅赛德斯-奔驰通过真诚有力的广告文案向女性消费群体发出号召，更打造了 She's Mercedes 女性专属平台，建立起一个汇聚力量启发灵感的女性社区，让来自全世界各地的杰出女性一起分享精致人生。

资料来源：https://www.sohu.com/a/228357929_158828（有删改）

6.1.2 市场细分的作用

在当今人们生活水平不断提高、消费需求日益多样化、产品和服务市场越来越广的社会中，市场细分是一项很重要的市场营销策略。实践证明，工商企业科学、合理地进行市场细分，就可以更好地为顾客服务，开展有效的竞争，完成企业的盈利目标。具体地说，市场细分的作用有以下几点。

1. 有利于企业发现最好的市场机会，确定目标市场　市场机会是指市场上客观存在的未被满足或未被充分满足的需求。企业通过市场细分，不仅可以了解整个市场的总体情况，还可以较具体地了解各个消费者群体的需求情况和目前的满足程度及市场竞争状况，从而发现哪些消费者的需求已经满足，哪些满足不够，哪些尚待开发。满足水平较低的部分，就可能存在着很好的市场机会，抓住这样的机会，结合企业资源状况，确定适宜自身的目标市场，并以此为出发点设计适宜的营销策略，就可夺取市场竞争优势。

2. 有利于制订和调整市场营销策略，发挥最大的推销效果　一般来说，企业为整体市场提供单一的产品、制订统一的营销策略比较简单易行，但其覆盖面大，信息反映较迟缓，对市场所做出的反应不敏捷。市场细分后，每个市场变得小而具体，企业就可以为非常明确的目标市场"量体裁衣"，制订恰如其分的营销组合策略，提供相宜的产品。这样可以增加企业的应变能力，发挥最大的推销效果。

3. 有利于中小企业开发和占领市场　市场细分的理论对中小企业尤为有利。因为中小企业一般资金有限、技术薄弱，在整体市场或较大的细分市场上缺乏竞争能力，而通过市场细分，则往往可以发现大企业未曾顾及或不愿顾及的某些尚未满足的市场需求，从而能够在这些力所能及的较小或很小的细分市场上推出相宜的产品，见缝插针，拾遗补阙，形成相对

4. **有利于集中使用资源，提高企业的经济效益和社会效益**　通过市场细分，一方面企业能发现最好的市场机会，确定目标市场，从而集中使用人力、物力、财力为目标市场服务，将有限的资源用于能产生最大效益的地方，形成经营上的规模优势，取得理想的经济效益；另一方面，由于企业面对的是某一个或少数几个子市场，可及时捕捉需求信息，不断地发展新产品，满足更多潜在需求，提高消费者的满意度、满足感，树立良好的企业形象，获得一定的社会效益。

6.1.3　市场细分的标准

现代市场营销学所讲的市场细分，是依据市场需求的差异性来划分的，并在此前提之下加上必要的标准来进一步细分。既然市场细分的依据是市场需求的差异性，那么，造成市场需求差异性的主要因素就是市场细分的标准。为了研究的方便和实际操作的需要，我们就消费者市场和生产者市场的细分标准分别加以叙述。

1. 消费者市场的细分标准　消费者的差异性是市场细分的基本标准。影响消费者需求的差异性因素是多种多样的，大致可概括为 4 类，即地理环境标准、人口状况标准、消费心理标准和购买行为标准。每一类又包括一系列的细分因素，见表 6-1。

表 6-1　消费者市场细分的标准

细分标准	主要细分因素	具体特征（亚、子市场）
地理环境	国家区别	中国、美国、日本、德国、埃及等
	方位区域	东北、西北、华北、华东、中南、西南等
	城乡区别	城市、乡村；大城市、中等城市、小城镇等
	气候区别	热带、亚热带、温带、寒带等
	地形区别	山区、平原、丘陵、盆地、沿海等
人口状况	性别	男、女
	年龄	婴幼儿、儿童、少年、青年、中年、老年等
	家庭规模	1～2 人、3～4 人、5 人以上
	家庭收入（人均年收入）	1000 元以下、1000～5000 元、5000 元以上
	民族	汉族、壮族、蒙古族等
	宗教	佛教、伊斯兰教、道教、基督教等
	职业	工人、农民、学生、教师等
	文化程度	小学、中学、大学等
消费心理	生活方式	事业型、朴素型、时髦型等
	性格	外向型、内向型、理智型、冲动型等
	品牌偏好	专一品牌忠诚、几种品牌忠诚等
	生活态度	紧跟潮流者、享乐主义者、主动进取者、因循守旧者等
购买行为	购买频率	高、中、低
	购买时间	白天、晚间、日常、节假日
	购买地点	方便商店、名店、大店、地摊等

（1）地理因素　处在不同地理位置的消费者，会产生不同的需要和爱好，并对企业的同一产品及市场营销手段产生不同反应。地理环境会对消费者需求产生重要影响，较为重要的地理因素有国别、地区、城市规模、人口密度、气候等。

（2）人口因素　消费者的欲望、需求偏好和使用频率往往和人口因素有着直接的因果关系，而且人口因素较其他因素更易测量。人口因素主要包括性别、年龄、收入、职业、教育状况、民族、家庭结构、宗教信仰等方面。

相关链接 6-1

世界人口情况

根据世界银行人口数量预测最新数据显示，在世界人口排名 2018 中，中国人口数量 14.09 亿人（国家统计局数据 2017 年，13.9 亿人），依然是世界上人口最多的国家，印度以 13.39 亿人为世界人口第二多的国家，或许在不久的将来，印度很有可能超越中国成为世界第一人口国家。

表 6-2　2018 年世界人口排名

排名	国家	人口	排名	国家	人口
1	中国	1 409 517 397	6	巴基斯坦	197 015 955
2	印度	1 339 180 127	7	尼日利亚	190 886 311
3	美国	324 459 463	8	孟加拉国	164 669 751
4	印度尼西亚	263 991 379	9	俄罗斯	143 989 754
5	巴西	209 288 278	10	墨西哥	129 163 276

资料来源：http://www.chyxx.com/industry/201801/607091.html（有删改）

（3）心理因素　心理因素是一个极其复杂的因素，消费者的心理需求具有多样性、时代性和动态性的特点。企业可根据生活方式、个性及社会阶层等心理因素进行市场细分。

（4）行为因素　行为因素主要指消费者在购买过程中对产品的认知、态度、使用等行为特点，主要的细分依据有寻求利益、使用率、消费时机、使用者状况等。

2．生产者市场细分标准　生产者市场与消费者市场相比有所不同：①生产资料的购买者一般是产业用户。②其购买决策是由有关专业人士做出的，一般属于理性行为，受感情因素影响较小。因此，细分消费者市场的标准虽基本适用于生产者市场，但应对这些标准赋予新的内容，并增加新的标准，见表 6-3。

表 6-3　生产者市场细分标准

细分标准	主要细分因素
最终用户	商品的规格、型号、功能、品质等
用户规模	大客户、中客户、小客户
地理位置	地区、气候、资源、自然环境、生产力布局、交通运输、通信等
购买行为	利益、使用状况

(1) 最终用户　在生产者市场上，不同的最终用户（或产品不同的最终用途）对同一种产品追求的利益不同，因而会对商品的规格、型号、品质、功能等方面提出不同的要求。例如，对于钢材的需求，有的用户需要线材，有的用户需要板材，有的用户则需要管材。企业要根据最终用户来细分市场，以便开展有针对性的营销。

(2) 用户规模　在生产者市场上，大客户、中客户和小客户的购买力的高低存在很大差异，购买行为也有很大区别。

(3) 地理位置　每个国家或地区大都根据自然资源、气候和历史传统形成若干工业区。按用户地理位置来细分市场，便于企业将目标放在用户集中的地区，这样可大大节省推销人员往返于不同客户之间的时间，更加合理充分地利用销售力量；同时，可以更有效地规划运输路线。

(4) 购买行为　例如，按用户追求的利益可以分为注重质量、注重价格、注重服务等不同的用户。按用户使用状况可分为潜在用户、新客户、老客户等。

6.1.4 市场细分的方法

市场细分的标准和因素很多，而且各种因素相互影响，共同作用。因此，采取一定的方法将有关因素综合考虑，才能正确细分市场。市场细分的方法很多，常用的有以下几种。

1. 一元细分　对一些通用性较大，挑选性不强的产品往往按一个影响因素划分市场，即一元细分。例如，按粮食品种来细分市场，可分为大米市场、玉米市场、绿豆市场等。按收入不同划分可分为高收入市场、中收入市场、低收入市场。

2. 多元细分　多元细分即按照两个或两个以上的细分标准细分市场。多数产品的需求往往受多种因素的影响，即使同一年龄范围的消费者，由于收入的不同，性别和居住地不同，其需求也会有很大差异。多元细分的表现形式多种多样，常见的有以下几种。

(1) 图上作业法　图上作业法是指选择两个或两个以上市场细分标准，用绘图的方法使它们有机结合，以此来细分市场。例如，服装市场细分，如图 6-1 所示。

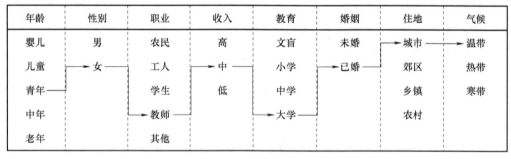

图 6-1　服装市场的细分

图中 8 个因素组成了一个服装的细分市场，箭头线所构成的是一个生活在温带城市已婚青年女教师的服装市场。从理论上讲，变动图中任何一项因素都可以形成新的细分市场。

(2) 表上作业法　表上作业法即利用表格的形式，采用多项因素排列，选择细分市场。例如，生产洗发用品的企业，其消费者既有女性，又有男性，还有不同的年龄组，他们对洗发用品有不同的要求。在这种情况下，洗发产品的细分市场见表 6-4。

表 6-4 某企业洗发产品的细分市场

用途	头发性质	性别 年龄层	男性 儿童	男性 青年	男性 中年	男性 老年	女性 儿童	女性 青年	女性 中年	女性 老年
美容	干性								△	
美容	中性							△		
美容	油性									
药用	干性				△					
药用	中性									
药用	油性									

本例中，按照排列的各种因素可以形成 48 个细分市场。企业可以从中选择一个或若干个细分市场作为经营对象。表 6-4 中的小三角形表示企业选中的市场。

（3）三维坐标法 三维坐标法是指选择多项主要细分标准，利用三维坐标的形式来细分市场。例如，女性服装市场细分过程如图 6-2 所示。

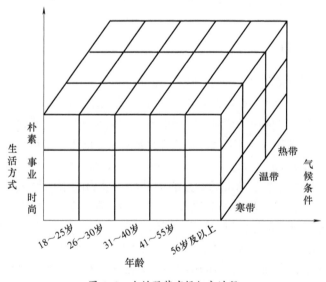

图 6-2 女性服装市场细分过程

本例中，按照主要因素排列，可以形成 45 个细分市场。企业应结合市场潜力、竞争情况和企业优势，选择细分市场满足顾客需要。

3. 完全细分 完全细分即对市场所包括的购买者数目进行最大限度的细分，每个购买者都可能成为一个单独的市场。这是市场细分的最极端情况，同时也是最理想的情况，即企业向每位购买者提供不同的产品和营销计划。例如，波音公司分别为少数的几家大型航空公司定制产品，服装店为每位顾客量体裁衣，家具厂为顾客定做家具等。

> **互联网+营销实战 6-2**
>
> **分众传媒：做透细分市场是做好品牌的关键**
>
> 在今天的中国，人们的收视习惯已经发生了改变，有两种人已经很少看电视——年轻人和有钱人。在察觉这一变化后，分众传媒开始考虑如何在一个细分市场中成为领军者。央视无疑是中国传媒界的巨无霸，所以分众要想生存谋发展，就要找到自己的细分市场。
>
> 央视的收视高峰在晚上，广告的黄金时间段也以晚上为主，那分众就避开央视做白天；央视的目标群体主要是家庭，那分众就转而做家庭之外的市场；央视专门针对那些有时间看电视的用户，那分众就找到那些没有时间看电视的用户。
>
> 如今绝大多数产品都是针对城市人群的。全中国有 14 亿人口，如果将 8 亿多农民排除在外，还剩下 5 亿多城市受众。其中，年纪较大的人群相对已经形成了较为固定的生活习惯，不容易被品牌影响。所以，分众将目光主要集中在了 20~50 岁的人群中，这些人最有可能被品牌影响，同时又具有足够的购买能力。而在这些人中，月收入在 3 000 元以上的群体大约为 1.5 亿，这 1.5 亿人虽然只代表了中国人口的 10%，但他们却占据了城市总消费的 70%。于是，分众传媒最终将主要客户群体定位为 20~50 岁之间，月收入 3 000 元以上的城市人群。
>
> 资料来源：江南春. 抢占心智[M]. 北京：中信出版社，2018：23-25.（有删改）

6.1.5 市场细分的原则

企业在进行市场细分的过程中应遵循以下基本原则。

1. 差异性 市场细分后，不同细分市场的消费者需求存在着明显区别，各细分市场都有其不同于其他细分市场的特征。而在每个细分市场内消费者的需求却有着共同的特征，表现出类似的购买行为。例如，老年市场和儿童市场是不同的细分市场，两个市场的消费者需求差异很大，但在儿童市场内，每个消费者的需求差别就不大了。

2. 可衡量性 可衡量性是指市场细分的标准和细分后的市场是可以确切衡量的。市场细分的标准必须明确、统一，具有可衡量性。细分后市场的范围、容量、潜力等，也必须是可以衡量的，而且能取得购买潜力和购买特征的数据。

3. 可进入性 细分市场必须考虑企业的经营条件、经营能力，使目标市场的选择与企业的资源相一致。企业能以某个细分市场作为目标市场，有效地集中营销能力、开展各种营销活动，同时，消费者能够接受企业的产品，并能通过一定途径购买到这些商品。

4. 效益性 细分后的市场需求要有一定的规模，使企业有利可图，并有一定的发展潜力。如果细分市场的规模过小，市场容量有限，就没有开发的价值。

5. 稳定性 有效的市场细分所划分的子市场还必须具有相对稳定性。企业目标市场的改变必然带来经营设施和营销策略的改变，从而增加企业的投入。如果市场变化过快，变动幅度过大，将会给企业带来风险和损失。一般说来，目标市场越稳定，越有利于企业制订长期的营销策略，越有比较稳定的利润。

6.2 目标市场选择

市场细分的目的在于有效地选择并进入目标市场。目标市场是企业决定要进入的那个市场部分，也就是企业拟投其所好，为之服务的那个顾客群（这个顾客群有颇为相似的需要）。在现代市场经济条件下，任何产品的市场都有许多顾客群，他们各有不同的需要，而且他们分散在不同地区，因此，一般来说，任何企业（即使是大公司）都不可能很好地满足所有顾客群的不同需要。为了提高经营效益，企业必须细分市场，并且根据自己的任务目标、资源和特长等权衡利弊，决定进入哪个或哪些市场部分，为哪个或哪些市场部分服务，选择目标市场。

6.2.1 确定目标市场

1. 目标市场应具备的条件 为了选择适当的目标市场，必须对各个细分市场进行评估。一般来讲，企业的目标市场必须具备以下条件。

（1）有一定的规模 这是企业选择目标市场的首要条件之一。如果所选择的细分市场过于狭窄，没有一定的需求规模，企业就可能达不到它所期望的销售额和利润；而如果所选择的细分市场过于广阔，企业就会由于业务铺得过于分散而使营销力量显得单薄。

（2）有一定的发展潜力 评估一个细分市场值不值得经营开发，不仅要看它现有规模，即静态方面，而且还要看到它可能发展变化的动态方面。有的市场虽然目前的规模不大，但从长远来看，可能会迅速增长，有一定发展潜力，这样的细分市场也值得去经营。

（3）有足够的吸引力 一个市场可能具有适当的规模和发展潜力，但它不一定就可以作为企业的目标市场，因为它很可能缺乏吸引力。吸引力主要是指长期获利能力的大小。决定某一市场是否长期具有吸引力，主要有 5 个因素：①同行业竞争者和细分市场内竞争者的威胁。②潜在进入者和转行的威胁。③替代品的威胁。④购买者（顾客）讨价还价的能力。⑤供应商讨价还价的能力和合作前景。企业必须充分估计这些因素对长期获利所造成的机会和威胁，以便做出明智的选择。

（4）符合企业的目标和资源 理想的目标市场还必须同企业的目标和资源联系起来考虑。有些细分市场虽然规模适合，也具有吸引力，但由于不符合企业的长远目标，也可能要被放弃。如果符合企业目标，但企业没有足够的资源，不具备相当的实力生产比竞争者更优的产品，那么也不能选择这一细分市场作为企业的目标市场。

2. 确定目标市场的方式

（1）市场集中化（如图 6-3a 所示） 这是指企业的目标市场，无论从市场的角度还是产品的角度考察，都集中于一个市场层面上。企业只生产经营一种产品，面向单一的细分市场。这种模式一般适用于资金有限的小企业或初次进入市场的企业。

（2）产品专业化（如图 6-3b 所示） 这是指企业集中生产经营某一种产品，用这一种产品满足各细分市场的需求。

（3）市场专业化（如图 6-3c 所示） 市场专业化是指企业向同一顾客群供应性能有所区别的同类产品。假设一家电冰箱厂专以大中型旅游饭店为目标市场，根据它们的需求生产

100L、500L、1 000L等几种不同容积的电冰箱,以满足这些饭店不同部门(如客房、食堂、冷饮部等)的需要。

(4)选择专业化(如图6-3d所示) 选择专业化是指企业决定有选择地进入几个不同的细分市场,为不同的顾客群提供不同性能的同类产品。采用这种策略应当十分慎重,必须以这几个细分市场均有相当的吸引力且均能实现一定的利润为前提。

(5)市场全面化(如图6-3e所示) 市场全面化是指针对所面临的不同顾客群的多种需求,企业提供多种产品去加以满足。显然,这种策略只能被财力雄厚的大企业采用。

在运用上述5种方式时,企业一般总是首先进入最有吸引力的细分市场,只有在条件和机会成熟时,才会逐步扩大目标市场范围,进入其他细分市场。

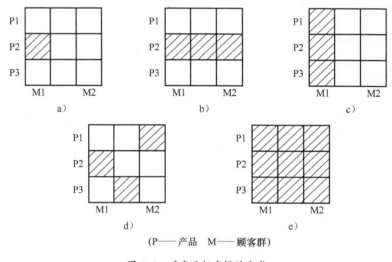

(P——产品 M——顾客群)

图6-3 确定目标市场的方式

a)市场集中化 b)产品专业化 c)市场专业化 d)选择专业化 e)市场全面化

6.2.2 目标市场选择策略

企业选择的涵盖市场的方式不同,营销策略也就不一样。归纳起来,有3种不同的目标市场选择策略可供企业选择:无差异性营销策略,差异性营销策略,集中性营销策略。

1. 无差异性营销策略 无差异性营销策略也叫无差异性市场策略,即企业将整体市场作为目标市场,只推出一种产品来迎合消费者群体中的大多数人。这是一种求同存异的策略,采用此策略的企业把整个市场看成一个整体,它只考虑需求的共性而不考虑其差异,运用一种市场营销策略(产品、价格、分销、促销)吸引尽可能多的顾客,如图6-4所示。

图6-4 无差异性市场策略

无差异性市场策略的优点是产品单一,容易保证质量。同时,可以大批量生产,降低生产成本和销售费用。但是,它也有很大的局限性:①以一种产品想得到不同层次、不同类型的所有顾客的满意,长期为全体消费者所接受是不可能的。②同类企业均采用这种策略时,必然会形成激烈的竞争。

2. 差异性营销策略 差异性营销策略也叫差异性市场策略，即企业把整体市场划分为几个细分市场，针对不同细分市场的特征，设计不同的商品，制订不同的营销策略，满足不同的消费需求，如图6-5所示。

图6-5 差异性市场策略

差异性市场策略的优点是能满足不同消费者的需求，提高产品的竞争能力，从而扩大销售；同时，企业易于取得连带优势，有利于企业树立良好的市场形象，大大提高消费者对该企业产品的信赖程度，提高企业信誉。但由于产品、促销方式及其他营销策略的差异化，增加了管理的难度，使生产成本、管理费用、销售费用大增。目前，只有财力雄厚的大公司会采用这种策略。例如，海尔、日本的日立、松下等公司生产多品种、多型号、多规格的家电以满足世界各地各种消费者的需求。

互联网+营销实战6-3

用中国风向大码挺进 这个市场到底有多大？

瞄准小而美，寻找属于自己的细分市场已经成为电商创业的共识。

市场细分的方式有很多，年龄、性别、职业、品类、风格都可以成为切入点，而半墨则选择以肥胖人群作为切入点，用中国风去攻克大码男装市场。

在成立半墨之前，李霄经营过一家主打日系风格的店铺，初期成长迅速，经历了爆发性增长，但随着进入市场的商家越来越多，产品同质化日益严重，难以凸显竞争优势。这样的局面令李霄考虑进行转型，同质化的商品竞争不是长久之计，找到一个相对空白的市场需求显得尤为重要。

最终半墨选择用中国风切入大码男装市场，将中国风与流行元素跨界融合，配以更适合大码人群的板型，针对肥胖人群设计原创服饰。做大码服装市场无非就是这么几点理由：时尚圈宠爱的往往是那群身材出众的顾客，需要大尺寸服装的顾客很难在市场上找到合适的并且款型还不错的服饰，但是其实现如今肥胖人群占比已经越来越高，并且相对于女性市场，男装大码市场的关注度相对更低。而之所以选择中国风作为切入点，是因为在2015年，市场上已经有几家大码店铺在领跑市场，他们偏重主打潮流时尚的大众服饰，同一时期的中国风市场也已经有了相对成熟的店铺存在。"这就好比百米赛跑，没必要跟已经比你领先二三十米的人去拼，而可以考虑换个对手。"李霄觉得市场上相对成熟的中国风店铺和大码店铺的存在，从侧面印证了这两个市场确实存在需求人群，但两者相融合仍是市场相对空白的地带，这也许就是机会。

仅用1年的时间，半墨就从竞争激烈的淘宝男装中突出重围，销售额突破数百万元，复购率保持在20%~30%，店铺呈现出稳步上升的趋势，对于一个新诞生的品牌来说业绩着实亮眼。

资料来源：http://www.shichangbu.com/article-27073-1.html（有删改）

3. 集中性营销策略 集中性营销策略也叫集中性市场策略,是企业既不面向整个市场,也不把精力分散在不同的细分市场,而是集中力量进入一个或很少的几个细分市场,开发一种专业性产品,实行高度专业化的生产和销售,满足特定消费者或用户的需要,如图 6-6 所示。

图 6-6 集中性市场策略

采用这种策略的企业对目标市场有较深的了解,这是大部分中小企业采用的策略,即用特殊的商品和营销方案去满足特殊消费者的需要。采取这种策略的企业通常集中针对一个或为数不多的细分后的小市场,企业的出发点,是争取在小的市场范围当中获得比较大的占有率。

集中性市场策略的优点是可以节省费用,使企业集中精力创名牌和保名牌,但是也有缺点:实行这种策略对企业来说要承担较大的风险,因为选的市场面比较窄,把"鸡蛋全部放在一个篮子里",一旦市场发生不利变化,企业预测失误或是营销方案制订得不利,就可能导致重大的失败。

6.2.3 如何选择目标市场策略

一个企业究竟应当采用上述哪一种目标市场策略取决于企业、产品、市场、竞争对手等多方面的因素。

1. 企业资源 如果企业实力雄厚、管理水平较高,根据产品的不同特性可考虑采用差异性或无差异性市场策略;资源有限,无力顾及整体市场或多个细分市场的企业,则宜于选择集中性市场策略。

2. 产品性质 产品性质是指产品是否同质,能否改型变异。有些产品,主要是某些初级产品,如大米、小麦、钢坯、煤炭等,尽管这些产品自身可能会有某些品质差别,但顾客一般并不太重视或不加以区别,即它们适应消费的能力较强,竞争主要集中在价格和服务方面,因而这类产品适宜实行无差异营销;而许多加工制造产品,如汽车、机械设备、家用电器、服装、食品等,不仅本身可以开发不同规格型号、不同花色品种的产品,而且这种种不同还会带来品质、性能等方面的较大差别,消费者或用户对这类产品的需求也是多样化的,选择性很强,因此,经营这类产品的企业宜于采用差异性或集中性市场策略。

3. 产品生命周期 处于引入期(介绍期)和成长前期的新产品,竞争者少,品种比较单一,宜于采用无差异目标市场策略,以便探测市场需求和潜在顾客。产品一旦进入成长后期或已处于成熟期,市场竞争加剧,就应改行差异性营销,以利于开拓新的市场,尽可能扩大销售,或者实行集中性营销,以设法保持原有市场,延长产品生命周期。

4. 市场 如果顾客的需求、购买行为基本相同,对营销方案的反应也基本一样,即市场是同质的,在此情况下可实行无差异性营销策略;反之,则应实行差异性营销策略或集中性营销策略。

5. 竞争对手的目标市场策略 假如竞争对手采用无差异性营销策略，企业就应采用差异性营销策略，以提高产品的竞争能力。假如竞争对手都采用差异性营销策略，企业就应进一步细分市场，实行更有效的差异性营销策略或集中性营销策略；但若竞争对手力量较弱，也可考虑反其道而行之，采用无差异性营销策略。

一般说来，企业选择目标市场策略时应综合考虑上述因素，权衡利弊后方可做出抉择。目标市场策略应当相对稳定，但当市场形势或企业实力发生重大变化时也要及时转换。竞争对手之间没有完全相同的目标市场策略，一个企业也没有一成不变的目标市场策略。

6.3 市场定位

6.3.1 市场定位的含义

市场定位是企业根据市场特性和自身特点，确立本企业与竞争对手不同的个性或形象，形成鲜明的特色，在目标市场顾客心目中留下深刻的印象，从而形成特殊的偏爱，最终在市场竞争中获得优势的过程。

企业想要使自己或其品牌、产品在市场上形成鲜明的特色，就必须有效地迎合目标市场顾客的特定需求或偏好，所以，企业市场定位的过程实际上是一个有效迎合目标顾客特定需求的过程。

企业的市场定位可以以产品定位为基础，即以自己的相关产品去迎合目标顾客的特定需求。并且，在产品定位的基础上结合企业的资源条件及营销目标，实现品牌定位以及企业定位。

产品的特色或个性，有的可以从产品实体上表现出来，如形状、成分、构造、性能等；有的可以从消费者心理上反映出来，如豪华、朴素、时尚、典雅等；有的表现为价格水平；有的表现为质量水准等。企业在进行市场定位时，一方面要了解竞争对手的产品具有何种特色，另一方面要研究顾客对该产品的各种属性的重视程度（包括对实物属性的要求和心理上的要求），然后根据这两方面进行分析，再选定本企业产品的特色和独特形象，至此，就可以塑造出一种消费者能与别的同类产品联系起来而按一定方式去看待的产品，从而完成产品的市场定位。

6.3.2 市场定位的步骤

市场定位的关键是企业要设法在自己的产品上找出比竞争者更具有竞争优势的特性。竞争优势一般有两种基本类型：①价格竞争优势，即在同样的条件下比竞争者定出更低的价格。这就要求企业采取一切努力降低单位成本。②偏好竞争优势，即能提供确定的特色来满足顾客的特定偏好。这就要求企业采取一切努力在产品特色上下功夫。因此，企业市场定位的全过程可以通过 3 大步骤来完成，即确认本企业潜在的竞争优势、准确地选择相对竞争优势和显示独特的竞争优势。

1. 确认本企业潜在的竞争优势 这一步骤的中心任务是要回答 3 大问题：①竞争对手的产品定位如何？②目标市场上足够数量的顾客的欲望满足程度如何以及还需要什

么？③针对竞争者的市场定位和潜在顾客真正需要的利益要求企业应该做什么？能够做什么？要回答这3个问题，企业市场营销人员必须通过一切调研手段，系统地设计、搜索、分析并报告有关上述问题的资料和研究结果。通过回答上述3个问题，企业就可从中把握和确定自己的潜在竞争优势在何处。

2. 准确地选择相对竞争优势 相对竞争优势是企业能够胜过竞争者的能力。这种能力既可以是现有的，也可以是潜在的。准确地选择相对竞争优势就是一个企业各方面实力与竞争者的实力相比较的过程。

（1）重要性 重要性即对目标顾客来说是最重要的。顾客倾向于记住和选择能满足自己迫切需求的，符合其态度、信念的产品。所以，凡是顾客在购买时最关心的因素均可以用于定位。

（2）独特性 独特性即能够与竞争产品区别开的重要特征。企业应认真分析竞争者的市场定位，并分析自己的产品有哪些独特性，哪些独特性是竞争者所没有的或是不足的，从而可以从中寻找自己与众不同的或优于竞争产品的特点。

（3）优越性 优越性即自己的产品具有比现有产品明显的长处。市场上有许多产品都能满足顾客的某种需求，一个产品的特点只有明显优于其他同类产品，才能有效地吸引顾客。例如，对于电视机来说，若仅凭低于其他品牌十几元的价格而强调价格的优势，显然是微不足道的。

（4）领先性 领先性即不易模仿性。通常那些在技术、管理和成本控制等方面有一定难度，不易被其他企业模仿或超越的竞争优势较适宜用于定位。

（5）沟通性 沟通性是指企业定位选择的这种差异化是可以跟目标顾客沟通的，并且顾客是可以亲身体验到的。

（6）承担性 承担性是指企业定位选择的这种差异化是目标顾客的货币支付能力可以承担得起的。

（7）营利性 营利性是指企业定位选择的这种差异化是同时能够给企业带来利润收益的。

3. 显示独特的竞争优势 这一步骤的主要任务是企业要通过一系列的宣传促销活动，使其独特的竞争优势准确地传播给潜在顾客，并在顾客心目中留下深刻印象。为此，企业首先应使目标顾客了解、知道、熟悉、认同、喜欢和偏爱本企业的市场定位，在顾客心目中建立与该定位相一致的形象。其次，企业通过保持目标顾客的了解、稳定目标顾客的态度和加深目标顾客的感情等努力来巩固与市场相一致的形象。最后，企业应注意目标顾客对其市场定位理解出现的偏差或由于企业市场定位宣传上失误而造成的目标顾客模糊、混乱和误会，及时纠正与市场定位不一致的形象。

相关链接 6-2

USP 定位

USP 定位即根据企业向目标顾客提供的产品的独特利益来进行定位。所谓 USP（Unique Selling Proposition）即独特利益，是其他竞争对手无法提供或者没有诉求过的，因此是独一无二的。独特卖点必须符合以下 4 个衡量标准：

1）必须有其价值命题。
2）价值命题应该限于一个或少数一两个。
3）价值命题应该能够反映目标市场的利益。
4）利益必须有独特性。

资料来源：http://www.doc88.com/p-2072067209395.html（有删改）

6.3.3 市场定位的策略与方法

企业常用的市场定位策略主要有避强定位策略、迎头定位策略及重新定位策略。

1. 避强定位策略 避强定位策略是指企业力图避免与实力最强或较强的其他企业直接竞争，而将自己的产品做不同的定位取向，使自己的产品在某些特征或属性方面与竞争者有比较显著的区别。避强定位策略的优点是能够使企业较快速地在市场上站稳脚跟，并能在消费者或用户心目中树立起一种独特的形象，市场风险较小，成功率较高。其缺点主要是避强定位往往意味着企业必须放弃某个最佳的市场位置，这有可能使企业处于最差的市场位置。

2. 迎头定位策略 迎头定位策略是指企业根据自身的实力，为占据较佳的市场位置，不惜与市场上占支配地位的竞争对手发生正面竞争而进行的与竞争者相似或相同的定位选择。企业采取迎头定位策略可能引发激烈的市场竞争，因此具有较大的风险性。迎头定位策略在企业实际中屡见不鲜。例如，百事可乐与可口可乐、肯德基与麦当劳等。

3. 重新定位策略 重新定位策略是指企业通过自己的定位努力，在打破现有市场定位体系下建立新的定位体系而获得优势地位。重新定位可能是由于市场的原因、顾客需求的变化、竞争的加剧以及企业的竞争优势改变等因素所导致。企业重新定位的目的就在于能够使企业获得新的、更大的市场活力。

企业市场定位的具体方法有很多，常见的方法有以下几种。

（1）强调第一 企业通过强调自己在市场上的明显的优势地位来突出自己的特点，从而让目标顾客有深刻的印象。通常，人们对"第一"是会予以最高的重视的。也就是说，"第一"的定位选择，最容易让顾客记住。所以，可口可乐通过其"只有可口可乐，才是真正的可乐"来有效地强调自己与顾客的"初恋"，并以此展示自己的市场领先地位。

（2）比附定位 比附定位是以竞争者品牌为参照物，依附竞争者定位。比附定位的对象通常会是行业的领先者。比附定位的目的是通过与强势竞争对手的有效对比，提升自身的价值与知名度。"因为我们第二，所以我们更努力"就是巧妙地利用了强势竞争者的市场位置来提升自己的市场地位。

（3）使用者定位 使用者定位即按照产品与某类顾客的生活形态和生活方式的相互关联进行定位。成功运用使用者定位，可以将企业的产品个性化，从而树立自己独特的产品形象和个性。耐克以喜好运动的人，尤其是乔丹的热爱者为目标消费者，所以它选择了乔丹为广告模特。百事可乐定位于"新一代的可乐"，抓住了新生代崇拜影视偶像的心理特征，请世界级影视明星做广告代言人，从而使"百事"成为"年轻、活泼、时代"的象征。

（4）档次定位 企业及其产品的价值是产品质量、顾客心理感受及各种社会因素（如价值观、文化传统等）的综合反映。定位于高档次的产品，传达了产品（服务）高品质的信息，同时也体现了顾客对它的认同。因此，档次具备了实物之外的价值。事实上，"档次"可以给目标顾客带来自尊和优越感。高档次产品往往通过高价位来体现其价值。例如，一些名贵手表价格高达十万几十万元人民币，在一些消费者眼中这就是财富与地位的象征。

（5）类别定位　类别定位是指根据产品类别建立的品牌联想来进行定位。类别定位力图在顾客心目中造成该品牌等同于某类产品的印象，以成为某类产品的代名词或领导品牌，力求做到当顾客有了某类特定需求时就会联想到该品牌。例如，快餐使人想到麦当劳，运动饮料使人想到红牛等。

互联网+营销实战 6-4

飞鹤奶粉：更适合中国宝宝体质的奶粉

飞鹤奶粉是分众传媒的一个客户，在厂家开会时，分众传媒的创始人江南春提出了一个问题："飞鹤的核心竞争力是什么？"厂家说："飞鹤的核心竞争力是位于北纬47度的黄金奶源带。全世界最好的奶源带都在北纬47度，这个维度的昼夜温差比较大，种植奶牛食用的苜蓿草时不需要使用很多杀虫剂。中国位于北纬47度的省份是黑龙江，那里土壤肥沃，种出来的苜蓿蛋白质含量高，奶牛吃后可以提升牛奶的各种营养要素。"这些从表面上看都是很大的竞争优势，能够提升奶粉质量。但是，对于消费者来说，北纬47度的黄金奶源带真的很重要吗？

对于普通消费者来说，和其他品牌相比，谁的技术水平更高？谁的奶源更好？飞鹤打算花大量篇幅来讲北纬47度黄金奶源带毫无意义，因为它背离了消费者的认知。在这样的认知下，飞鹤注定无法与四大国际品牌争锋，要想翻盘，只能反其道而行之。

在中国，我们的传统是坐月子的时候不可以洗头，不能吃凉的食物，这与美国人截然不同。在美国，许多妈妈在生完小孩两三天后就可以喝着冰可乐上班了。分众传媒利用消费者这个固有认知，提出了"飞鹤奶粉55年专为中国人研制""更适合中国宝宝体质"的定位，试问哪个竞争对手能够模仿？飞鹤利用了原有的用户认知，即"一方水土养一方人"。

这个广告推出后，在短短的几年时间里就让飞鹤奶粉的年销售量从过去的20多亿元，跃升至2017年的70亿元，雄踞国产奶粉的头把交椅，高端产品销售增长超过200%，整体销售增长超过60%，引领了整个国产奶粉的崛起。

资料来源：江南春. 抢占心智[M]. 北京：中信出版社，2018：28-29.（有删改）

［营销方法］

1. 定位图

定位图是一种直观的、简洁的定位分析工具，一般利用平面二维坐标图的品牌识别、品牌认知等做直观比较,以解决有关定位的问题。定位图的坐标轴代表消费者评价品牌的特征因素,图上各点则对应市场上的主要品牌,它们在图中的位置代表消费者对其在各关键特征因子上的表现的评价。图 6-7 为啤酒品牌的定位图,图上的横坐标表示啤酒味道的苦甜程度,纵坐标表示口味的浓淡程度,而图上各点的位置反映了消费者对其口味和味道的评价。例如,百威(Budweiser)被认为味道较甜,口味较浓,而菲斯达(Faistaff)则味道偏苦及口味较淡。

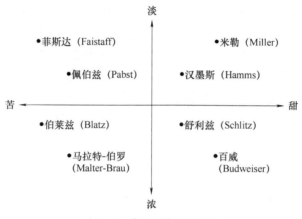

图 6-7 啤酒品牌的定位图

通过定位图,可以显示各品牌在消费者心目中的印象及品牌之间的差异,可在此基础上做定位决策。定位图应用的范围很广,除有形产品外,它还适用于服务、组织形象甚至个人等几乎所有形式的定位。

2. 定位图的制作步骤

(1)确定关键的特征因子 定位图一般是两维的,这样是为追求其直观性。首先要通过市场调查了解影响消费者购买决策的诸因素及消费者对它们的重视程度,然后通过统计分析确定重要性较高的几个特征因子,再从中进行挑选。在取舍时首先要剔除那些难以区分各品牌差异的因子(如汽油的价格因子),其次要剔除那些无法与品牌形成竞争的因子,最后一步就是在剩下的因子中选取两项对消费者决策影响最大的因子。有时对于相关程度甚高的若干个因子可将其合并为一综合因子以作为坐标变量,如可将运动鞋的舒适、耐用两个特征因子综合为品质因子。

(2)确定诸品牌在定位图上的位置 在选取关键因子后,接着就要根据消费者对各品牌在关键因子上的表现来确定各品牌在定位图上的坐标。在确定位置之前,首先要保证各个品牌的变量值已量化,特别是一些主观变量(如啤酒口味的浓淡程度),必须要将消费者的评价转化为拟定量的数值,只有这样才便于在图上定位。

[**本章小结**]

1. 目标市场营销 目标市场营销是企业在营销环境分析的基础上,结合企业目标及资源条件,通过对市场进行细分,选择自己的目标市场并进行有效的市场定位的战略过程。目标市场营销包括市场细分、目标市场选择和市场定位3个步骤。

2. 市场细分 市场细分是企业通过市场调研,根据市场需求的多样性和异质性,依据一定的标准,把整体市场即全部顾客和潜在顾客划分为若干个子市场的市场分类过程。每一个子市场就是一个细分市场,一个细分市场内的顾客具有相同或相似的需求特征,而不同的子市场之间却表现为明显的需求差异。市场细分可以为企业寻找更多、更好的市场机会。

3. 目标市场选择 目标市场是企业在对市场进行细分并对其评价的基础上,企业决定要进入的市场,即企业决定所要销售和服务的目标客户群。企业选择目标市场,首先要确定目标市场的覆盖范围。接着,要制订进入目标市场的市场策略。通常,可以有3种基本的策略选择:无差异性营销策略、差异性营销策略和集中性营销策略。

4. 市场定位 市场定位就是企业根据市场特性和自身特点,确立本企业与竞争对手不同的个性或形象,形成鲜明的特色,在目标顾客心目中留下深刻的印象从而形成特殊的偏爱,最终在市场竞争中获得优势的过程。

重要概念

目标市场营销　市场细分　地理细分　人口细分　心理细分　行为细分　目标市场
无差异性营销策略　差异性营销策略　集中性营销策略　市场定位　产品定位

[案例分析]

《小猪佩奇》成功背后的商业逻辑

《小猪佩奇》是由英国人阿斯特利、贝加、戴维斯创作、导演和制作的一部英国学前电视动画片。小猪佩奇是一只来自英国的粉红色小猪,脑袋长得有点像吹风筒,故事围绕他与家人的愉快经历,幽默而有趣,借此传扬传统的家庭观念与友情,鼓励小朋友们体验生活。该动画片于2015年被引入国内,之后在神州大地上迅速走红,既获得了可观的经济收益,也收获了良好的口碑。可见《小猪佩奇》具备以下特征:用户体验佳、用户规模大、变现模式成熟、持续生命力强、口碑传播广,是少有的"名利双收"的儿童IP(Intellectual Property,知识产权)。

据公开资料显示,《小猪佩奇》已在180多个国家用40多种语言播出,每年收入10亿美元。自2015年8月进入中国至今,每月依旧能为中国主流视频网站带来近10亿点击量。据媒体统计,在微博上,"小猪佩奇"话题的阅读量超过两亿,帖子达到上千个;而在视频网站爱奇艺上,《小猪佩奇》累计播放量达到131.2亿次。《小猪佩奇》的IP魅力大致可提取为以下4组数据。

《小猪佩奇》的成功是多层面的,涉及动漫产业链的多个环节。然而,不管是从视听层面、内容层面、传播层面来谈论其成功的原因,都显得过于表面;以下从最深层的心智层面出发,阐述打造成功儿童IP的2个十分重要却往往被业界忽视的商业逻辑。

1. 占据家长第一心智 《小猪佩奇》所面向的家长是80后和90后的年轻群体,这个群体对于如何经营家庭、如何成为称职的家长、如何教育孩子、如何处理夫妻关系等家庭问题充满了疑惑。80后和90后在成长过程中接受了互联网的洗礼，接触到各种各样的观念，包括"家庭观""育儿观""夫妻观"等，这些统称为"家庭生活方式"。80后和90后家长作为市场消费的主力军，他们心智中"认同的家庭生活方式"的位置却几乎一片空白，他们正在寻找一种认同的家庭生活方式。此时《小猪佩奇》来了，事实上它并不完美，但是恰到好处地呈现了一种年轻家长所认可的生活方式；于是它快速占据了这个重要位置。

2. 实现亲子双向驱动 "亲子双向驱动"指的是家长端和孩子端均产生驱动力，而具备亲子双向驱动力的IP就叫作亲子双向驱动型IP。从需求的角度说，《小猪佩奇》之所以能够产生双向驱动力是因为它同时满足了家长和孩子两端的需求。

《小猪佩奇》的故事主要围绕它与家人的愉快经历，极简的动画风格，幽默的对话语调，深具教育意义的故事情节，不仅能让学龄前儿童学习知识，更能让小朋友们从良好的生活习惯中体验生活，既深受全球各地孩子们的喜欢，也广受家长热捧。

社交媒体+二次制作助推，《小猪佩奇》成为现象级网红IP

据百度视频2017年度影视大数据报告显示，在动画片市场上，《汪汪队立大功》和《小猪佩奇》分别登顶年度热搜榜前两名。其中，社交媒体与二次制作在小猪佩奇的话题传播上起到了重要作用。2016年，eOne公司在微信上推出了小猪佩奇表情包，随即网友便发挥想象力，制作了大量符合时下热点的表情包。通过表情包以及各类衍生产品，佩奇的形象在社交网络上被疯转，一时间成了现象级"网红"。2018年以来，随着新一轮网络流行语的传播，一只粉色的二维小猪，不仅凭借萌萌哒的外表征服了2~5岁的儿童，还凭借独特的社会气息征服了一群中国年轻人。

资料来源：前瞻产业研究院https://www.qianzhan.com/analyst/detail/220/180424-ffaedec4.html（有删改）

思考与分析

1. 《小猪佩奇》是如何进行市场细分的，它的目标顾客是谁？
2. 《小猪佩奇》获得如此大的成功，给你的启示是什么？

营销实训
知名品牌目标市场探究

【**训练目的**】了解知名品牌的目标市场营销。

【**训练方案**】在全国很多城市都有时装品牌"ZARA"的身影，以3~5人为一个小组，调查分析"ZARA"的目标市场、市场定位和市场进入策略。

复习与思考

1. 什么是市场细分？为什么要进行市场细分？
2. 市场细分的客观依据是什么？
3. 简述市场细分的程序和方法。
4. 简述目标市场的确定和目标市场的策略。
5. 你认为下述企业是怎样进行市场定位的？海尔，亚马逊，格力，IBM，麦当劳，联想。

延伸阅读

1. 《定位》，[美]艾·里斯、杰克·特劳特著，邓德隆、火华强译，机械工业出版社，2017.

作者简介：艾·里斯，里斯伙伴主席，营销史上的传奇大师，全球顶尖的营销战略家。他被《广告时代》评选为"全球十大顶尖商业大师"；杰克·特劳特，被摩根士丹利推崇为高于迈克尔·波特的战略家，全球顶尖的营销战略家。

内容提要：本书提出了被称为"有史以来对美国营销影响最大的观念"——定位，改观了人类"满足需求"的旧有营销认识，开创了"胜出竞争"的营销之道。本书阐述"定位"观念的产生，剖析"满足需求"无法赢得顾客的原因，给出如何进入顾客心智以赢得选择的定位之道，揭示了现代企业经营的本质（争夺顾客），为企业阐明了获胜的要诀（赢得心智之战）。

2. 《抢占心智》，江南春著，中信出版社，2018.

作者简介：江南春，分众传媒董事长。安永企业家奖中国区大奖获得者、APEA首届中国亚太企业精神奖"年度青年企业家"获得者、"影响中国广告30年人物荣誉大奖"获得者。分众传媒自2003年创办以来，现已覆盖150个城市，触达5亿人次主流人群，服务阿里巴巴、腾讯、京东、宝洁、联合利华等多个国内外一线及新兴品牌。

内容提要：江南春通过差异化定位、饱和式营销等方式成功抢占用户心智，帮助众多企业实现了产品与品牌的市场占领。本书是江南春首部将其引爆打法倾囊相授的作品，也是他在创业黑马学院开设的营销定位实验室课程的精华，不仅系统地总结了其15年的营销心法，更披露了很多江南春亲历的、鲜为人知的产品与品牌从无到有、从弱到强的打造历程，为创业者、品牌人、营销人提供了参考。

网站推荐

1. 世界经理人网 www.ceconline.com
2. 中国教学案例网 www.cctc.net.cn

第 7 章
产品策略

学习指导

学习目标

1. 理解整体产品及产品组合的概念
2. 掌握产品生命周期各阶段的特点及营销策略
3. 了解新产品开发的概念及其开发程序
4. 掌握品牌、商标及包装的基本知识及策略

任务驱动

可口可乐另辟蹊径出彩妆

可口可乐和韩国美妆品牌 The Face Shop（菲诗小铺）联名推出合作款化妆品了！

但这看似热闹的跨界背后却有着不为人知的辛酸。根据可口可乐与百事可乐发布的 2017 年度的财报，两家公司的净利润都出现了大幅下跌。可口可乐的全年营收下滑 15%，为近年之最。百事可乐的公司净利润仅为 48.57 亿美元，同比减少 23.26%。而让粉丝们更为难过的是，各路媒体纷纷唱衰碳酸饮料："没人爱喝可乐了。"所以可口可乐寻求新出路，不爱喝那就让你们爱化妆呗！

这不是可口可乐第一次跨界，此前曾跨界和服饰、鞋类品牌合作过，而这一次可口可乐将触角伸向了彩妆界。此次是可口可乐与 The Face Shop 合作推出一系列彩妆。整体包装沿用了浓郁的可口可乐风，采用经典的红色主色调，一贯的标志性的大 Logo，一股美式复古风的味道。该系列彩妆一共推出了 6 种产品，包括两款不同颜色的气垫 BB 霜、一款控油蜜粉、一款眼影、三款染唇唇蜜、五款哑光的口红、五款唇釉。据说其中口红的味道还是可乐味的。这 6 款彩妆产品因其时尚的外观设计，搭配可口可乐标志性的配色以及较为上乘的质感，加之价格亲民，因而购买人群和范围辐射更大。其实早在 2010 年，可口可乐就和美国唇膏品牌 Lip Smacker 合作推出过可口可乐铁盒收藏版汽水味润唇膏，包括可口可乐香草味润唇膏、雪碧汽水味润唇膏、可口可乐汽水味润唇膏、芬达橙味润唇膏、芬达草莓味润唇膏、芬达菠萝味润唇膏。2014 年，与 OPI（全美市占率第一的美甲品牌）合作推出的指甲油，包括可口可乐最知名可口可乐、健怡可乐、零度可乐、樱桃可乐、香草可乐、雪碧和芬达，两家共创经典，激荡出双倍的欢乐。

可口可乐 CEO 詹姆斯·昆西表示，该公司在 2018 年会推出 500 多种新产品。他说："我们正在对可口可乐进行创新，包括口味的创新，用世界各地的食材进行创新……让其进入与之前不同的品类。"作为有着百年历史的可口可乐，其商业价值已经不能简简单单用销量来衡量，它已经成为一种文化符号，代表着一种精神，伴随着几代人的成长。选择跨界合作，突破原有的企业边界，它显示出企业对于自身品牌的自信，为企业产品、品牌注入情感和生命力。但跨界能否成功，跨界引发的只是一时的热点，带来更多的争议，还是能真正加强品牌效应，拓宽企业边界，为消费者提供更多关于品牌和产品在未来的可能性？这需要企业有更多的经营智慧。

结合案例，谈谈你对品牌延伸的看法，企业在进行品牌延伸时应注意什么？

资料来源：http://wemedia.ifeng.com/58878114/wemedia.shtml（有删改）

产品是企业市场营销组合中的一个最主要因素。在现代市场上，企业间的激烈竞争都是以产品为中心进行的，企业的其他营销要素都是围绕产品策略展开的。

产品是市场营销组合中最重要也是最基本的因素，即第一要素。任何企业在制订市场营销战略计划时，首先要考虑产品策略问题，因为产品是市场营销活动的中介，只有通过它才能使生产者和消费者之间实现交换的目的；其次，企业只有提供满足消费者需求的产品和服务，才能实现获取利润的目标；此外，市场营销组合中的其他 3 个要素（价格、渠道、促销）都是以产品策略为基础的。因此，产品策略直接影响和决定着其他市场营销组合的因素，关系企业市场营销的成败。

7.1 产品与产品组合

7.1.1 产品及产品整体概念

1. 产品的基本概念 什么是产品？人们从不同的角度给予产品不同的定义。一般来说，对产品的理解存在广义和狭义之分。

狭义的产品是指某种为销售而生产出来的、满足人们需要的有形实体，如汽车、服装、牙刷、电视机等。这一定义强调产品的物质属性，是对产品的一种狭义认识，是属于生产观念的传统看法。这种理解将非生产劳动的非物质形态的产物以及不仅仅是满足生存需要的产物都排除在外了。在科学技术高速发展、商品极大丰富、市场竞争日趋激烈的市场环境下，狭义的产品概念已不能适应时代的发展了。

在现代市场营销中，产品概念具有极其宽广的外延和深刻的内涵。产品是指能够通过交换满足消费者或用户某一需求或欲望的任何有形物品和无形的服务。有形物品包括产品实体及其品质、款式、特色、品牌和包装等，无形服务包括可以给顾客带来附加利益和心理满足感的售后服务、保证、产品信誉、企业形象等。这种概念是从现代营销的角度定义的，是产品整体的概念。

2. 产品整体概念 从市场营销学的角度出发，产品的概念是一个整体概念。产品是指能够提供给市场以满足顾客需求的任何东西，即所谓的"整体产品"。产品可以包括实物、服务、体验、事件、人员、地点、所有权、组织、信息和创意等一切有形的和无形的东西，或者是它们的组合。关于产品的整体概念，营销学界最先用 3 个层次来表述，即核心产品、形式产品和延伸产品（附加产品），这种研究思路与表述方式已沿用了多年。后来，菲利普·科特勒等学者认为用以下 5 个层次来表述产品的整体概念则更加准确，如图 7-1 所示。

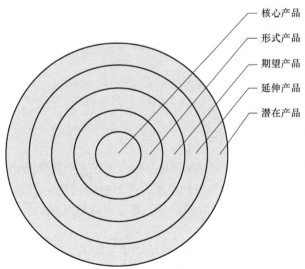

图 7-1 整体产品概念的 5 个层次

（1）核心产品　核心产品是指向顾客提供的基本效用或利益，即产品的使用价值，是构成产品的最核心的部分。顾客购买某种产品，并不是为了占有或获得产品本身，而是为了获得满足某种需要的利益或效用。例如，人们购买空调不是为了获取装有某些电器零部件的物体，而是为了在炎热的夏季满足凉爽的需要、在寒冷的冬季满足温暖的需要。顾客购买的不是物质实体，而是购买最有效的利益，因此，营销人员向顾客销售的任何产品都必须具有反映顾客核心需求的基本效用或利益。

（2）形式产品　形式产品是指核心产品借以实现的形式，或目标市场对某一需求的特定满足形式。形式产品由5个特征所构成，即品质、式样、特色、品牌及包装。即使是纯粹的劳务产品，也具有类似的形式上的特点。产品的基本效用必须通过特定形式才能实现，市场营销人员应努力寻求更加完善的外在形式以满足顾客的需要。

（3）期望产品　期望产品是指购买者在购买该产品时，期望得到的与产品密切相关的一整套属性和条件。例如，顾客购买电冰箱时期望该冰箱能在省电的情况下，保持食物的新鲜，使用安全可靠等。

（4）延伸产品　延伸产品是指顾客购买形式产品和期望产品时，附带获得的各种利益的总和，主要包括产品说明书、产品保证、送货、安装、调试、维修、零配件供应、技术培训等。

在竞争激烈的市场中，企业对延伸产品的精心管理是企业提高竞争力的保证。尤其是在产品的性能和外观相似的情况下，产品竞争力的高低往往取决于延伸产品。许多企业能够成功，在一定程度上应归功于他们更好地认识了服务在产品整体概念中所占的重要地位。许多情况表明，新的竞争并非凭借各公司在其工厂所生产的产品，而是取决于公司能否正确发展延伸产品，即依靠附加在产品上的包装、服务、广告、顾客咨询、资金融通、运送、仓储及其他具有价值的形式，能够正确发展延伸产品的公司必将在竞争中赢得主动权。

（5）潜在产品　潜在产品是指现有产品包括所有附加产品在内的，可能发展成为未来最终产品的潜在状态的产品，指出了现有产品的可能演变趋势和前景，如可穿戴设备可能会替代智能手机成为未来的终端等。

产品的5个层次非常清晰地体现了以消费者为中心的现代营销观念。这一概念的内涵与外延都是以消费者需求为标准的，由消费者的需求决定的。可以说，产品整体概念是建立在"需求=产品"这样一个等式基础之上的。没有产品整体概念，就不可能真正贯彻现代营销观念。

7.1.2　产品组合

1. 产品组合及其相关概念

（1）产品组合的含义　产品组合（Product Mix）是指企业提供给市场的全部产品线和产品项目的组合或结构，即企业的业务经营范围。产品组合包括4个变量：产品组合的宽度、长度、深度和关联度。企业为了实现营销目标，充分有效地满足目标市场的需求，必须设计一个优化的产品组合。

产品线（Product Line）是指具有相同使用功能，能满足同类需求，但其型号、规格、款式、档次不同的一组密切相关的产品，亦称为产品系列或产品大类。例如，以类似的方式发挥功能、售给相同的顾客群、通过同样的销售渠道出售、属于同样的价格范畴等。

产品项目（Product Item）是衡量产品组合各种变量的一个基本单位，指同一产品线或产品系列内的每一个具体的产品，它是产品目录中经特别设计的不同功能、尺寸、规格、型号、颜色、用途等特点的产品，如同一品种有3个品牌即为3个产品项目。例如，百货公司经营金银首饰、化妆品、服装鞋帽、家用电器、食品、文教用品等，这就是产品组合；而其中"家电""鞋帽"等大类就是产品线，每一大类里包括的具体品牌、品种为产品项目。

（2）产品组合的因素　企业产品组合通常从宽度、长度、深度和关联度4个维度进行分析。

1）产品组合的宽度。产品组合的宽度（Product Mix Width）又称产品组合的广度，是指一个企业拥有的产品线的数量。产品线数量越多，说明企业产品组合的宽度越宽。产品组合的宽度反映了一个企业市场服务面的宽窄程度以及企业承担投资风险的能力。加大企业产品组合的宽度，可以扩大企业的经营范围，充分、合理地利用好企业的各项资源，提高经济效益，降低经营风险。在表7-1中我们可以看到，宝洁为中国市场提供许多产品，有洗发护发用品、个人清洁用品、护肤用品与化妆品、妇女保健用品、口腔护理用品、织物与家居护理产品、剃须用品和婴儿护理用品，共计8个系列。所以，宝洁的产品组合宽度为8。

2）产品组合的长度。产品组合的长度（Product Mix Length）是指企业产品线中的产品项目数量的总和。其中，总长度是所有产品线中的产品项目数量总和，而平均长度是平均每条产品线的产品项目数量总和。在表7-1中，宝洁在中国市场的产品组合的总长度是26，平均长度则是 $26/8 \approx 3$。增加产品组合的长度，可使产品线更加丰满，同时，也给每个产品系列增加更多的变化因素。

3）产品组合的深度。产品组合的深度（Product Mix Depth）是指产品线中每个产品项目所具有的花色、口味、规格等不同种类的数量。例如，佳洁士牙膏包括佳洁士茶爽牙膏、佳洁士双效洁白牙膏、佳洁士舒敏灵牙膏、佳洁士多合一牙膏、佳洁士防蛀薄荷牙膏、佳洁士清新牙膏、佳洁士盐白牙膏、佳洁士防蛀含氟牙膏以及佳洁士草本清新牙膏9个种类。不考虑规格的差异，佳洁士牙膏的深度为9。同样的办法，我们可以计算出所有产品项目的深度，累加在一起，就得到产品组合的总深度。总深度除以总长度就可以得到产品组合的平均深度。增加产品组合的深度，可使各产品线有更多的品种，适应顾客的不同需要，扩大总销售量；增加产品组合的深度，可适应不同顾客的需要，吸引更多的顾客。

4）产品组合的关联度。产品组合的关联度（Product Mix Consistency）又称产品组合的密度或相关性，是指产品组合的各个产品线在最终使用、生产条件、分销渠道或其他方面相关联的程度，这种相关联的程度越高，产品组合的相关性就越大。显然，相关性的高低同观察的角度不同有关：从生产的角度看相关性可能会很高，而从消费的角度看相关性很低。产品组合相关性的高低，可决定企业在多大领域内加强竞争地位和获得更高的声誉。增加产品组合的相关性，可以充分发挥企业现有的生产、技术、分销渠道和其他方面的能力，提高企业的竞争力，增强其市场地位，提高经营的安全性。

必须注意的是，企业所面对的市场环境因素是动态多变的，各种因素的变化必然会对企业产品的营销产生正负不同的影响。因此，企业要经常对自己的产品组合进行分析、评估和调整，力求保持最适当、合理的产品组合。

相关链接 7-1

宝洁公司的产品组合

宝洁公司的产品组合见表 7-1。

表 7-1 宝洁（中国）公司的产品组合

产品线	产品项目
洗发护发用品	飘柔、潘婷、海飞丝、沙宣洗发护发系列、伊卡璐、塞巴斯汀、伊卡璐丝焕、威娜
个人清洁用品	舒肤佳香皂、玉兰油香皂、舒肤佳沐浴露、玉兰油沐浴乳、卡玫尔沐浴露
护肤用品与化妆品	玉兰油护肤系列、SK-II、海肌源
妇女保健用品	护舒宝卫生巾、朵朵卫生巾
口腔护理用品	佳洁士牙膏、佳洁士牙刷、欧乐-B
织物与家居护理产品	碧浪、汰渍洗衣粉
剃须用品	吉列系列、德国博朗
婴儿护理用品	帮宝适纸尿片

资料来源：http://www.pg.com.cn/Products

2. 产品组合调整策略 对企业现行产品组合进行分析和评估之后，找出存在的问题，就要采取相应措施，调整产品组合，以求达到最佳组合。产品组合的调整策略有以下几种。

（1）扩大产品组合 扩大产品组合即扩展产品组合的宽度或深度，增加产品系列或项目，扩大经营范围，生产经营更多的产品以满足市场的需要。当市场需求不断扩大，营销环境有利，企业资源条件优化时，就需要扩大企业产品组合以争取更大发展；或者当企业预测到现有产品线的销售额和利润率在未来可能下降时，就必须及时考虑在现有产品组合中增加新的产品线或加强具有发展潜力的产品线。

（2）缩减产品组合 缩减产品组合即降低产品组合的宽度或深度，剔除那些不获利或获利能力小的产品线或产品项目，集中力量生产经营一个系列的产品或少数产品项目，提高专业化水平，力争从生产经营较少的产品中获得较多的利润。当市场不景气或原材料、能源供给紧张，企业费用水平太高时，缩减产品线反而能使企业的总利润增加。

互联网+营销实战 7-1

"可乐"为何高价买咖啡？

2018 年 8 月 31 日，可口可乐公司宣布，以 39 亿英镑（合 51 亿美元）的价格从 Costa（咖世家）母公司韦博得集团手中收购 Costa。根据协议，可口可乐公司将获得韦博得集团全资子公司 Costa 的所有已发行和流通的股票，该子公司包括了 Costa 目前所有运营业务。业内人士指出，此收购协议的达成，意味着可口可乐公司正式将触角伸向咖啡领域。

而就在 8 月 28 日，全球食品巨头雀巢刚刚宣布以 71.5 亿美元完成对星巴克部分产品营销权的收购。可以看出快消巨头们在咖啡领域"圈地"速度明显加快。

可口可乐公司过去一直依赖碳酸饮料，为了摆脱这种局面，其正通过一系列的"买买买"来加速调整产品组合。詹姆斯·昆西表示，"热饮是可口可乐公司少数几个没有全球品牌的领域之一，而 Costa 强大的咖啡平台让我们得以进入这个市场。"

最近几年，可口可乐"买买买"的名单在不断扩充，已陆续将 ZICO 椰子水、Honest Tea 有机茶、Fairlife 牛奶和 Topo Chico 气泡水等收入自己的品牌组合中。2018 年 8 月，收购了运动饮料 Bodyarmor 部分股权。此外，还成为在北美颇有市场的能量饮料 Monster 以及绿山咖啡的股东。詹姆斯·昆西表示，公司要创建"以消费者为中心的饮料组合"。在 2018 年的年度股东大会上，昆西对股东表示，"测试和学习"法使可口可乐公司能够有效掌握全球消费者的需求，进而调整其饮料组合，以提供"人们想要的东西"。

可口可乐公司一系列的"买买买"举动折射出这个世界饮料巨头的焦虑，急于找到替代品以摆脱对碳酸饮料的过度依赖。在可口可乐扩充产品线的道路上，咖啡被摆在了醒目的位置。"从整个产业端和消费端来看，从中长远角度来考虑，这个价格非常划算"，中国食品产业分析师朱丹蓬指出，2017 年咖啡界迎来行业的爆发期，在这个节点上可口可乐对 Costa 收购可以加速其在整个非碳酸饮料领域的布局。

资料来源：http://www.cmmo.cn/article-212723-1.html（有删改）

7.2　新产品开发

新产品开发是企业生命的源泉。在现代社会，消费者的需求不断变化，技术也在迅速发展和传播，产品生命周期则相应缩短。不仅顾客需要新产品，为了保持或提高销量，企业也需要积极寻找、发展新产品。

7.2.1　新产品的概念及种类

市场营销学使用的新产品概念，不是从纯技术角度理解的。一种产品只要在功能或形态上得到改进，与原有产品产生差异，并为顾客带来新的利益，即可视为新产品，它包括以下 4 种基本类型。

1. 全新产品　全新产品即应用科技新理论、新原理、新技术、新结构、新材料等制造的前所未有的全新产品。

2. 换代新产品　换代新产品又称革新产品，是为适合新用途，满足新需要，在原有产品的基础上采用新技术而制造出来的性能有显著提高的新产品。例如，黑白电视机革新为彩色电视机，3G 手机革新为 4G 手机。

3. 改进新产品　改进新产品是采用各种新技术，对现有产品的性能、质量、规格、型号、款式等做一定的改进的新产品，如新款式的服装。

4. 仿制新产品　仿制新产品是指市场上已有的，企业为了竞争的需要而仿制的新产品，又称为企业新产品。

企业在其内部的环节获得新产品的过程就是新产品开发的过程。企业的新产品开发活动必须根据市场需求变化和市场供求关系的新特点来进行，并采用市场细分化的营销新策略。企业新产品开发要按照市场需求和购买行为的差异性，努力发现新的需要、新的用户、新的机会，主动开拓新市场，从而保证企业市场经营的成功。

7.2.2 新产品开发的必要性

企业之所以要大力开发新产品，主要有以下原因。

1. 产品生命周期的现实要求企业不断开发新产品 企业和产品一样也存在着生命周期。如果不开发新产品，当产品走向衰落时，企业也同样走到了生命周期的终点。若企业能够不断开发新产品，就可以在原有产品退出市场时，利用新产品占领市场。一般来说，当一种产品投放市场时，企业就应当设计新产品，任何时期都有不同的产品处在周期的各个阶段，从而保证企业利润的稳定增长。

2. 消费需求的变化需要不断开发新产品 随着生产的发展和人们生活水平的提高，需求也发生了很大变化，方便、健康、轻巧、快捷的产品越来越受到消费者的欢迎。消费结构的变化加快、消费选择更加多样化、产品生命周期日益缩短，一方面给企业带来了威胁，企业不得不淘汰难以适应消费需求的老产品；另一方面也给企业提供了开发新产品以适应市场变化的机会。

3. 科学技术的发展推动着企业不断开发新产品 科学技术的迅速发展导致许多高科技新型产品的出现，并加快了产品更新换代的速度。科技的进步有利于企业淘汰过时的产品，生产性能更优越的产品，并把新产品推向市场。企业只有不断运用新的科学技术改造自己的产品，开发新产品，才不至于被排挤出市场。

4. 市场竞争的加剧迫使企业不断开发新产品 现代市场上企业之间的竞争日趋激烈，要想保持竞争优势只有不断创新、开发新产品，才能在市场上占据领先地位。没有疲软的市场，只有疲软的产品。定期推出新产品可以提高企业在市场上的信誉和地位，提高竞争力，并扩大市场份额。

互联网+营销实战 7-2

无人配送机器人雄安上岗

继无人超市、无人快递车之后，又一名新的高科技"员工"——美团无人配送机器人在雄安新区上岗。这款无人配送机器人如烤箱般大小，有着白色流线型外壳，被命名为"小袋"。

在经过一个月的测试后，雄安新区无人配送外卖的第一张真实订单落地。一名顾客打开美团外卖 APP，进入"MAD 雄安市民中心店"内，购买了 3 杯星巴克咖啡，并设置了配送目的地。1 分钟后，外卖工作人员从星巴克店内走出，将咖啡放进已经在放餐点待命的无人配送机器人"小袋"的车厢里。这时，"小袋"就正式开始了它这一单的配送之旅。

具有自动导航功能的"小袋"将根据系统指示的路线驶向目的地。"小袋"头顶的激光雷达以及全身的摄像头等传感器,能够帮助它灵敏识别行人、路障,在复杂路况下及时避障。当有行人挡住了路线,"小袋"会缓缓停住,从行人身边绕过去。此外,为了保障车身的平稳,6轮的设计让它在遇到路面不平或减速带等情况时也不会导致餐饮漏洒。

在"小袋"抵达前,消费者会提前收到系统的短信提示——您的美团外卖订单,由美团配送机器人"小袋"为您配送,即将送达,请您点击链接完成取餐。点击链接后就可以从自动打开车盖的"小袋"拿到咖啡。从下单到完成取餐的整个过程仅需要十余分钟。未来,"小袋"还将与楼宇电梯系统联通,"小袋"可以向电梯发送选择楼层的信息指令,自主进楼、上下电梯,进出楼宇进行餐饮配送,无人配送将更加便捷。

这么小的机器人,会不会遭遇"意外"? 在"小袋"的行进过程中,"一旦遭遇恶意破坏,它会自动发出警报。"它自带的摄像头也会把全程视频实时回传给后方的总控中心。技术人员介绍,实时视频传输对网络带宽要求较高,为了确保无人配送机器人与后台通信畅通,"小袋"内置了3张通信卡,"小袋"会自动优先选取信号好的卡进行通信。随着5G通信网络在雄安率先落地,"小袋"的通信也更有保障。

资料来源:http://www.xinhuanet.com/tech/2018-09/12/c_1123415522.htm(有删改)

7.2.3 新产品开发的程序

为了提高新产品开发的成功率,必须建立科学的新产品开发管理程序。不同行业的生产条件与产品项目不同,管理程序也有所差异,但一般企业研制新产品的程序如图7-2所示。

1. 新产品构思 构思是为满足一种新需求而提出的设想。在产品构思阶段,营销部门的主要责任有:寻找,积极地在不同环境中寻找好的产品构思;激励,积极地鼓励公司内外人员发展产品构思;提高,将所汇集的产品构思转送公司内部有关部门,征求修正意见,使其内容更加充实。最高管理层是新产品构思的主要来源。新产品构思的其他各种来源包括发明家、专利代理人、大学和商业性的研究机构、营销研究公司等。

2. 筛选 筛选的主要目的是选出那些符合本企业发展目标和长远利益,并与企业资源相协调的产品构思,摒弃那些可行性小或获利较少的产品构思。筛选应遵循以下标准。

(1)市场成功的条件 它包括产品的潜在市场成长率、竞争程度及前景、企业能否获得较高的收益。

(2)企业内部条件 企业内部条件主要衡量企业的人、财、物资源,企业的技术条件及管理水平是否适合生产这种产品。

(3)销售条件 销售条件是指企业现有的销售结构是否适合销售这种产品。

(4)利润收益条件 它是指产品是否符合企业的营销目标,其获利水平及新产品对企业原有产品销售的影响。

这一阶段的任务是剔除那些明显不适当的产品构思。筛选新产品构思可通过新产品构思评审表进行。

在筛选阶段,应力求避免两种偏差:一种是漏选好的产品构思,对其潜在价值估价不足,失去发展机会;另一种是采纳了错误的产品构思,仓促投产,造成失败。

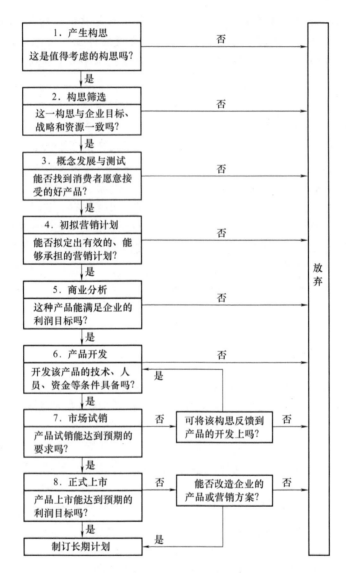

图 7-2 新产品开发流程图

3. 产品概念的形成与测试 新产品构思经筛选后，需进一步发展更具体、明确的产品概念。产品概念是指已经成型的产品构思，即用文字、图像、模型等予以清晰阐述，使之在顾客心目中形成一种潜在的产品形象。

一个产品构思能够转化为若干个产品概念。每一个产品概念都要进行定位，以了解同类产品的竞争状况，优选最佳的产品概念。选择的依据是未来市场的潜在容量、投资收益率、销售成长率、生产能力以及对企业设备、资源的充分利用等，可采取问卷方式将产品概念提交给目标市场有代表性的消费者群进行测试、评估，产品概念的问卷可以包括以下问题：你认为这种产品与一般产品相比有什么优点？该产品是否能够满足你的需求？与同类产品比较，你是否偏好此产品？你能否对产品属性提供某些改进的建议？你认为价格是否合理？产品投入市场后，你是否会购买（肯定买、可能买、可能不买、肯定不买）？问卷调查可帮助企业确立吸引力最强的产品概念。

4. 初拟营销规划 企业选择了最佳的产品概念之后，必须制订把这种产品引入市场的初步市场营销计划，并在未来的发展阶段中不断完善。初拟的营销计划包括3个部分：①描述目标市场的规模、结构、消费者的购买行为、产品的市场定位以及短期（如3个月）的销售量、市场占有率、利润率预期等。②概述产品预期价格、分销渠道及第一年的营销预算。③分别阐述较长时期（如3～5年）的销售额和投资收益率以及不同时期的市场营销组合等。

5. 商业分析 商业分析即从经济效益的角度分析新产品概念是否符合企业目标，它包括两个具体步骤：预测销售额和推算成本与利润。

预测新产品销售额可参照市场上类似产品的销售发展历史，并考虑各种竞争因素，分析新产品的市场地位、市场占有率等。这时，公司可能会用到一些运筹学中的决策理论。例如，在一个假设的营销环境下，对几种不同销量和产量下的盈利率进行估计，运用不同的准则（如乐观准则、悲观准则和最可能准则）模拟计算出可能的报酬率及其概率分布。对那些为全球市场开发的新产品来说，做这些工作更加复杂，因为需要考虑的潜在顾客和市场范围更大。

6. 新产品研制 新产品研制主要是将通过商业分析后的新产品概念交送研发部门或技术工艺部门试制成为产品模型或样品，同时进行包装的研制和品牌的设计。这是新产品开发的一个重要步骤，只有通过产品试制，投入资金、设备和劳力，才能使产品概念实体化，并发现不足与问题，再经过改进设计，才能证明这种产品概念在技术、商业上的可行性如何。应当强调，新产品的研制必须使模型或样品具有产品概念所规定的所有特征。

7. 市场试销 新产品试销应对以下问题做出决策。

1）试销的地区范围。试销市场应是企业目标市场的缩影。

2）试销时间。试销时间的长短一般应根据该产品的平均重复购买率决定，重复购买率高的新产品，试销的时间应当长一些，因为只有重复购买才能真正说明消费者喜欢新产品。

3）试销中所要取得的资料。一般应了解首次购买情况（试用率）和重复购买情况。

4）试销所需要的费用开支。

5）试销的营销策略及试销成功后应进一步采取的战略行动。

8. 商业性投放 新产品试销成功后，就可以正式批量生产，全面推向市场。这时，企业要支付大量费用，而新产品投放市场的初期往往利润微小，甚至会亏损。因此，企业在此阶段应对产品投放市场的时机、区域、目标市场的选择和最初的营销组合等方面做出慎重决策。

7.2.4 新产品的采用与扩散

1. 消费者采用新产品的程序 人们对新产品的采用过程，客观上存在着一定的规律性。美国学者罗吉斯调查了数百人接受新产品的实例，总结归纳出人们接受新产品的程序和一般规律，认为消费者接受新产品一般表现为以下5个重要阶段。

（1）认知　这是个人获得新产品信息的初始阶段。新产品信息情报的主要来源是广告或者其他间接的渠道（如商品说明书、技术资料等）。人们在此阶段获得的情报还不够系统，只是一般性了解。

（2）兴趣　在此阶段，消费者不仅认识了新产品，并且发生了兴趣。在此阶段，消费者会积极地寻找有关资料进行对比分析，研究新产品的具体功能、用途、使用等问题。如果满意，消费者将会产生初步的购买动机。

（3）评价　在这一阶段，消费者主要权衡采用新产品的边际价值，如采用新产品获得的利益和可能承担的风险，从而对新产品的吸引力做出判断。

（4）试用　试用是指顾客开始小规模、少量地试用新产品。通过试用，顾客评价自己对新产品的认识及购买决策的正确性。企业应尽量降低失误率，详细介绍产品的性质、使用和保养方法。

（5）采用　采用是指顾客通过试用得到了理想的效果，放弃原有的产品，完全接受新产品，并开始正式购买、重复购买。

2. 顾客对新产品的反应差异与市场扩散　在新产品的市场扩散过程中，由于社会地位、消费心理、产品价值观、个人性格等多种因素的影响，不同顾客对新产品的反应具有很大的差异。

（1）创新采用者　创新采用者也被称为"消费先驱"，通常勇于革新、喜欢冒险、性格活跃，其消费行为很少听取他人意见；他们经济条件较好，社会地位较高，受过高等教育，易受广告等促销手段的影响，是企业投放新产品时的极好目标。

（2）早期采用者　早期采用者一般是年轻消费者，他们乐于探索，对新事物比较敏感并有较强的适应性，经济状况良好，对早期采用新产品具有自豪感。这类消费者对广告及其他渠道传播的新产品信息很少有成见，促销媒体对他们有较大的影响力，但与创新采用者比较，他们持较为谨慎的态度。

（3）早期大众　这部分消费者一般很少有保守思想，并接受过一定的教育，有较好的工作环境和固定的收入；对社会中有影响的人物，特别是自己所崇拜的"舆论领袖"的消费行为具有较强的模仿心理；不甘落后于潮流，但受经济条件所限，购买高档产品时会持非常谨慎的态度，他们经常是在征询了早期采用者的意见之后才采纳新产品。研究他们的心理状态、消费习惯，对提高产品的市场份额具有很大的意义。

（4）晚期大众　晚期大众是指比较晚地跟上消费潮流的人。他们的工作岗位、受教育水平及收入状况往往比早期大众略差，对新事物、新环境多持怀疑态度或观望态度，往往在产品成熟阶段才加入购买。

（5）落后的购买者　这些人受传统思想束缚很深，思想非常保守，怀疑任何变化，对新事物、新变化多持反对态度，固守传统消费行为方式，在产品进入成熟期后期以至衰退期才能接受。

新产品的整个市场扩散过程，从创新采用者至落后购买者，形成了完整的"正态分布曲线"，这与产品生命周期曲线极为相似，为企业规划产品生命周期各阶段的营销战略提供了有力的依据。

7.3 产品生命周期

7.3.1 产品生命周期的概念及其阶段划分

产品生命周期（Product Life Cycle）是产品从投放市场开始，经过投入期、成长期、成熟期和衰退期直至退出市场的整个过程。由于产品在产品寿命周期的不同阶段，具有不同的特点及市场状况，企业必须根据实际情况调整、安排自己的营销策略。

1. 产品生命周期的不同阶段 根据产品市场状况的变化，通常将产品生命周期分为 4 个阶段，即产品投入期、成长期、成熟期和衰退期。如果以产品在市场上的销售收入及利润的变化来反映产品的寿命周期过程，可以得到产品寿命周期曲线，如图 7-3 所示。

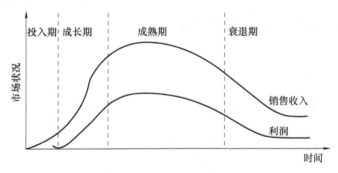

图 7-3 产品生命周期曲线

（1）投入期 投入期又叫发生期、介绍期，是新产品投入市场的初期阶段。由于新产品刚投放市场，市场对新产品不了解，需求量很少，所以这一阶段销量很少；同时，由于生产、技术方面的原因，生产规模也相对较小，产品质量有可能不稳定，生产成本高；加上企业要加大投入、进行广告宣传、铺设渠道网络等，导致企业在这一阶段可能会出现亏损。

（2）成长期 成长期又称发展期。如果新产品可以成功渡过投入期，便进入成长期。成长期是产品销售量（额）和利润迅速增长的阶段。在这一阶段，越来越多的消费者开始熟悉并接受新产品。同时，由于产量扩大并形成规模，企业单位生产成本和销售成本都在下降，利润大幅增长。进入成长期，特别是在成长期后期，由于看到新产品市场迅速扩展并有利可图，越来越多的竞争者也开始加入进来。

（3）成熟期 成熟期又叫饱和期、稳定期。进入这一阶段，产品绝对销量达到最大。但由于市场需求趋于饱和，销售的增长速度缓慢并开始下降。产品已经是标准化生产。同时，竞争者利用各种手段争夺消费者，竞争不断激化，降价成为非常普遍的选择。因为企业在增加促销等费用的同时，还必须降低价格，所以导致企业利润不断下降。

（4）衰退期 经过成熟期，产品很快进入衰退期。这时，由于新产品或替代产品的不断出现，产品已经逐渐被人遗忘，市场需求不断变小，产品的销售量（额）以及利润迅速下降，利润到后来可能成为零或负值，产品也将由此退出市场。

2. 划分产品生命周期的方法

在实际生活中，并不是所有的产品都有产品生命周期，且产品生命周期各阶段的划分也并无一定的标准。所以，为了使产品生命周期理论有实际运用价值，通常按以下几种方法对产品生命周期的不同阶段做大致的划分。

1）类比法。类比法即根据类似产品的产品生命周期情况，进行对比、分析和判断。例如，可以参照黑白电视机的产品生命周期情况来判断、分析彩色电视机的产品生命周期发展阶段。

2）按销售增长率进行划分。按销售增长率进行划分即通过预测销售增长率的数据，利用一定的标准来区分产品寿命周期的各个阶段。例如，当预测销售增长率达到 10%以上时，可以认为产品已经进入成长期。

3）按产品普及率进行划分。一般情况下，当产品普及率≤4%时，产品应在投入期；而成长期的产品普及率为 5%～50%；普及率为 51%～90%是成熟期；普及率为 91%以上时则进入衰退期。通常，这种方法特别适于判断家用电器产品所处的寿命周期阶段。

7.3.2 产品生命周期各阶段的营销策略

由于产品在不同阶段具有不同特点，所以企业必须由此确定不同的营销目标，并设计不同的营销对策（见表 7-2）。

表 7-2 产品生命周期不同阶段的营销目标与对策

		投入期	成长期	成熟期	衰退期
特点	销售	低	迅速增加	高峰	减少
	成本（单位顾客）	高	平均	低	低
	利润	亏损	增加	高	减少
	顾客	创新采用者	早期采用者	早期大众和晚期大众	落后的购买者
	竞争者	极少	逐渐增加	多，逐渐减少	减少
营销对策	营销目标	迅速让市场接受，打开销量	最大限度地占有市场份额	稳定市场份额，获取最大利润	减少支出，榨取最后收益
	产品	提供基本产品	提供产品的扩展品、服务及保证	品牌和式样的多样化	逐步淘汰衰退产品
	价格	成本加成定价	市场渗透价格	可以与竞争者抗衡或战胜竞争者的价格	降价
	渠道	选择性分销	密集型分销	更密集广泛的分销	有选择地减少无利的分销网点
	促销	加强促销，吸引试用	适当减少促销	增加促销、鼓励品牌转换	将促销降低到最低水平

1. 投入期的营销对策　产品在投入期的营销策略应该以帮助企业迅速渡过这一阶段为基本目的。

在这一阶段，企业可以综合考虑自己的产品、价格、渠道及促销策略。通常，企业可以先为市场提供一种基本产品、通过特定的渠道向高收入顾客促销，使市场尽快出现第一批购买者。站在价格与促销策略制订的角度，就价格、促销分成高低两个不同水平，企业可以有 4 种不同选择，如图 7-4 所示。

图 7-4　投入期的 4 种营销对策

（1）快速撇脂　采用这种对策，企业可以以高价格及高强度的促销，迅速推出新产品，以求迅速打开市场、尽快扩大市场销量，取得较高的市场份额。这种对策主要适用于知名度不高、但确有特点因此市场潜在规模大的新产品；它面对的顾客应该具有较高的购买能力且愿意按价购买。另外，由于面对竞争者的潜在威胁，企业必须迅速建立顾客的品牌偏好。

（2）缓慢撇脂　采用这种对策，企业用高价格及少量的促销推出新产品，以求用尽可能少的支出获得尽可能大的收益。这种对策通常适用于市场规模小、已经有一定知名度的新产品，同时，企业面对的顾客愿意支付高价，而潜在的竞争威胁不太大。

（3）快速渗透　企业用低价格及大量的促销推出新产品，以求迅速占领市场，取得较大的市场份额。这种对策通常适用于市场规模大、顾客对其不太了解的新产品，同时，企业面对的顾客对价格十分敏感，而潜在的竞争威胁非常严重。企业希望通过取得高的市场占有率拥有大的销售规模，并以规模的扩大和生产经验的积累而大幅降低成本。

（4）缓慢渗透　采用这种对策的企业会采用低价格及少量的促销推出新产品，以求通过低价提升销量，通过少量促销节省成本。这种对策通常适用于市场规模很大、已经有一定知名度的新产品，同时，企业面对的顾客对价格敏感，而潜在的竞争威胁不太大。

2. 成长期的营销对策　进入成长期，企业的营销对策以维持其市场增长并尽可能大地拥有市场份额为主要目的，主要采取以下对策。

1）不断完善产品质量，增加新的产品功能、款式及特色，并保证产品品质不下降。

2）积极寻找新的市场，并尽可能多地迅速进入新的细分市场。

3）通过各种促销手段，有效地对目标顾客建立有利于自己的品牌偏好。

4）如果需要，可以通过适当地降价来吸引对价格敏感的购买者。

5）在成长期后期，慎重扩大生产规模及新增投资。

3. 成熟期的营销对策　成熟期具有"既大又长"的显著特征，即进入成熟期后，产品销售将达到最大规模且经历的时间跨度最长。因此，企业在成熟期的基本营销对策应该以保持高的销售水平并尽可能延长这一时期为主要目的。

（1）调整市场　企业通过各种方式寻找新的细分市场和营销机会，尽量为企业获得新的销售来源。例如，企业可以通过发掘没有用过本产品的新顾客、设法提升现有顾客的产品使用量与使用频率、为产品重新定位以吸引更多的顾客群以及设法争夺竞争者的顾客等方式来调整自己的市场，从而有效地延长成熟期。

（2）调整产品　企业通过调整自己的产品来满足更多顾客的需要，从而扩大产品销售。主要的做法有提高产品质量、增加产品功能以及改进产品款式。

（3）调整营销组合　除产品调整以外，企业还可以通过调整营销组合的其他环节来满足不同顾客的需要，从而也达到扩大销售、延长成熟期的目的。

4. 衰退期的营销对策 进入衰退期，产品已成"明日黄花"，被大多数顾客放弃。产品的市场销量急速下降、企业利润不断减少，并有可能无以为继，最终退出市场。进入这一阶段，企业的正常选择应该是"有计划地撤离"，即有计划地主动将衰退产品撤离市场，以"四世同堂"的方式保证企业有新产品替代旧产品来满足顾客需求，保证企业利润目标的有效实现。

7.4 品牌与包装策略

7.4.1 品牌及相关概念

1. 品牌 品牌是用以识别某个销售者或某群销售者的产品或服务，并使之与竞争对手的产品或服务区别开来的商业名称及其标志，通常由文字、标记、符号、图案和颜色等要素或这些要素的组合构成。就其实质来讲，它代表着销售者对交付给购买者的产品特征、利益和服务的一贯性的承诺。品牌包括品牌名称与品牌标志。

品牌名称是指品牌中可以用语言称谓表达的部分，如李宁、耐克等。

品牌标志是指品牌中可被认出、易于记忆但不能用言语称呼的部分。

一个品牌可从以下 6 个方面透视。

（1）属性　属性是品牌最基本的含义，品牌首先代表着特定的商品属性，如"奔驰"代表着工艺精湛、制造优良、昂贵、耐用、速度快，公司可用一种或几种属性做广告，"奔驰"的广告一直强调"全世界无可比拟的工艺精良的汽车"。

（2）利益　品牌体现了特定的利益。顾客不是在买属性而是买利益，这就需要属性转化为功能性或情感性的利益。就"奔驰"而言，"工艺精湛、制造优良"可转化为"安全"的利益，"昂贵"可转化为"令人羡慕、受人尊重"的利益。

（3）价值　品牌体现了生产者的某些价值感。

（4）文化　品牌可能代表某种文化。"奔驰"蕴涵着"有组织、高效率、高品质"的工业文化。

（5）个性　不同的品牌会使人们产生不同的联想，这是由品牌个性所决定的。例如，"奔驰"让人想到一位严谨的老板，"红旗"让人想到一位严肃的领导。

（6）用户　品牌暗示了购买或使用产品的消费者类型。

当受众可识别品牌的 6 个方面时，称之为深度品牌，否则只是一个肤浅品牌。品牌最持久的含义是其价值、文化、个性，它们构成了品牌的实质。

2. 商标 商标是一个法律概念，是经过政府有关部门注册获得专用权而受法律保护的一个品牌或品牌的一部分。

现代商标作为一种产权，不但受到各个国家法律的保护，而且在国际上还受到以《保护工业产权巴黎公约》（1883 年）为基础的国际工业产权制度的保护。

3. 品牌资产 品牌资产是一种超越商品或服务本身利益以外的价值，它通常通过为消费者和企业提供附加利益来体现，并与某一特定的品牌联系在一起。若某种品牌能给消费者提供的超过商品或服务本身以外的附加利益越多,则该品牌对消费者的吸引力越大,因而品牌资产价值越高。如果该品牌的名称或标志发生变更,则附着在该品牌上的资产价值将全部或部分丧失。品牌给企业带来的附加利益最终源自对消费者的吸引力和感召力,即品牌的知名度、认知度、联想度、消费者忠诚度和品牌形象。

品牌资产作为企业财产的重要组成部分,具有以下特征。

1) 无形性。品牌资产与厂房、设备等有形资产不同,它不能使人通过感觉器官直接感受它的存在与大小,所以品牌资产是一种无形资产。这种无形性,一方面增加了人们对其直接把握的难度,这也是我国部分企业不重视品牌资产的原因,另一方面决定了其所有权的获得与转移也与有形资产存在差异。有形资产通过市场交换的方式取得所有权,而品牌资产通过品牌或商标的使用者申请注册,由法定注册机关予以确立。

2) 在利用中增值。就有形资产而言,投资会增加资产存量,利用则会减少资产存量。但品牌作为一种无形资产,其投资与利用往往交织在一起,品牌资产的利用并不一定会减少品牌资产,若利用得当,会增加资产。例如,品牌扩张,会提高品牌影响力。

3) 难以准确计量。品牌资产的计量较有形资产的计量相比难度较大,甚至无法准确计量。其原因一方面是由品牌资产构成的特殊性决定的,品牌资产需要通过消费者对品牌的认知度、联想度、忠诚度和品牌本身的品质形象来透视,而这些因素又是相互联系、影响,彼此交错的,难以截然分开;另一方面,反映品牌资产的品牌获利性受多种因素的影响,这也增加了计量的难度。

4) 波动性。由于品牌的知名度、联想度、消费者忠诚度和品牌形象并不是一开始就形成的,而是品牌经营者长期经营的结果,如果经营得法,其资产就会增加,否则就会减少,所以品牌资产会随着品牌经营状况而波动。

5) 品牌资产是评价营销绩效的重要指标。由于品牌反映了企业与消费者的关系,所以企业要开展积极的市场营销活动,履行企业对消费者的承诺。品牌资产的高低反映了企业市场营销的总体水平,是评价营销绩效的重要指标。

相关链接 7-2

福布斯 2018 年全球最具价值品牌排名

2018 年全球最具价值品牌排名见表 7-3。2018 年最具价值中国品牌排名前 10 名见表 7-4。

表 7-3 福布斯 2018 年全球最具价值品牌排名前 10 位

排名	英文品牌名	中文名	地区	行业	品牌价值(亿美元)	一年价值变动(%)
1	Apple	苹果	美国	技术	1828	8
2	Google	谷歌	美国	技术	1321	30
3	Microsoft	微软	美国	技术	1049	21
4	Facebook	脸书	美国	技术	948	29
5	Amazon	亚马逊	美国	技术	709	31

（续）

排名	英文品牌名	中文名	地区	行业	品牌价值（亿美元）	一年价值变动（%）
6	Coca-Cola	可口可乐	美国	饮料	573	2
7	Samsung	三星	韩国	技术	476	25
8	Disney	迪士尼	美国	闲暇	475	8
9	TOYOTA	丰田	日本	汽车	447	9
10	AT&T	美国电话电报公司	美国	电信	419	14

资料来源：https://www.china-10.com/news/503056.html（有删改）

表7-4　2018年最具价值中国品牌排名前10名

排名	品牌	品牌价值（亿元人民币）	排名	品牌	品牌价值（亿元人民币）
1	国家电网	4 065.69	6	华为	3 215.63
2	腾讯	4 028.45	7	中化集团	2 275.67
3	海尔	3 502.78	8	CCTV	2 740.82
4	工商银行	3 345.61	9	中国一汽	2 716.27
5	中国人寿	3 253.72	10	阿里巴巴	2 705.92

资料来源：http://www.sohu.com/a/237289660_99894052

4．品牌设计　品牌设计要求如下。

1）简洁醒目，易读易懂。使人在短时间内留下印象，易于理解记忆并产生联想。"美加净""佳洁士"，其品牌易记易理解，被誉为商品品牌的文字佳作。"M"这个普通的字母，对其施以不同的艺术加工，就可以形成表示不同商品的标志：棱角圆润、鲜艳金黄色拱门形的"M"是麦当劳的标记，给人以亲切之感；而棱角分明、双峰突起的"M"是摩托罗拉产品的标志，突出了自己在无线电领域的科技形象。

2）构思巧妙，暗示属性。品牌应是企业形象的典型概括，反映企业个性和风格，产生信任。Benz（本茨）先生作为汽车发明人，以其名字命名的奔驰车，100多年来赢得了顾客的信任，其品牌一直深入人心。那个构思巧妙、简洁明快、特点突出的圆形汽车方向盘似的特殊标志，已经成了豪华、优质、高档汽车的象征。

3）富有内涵，情意浓重。品牌可引起顾客的强烈兴趣，诱发美好联想，产生购买动机。"红豆"是一种植物，是美好情感的象征，同时，"红豆"也是江苏红豆集团的服装品牌和企业名称，其英文是"The seed of love"（爱的种子）。提起它，人们就会想起王维的千古绝句和牵动人心的相思之情。红豆服装正是借助"红豆"这一富有中国传统文化内涵、情意浓重的品牌"红"起来的。

4）避免雷同，超越时空。品牌运营的最终目标是不断提高品牌竞争力，超越竞争对手。

如果品牌的设计与竞争对手雷同则将永远居于人后，达不到最终超越的目的。

在我国，大部分的企业的品牌意识还比较淡薄，品牌运营的经验还比较少，品牌雷同的现象依然严重。例如，许多公司使用"熊猫""海燕""天鹅"等词作为品牌名称。除重名以外，还有名称极其相似的品牌。

5. 品牌策略 品牌策略是产品策略的一个重要组成部分，企业品牌策略的主要内容如图 7-5 所示。

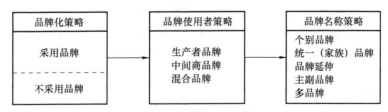

图 7-5 品牌策略流程图

（1）品牌化策略 企业首先要决定是否给产品建立一个品牌。并不是所有的产品都必须使用品牌，但市场上大多数产品都是使用品牌的。使用品牌，特别是运作比较成功的品牌，给企业带来的益处是不可低估的。可口可乐的老板曾宣称："即使我的工厂在一夜间烧光，只要我的品牌还在，我就能马上恢复生产。"此时企业的品牌价值大大超过了企业拥有的有形资产的价值。

（2）品牌使用者策略 品牌使用者策略就是品牌归属问题决策。对此，企业有以下 3 种可供选择的策略。

1）使用自己的品牌，这种品牌就称为制造商品牌或生产者品牌。

2）使用中间商品牌，也称私人品牌，即企业将产品售卖给中间商，由中间商使用他们自己的品牌将产品转卖出去。例如，我国的一些服装厂接受美国百货公司的订货，用该公司的品牌在美国销售。

3）使用混合品牌，即企业对部分产品使用自己的品牌，而对另一部分产品使用中间商品牌。

（3）品牌名称策略 产品走向市场必须有一个名字，企业如何为产品命名，一般有以下几种策略可供选择。

1）个别品牌策略，即不同的产品使用不同的品牌。例如，五粮液酒厂生产的白酒有"五粮液""五粮醇""尖庄""五粮春""浏阳河"等不同品牌。

2）统一品牌策略，即企业所有的产品都使用同一个品牌，如长虹、飞利浦等公司的产品都使用其各自公司的同一个品牌。

3）分类品牌，即在企业对所有产品进行分类的基础上，不同类别的产品使用不同的品牌。例如，法国欧莱雅集团拥有不同价位的产品线，兰蔻等品牌走高端路线，美宝莲、欧莱雅等品牌则走大众路线。

4）主副品牌策略。通常可以以名称作为主品牌，同时给各个产品打一个副品牌，以副品牌来突出产品的个性形象。例如，"海尔——小神童"洗衣机，副品牌"小神童"传神地表达了"体积小、计算机控制、全自动、智能型"等产品特点和优势，但消费者对它的认可，主要是基于对海尔品牌的信赖。

5）品牌延伸策略，也称品牌扩展，是指企业利用已经成功的品牌推出改良产品或新产品。耐克品牌最初从运动鞋起步，后来逐步扩大到运动服和其他运动产品；百事可乐公司在饮料市场获得成功后，又向市场推出了同一品牌的运动鞋、运动衣、牛仔裤等。这样做可以降低广告宣传费用，有利于新产品投入市场，也有利于企业创名牌。

6）多品牌策略，是指同一个企业在同一种产品上设立两个或多个相互竞争的品牌。例如，美国的宝洁公司，它在洗发水、清洁剂等产品上都同时使用多个品牌。多品牌策略可以使企业产品在商场中占有较大的货架空间，形成强有力的竞争态势；还可以满足消费者的不同需求，扩大企业销售；也有利于企业内部品牌之间的竞争，提高经营效率。但也可能导致每个品牌的市场份额较少而无利可图。

7.4.2 包装决策

包装（Packaging）是为产品提供容器或包裹物及其设计装潢的行为。大多数有形产品在从生产领域转移到消费领域的过程中都需要适当的包装。因此，包装是整个产品生产的重要组成部分。产品包装一般包括以下内容。

（1）首要包装　首要包装是产品的直接容器或包装物，它保证产品的正常存在及其功能的正常发挥。例如，饮料的瓶子、牙膏的软管等。

（2）次要包装　次要包装是保护首要包装的包装物。例如，装牙膏软管的纸盒等。

（3）运输包装　运输包装是为了便于储存、识别和运输产品所需要的装运包装。例如，装运牙膏的大纸板箱。

（4）标签　标签是打印或贴在包装上，随包装一起出现的说明产品的信息。一般情况下，标签上包括包装内容和产品所包含的主要成分、品牌标志、产品质量等级、生产厂家、生产日期和有效期、使用方法等内容，有些标签为了促销还印有相关的彩色图案或实物照片。

1. 包装的作用

（1）保护产品　良好的包装可以使产品在流通过程中以及在消费者保存产品期间不致损坏、变质、散落，从而保护产品的使用价值。例如，用复合铝箔袋抽氧充氮密封包装茶叶，可以有效防止茶叶香味散发和因接触空气而氧化变质。

（2）促进产品销售　设计良好的包装可以美化、宣传产品，吸引更多的消费者购买产品；并且，有效的包装可以帮助企业做好产品定位，开拓更多的市场范围。例如，正是由于小袋真空包装的出现，使四川特产涪陵榨菜名扬四海，远销世界各国。

（3）增加产品价值　良好的包装不仅可以促进销售，还可以提升产品档次，提高产品附加价值。在可比较的情况下，市场上包装精美的产品可以卖出更好的价格。

（4）方便产品的经营和消费　有个性的产品包装可以成为产品特色的一个重要组成部分，并由此与竞争产品相区别，从而便于市场识别、选择；同时，良好的包装可以方便产品储运、陈列、买卖以及方便消费者选购、使用。

2. 包装设计的基本原则　企业在进行包装设计时，应注意以下原则。

（1）包装应与商品的价值或质量相适应　因为包装是产品营销的诸多要素之一，所以产品包装必须注意与其他产品要素相互呼应、协调。包装应能显示商品特有的特点或风格。

"一等产品、二等包装"或者"二等产品、一等包装"都有可能不利于产品的销售。有学者通过调查分析认为包装成本应该控制在产品本身价值的 13%～15%。

（2）包装美观大方，独具特色　包装有可能成为消费者实际接触产品的第一印象，所以设计时要充分考虑消费者的审美习惯，以美观大方的包装让消费者愉悦，并愿意购买产品。同时，包装还必须有自己的个性，独特的包装更容易吸引消费者的注意。

（3）包装要方便储运、陈列，方便消费者选购、携带和使用　包装的美学功能不能忽视，包装的实用价值更要被高度重视。通常，在保证安全的前提下，包装要尽可能小巧、适当。这样既节省储运费用，更便于储存、运输、陈列；同时，包装要尽可能提供不同的规格和分量以方便消费者选购，还要通过不断改进包装技术以方便消费者的使用。

（4）包装上提供的信息要准确、真实　包装上关于产品成分、性能、使用方法、分量、规格、有效期限等说明信息一定要符合实际，做到具体、真实、准确，不应使消费者由此发生误解。

（5）符合法律规定，尊重消费者的宗教信仰、风俗习惯　包装设计中，一定要注意不得违背国家的有关法律法规，要尊重不同人群的宗教信仰和风俗习惯，切忌运用有损消费者宗教感情和容易触及消费者忌讳的包装设计，可以用不同的包装满足不同目标市场的需要。

（6）保证安全　包装的安全性要求是包装的基础设计原则。从某种意义上说，没有包装的安全，其他原则就无从谈起。包装的安全性，首先表现在通过合理的包装设计及包装材料的使用，保证产品安全地储运、陈列以及安全地携带、使用；其次，安全的包装有利于环境保护，绿色无害、便于回收。

3. 包装的具体策略

（1）类似包装策略　类似包装策略即企业对其生产的各种产品，在包装上均采用相同或相似的图案、色彩，体现共同、一致的特征。类似包装策略可以帮助企业很好地树立整体形象，节约包装成本。这种策略比较适用于产品属性相近的产品，而当不同产品差异较大时不宜使用。

（2）差异包装策略　差异包装策略即企业对其生产的各种产品分别使用不同的包装，即在设计上采用不同的风格、色彩和包装材料。差异包装策略可以有效地突出不同产品的个性，使企业的产品丰富多彩，并且，由于产品之间的关联更弱，可以尽可能地避免某一商品失误对企业产品整体的负面影响。当然，这种策略也相应地会增加包装成本，加大包装难度。

（3）等级包装策略　等级包装策略即企业对不同等级的产品分别设计、使用不同的包装。企业采用这种策略，使包装水平与产品质量水平相对应、匹配，可以更好地适应不同的购买力水平，满足不同消费者的需要。

（4）配套包装策略　配套包装策略即企业将几种相关的产品配套放在同一包装物内的包装。这种策略可以使消费者更加便捷地选购、携带与使用商品，同时，也有利于更多、更广地销售企业的产品，特别有利于新产品的销售。但在实际运用时，要注意根据消费者的需求及购买能力合理、适当地搭配产品，切忌勉强行事。

（5）再使用包装策略　再使用包装策略又称复合用途包装策略。选择这种包装策略，消费者在使用完包装内的产品之后，还可以将包装物作其他用途。这种策略，由于包装的可再利用，可以更好地刺激、吸引消费者的购买，从而促进产品的销售。同时，包装的重复使用使产品形象有更长的时间与消费者接触，可以更好地宣传产品，加深消费者的印象。

（6）附赠品包装策略　附赠品包装策略即在包装上或包装内附有赠品吸引消费者购买或重复购买。这种策略，可以以奖券、实物等作为赠品来刺激消费者，比较适用于儿童食品与用品及一些日用品的销售。

（7）更新包装策略　更新包装策略即企业根据自己对市场的研究，通过改变包装设计、包装材料的方法，使用新的包装。更新包装策略可以使顾客产生新鲜感，甚至可以改变产品在消费者心中的形象、地位，从而提升消费者对产品的好感，扩大产品销售。

[营销方法]

1. 新产品构思评审表　新产品构思评审表见表7-5。

表7-5　新产品构思评审表

产品成功的必要条件	权重（A）	0.0	0.1	0.2	0.3	0.4	0.5	0.6	0.7	0.8	0.9	1.0	得分数（A×B）
公司信誉	0.20							★					0.120
市场营销	0.20										★		0.180
研究与开发	0.20								★				0.140
人员	0.15							★					0.090
财务	0.10										★		0.090
生产	0.05									★			0.040
销售地点	0.05				★								0.015
采购与供应	0.05										★		0.045
总计	1.00												0.720

分数等级：0.00～0.40为"劣"，0.41～0.75为"中"，0.76～1.00为"良"。目前可以接受的最低分数为0.70。表7-5中的第一栏是某新产品成功的条件，第二栏是按照这些条件在进入市场时的重要程度分别给予不同的权重，第三栏是对某新产品成功打入市场的能力给予不同的评分，最后汇总，即A×B，得数相加，表示这个产品投放市场是否符合本企业的目标和战略的综合评分。

2. 波士顿矩阵　波士顿矩阵是美国波士顿咨询公司提出的一种模式（如图7-6所示）。市场增长率是指整个市场的增长率，我们以销售增长率大于10%为高，低于10%为低；相对市场占有率是指自身的市场占有率同最大竞争对手的占有率之比,我们以相对市场占有率大于1为高,低于1为低。

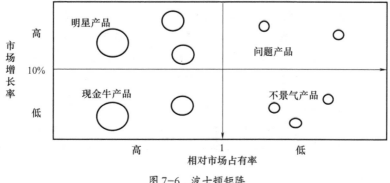

图7-6 波士顿矩阵

该矩阵有4个象限。每个企业的产品可分为4类。

(1)问题产品 问题产品即市场增长率较高,相对市场占有率低的产品。

(2)明星产品 明星产品即市场增长率较高,相对市场占有率也较高。

(3)现金牛产品 现金牛产品即相对市场占有率较高,但是市场增长率低。

(4)不景气产品 不景气产品即市场增长率及相对市场占有率都比较低。

采用波士顿矩阵可以帮助企业分析现有产品组合是否合理,圆圈代表现有产品的位置,圆圈的大小代表销售量的大小。一般而言,明星产品与现金牛产品的数量多且销售量大,说明产品组合较合理。企业对各类产品可能采取不同的策略。要投入大量的资金扶持明星产品,促使其快速良好地发展,以便成为企业未来的主要利润来源。要保持现金牛产品的市场占有率,以便赚取更多的利润。对于衰退期的现金牛产品,可以以获取短期利润为目的进行榨取经营。对于有前途的问题产品,要勇于放弃短期利润,提高其市场占有率,使之转化为明星产品。对于无前途的问题产品和不景气产品,要及时放弃,以便有更多的资金集中有潜力产品的开发与经营。

[本章小结]

1. 产品的概念 产品的概念是一个整体概念。关于产品的整体概念、营销学界用5个层次来表述,即核心产品、形式产品、期望产品、延伸产品和潜在产品。

2. 产品组合 产品组合是指企业提供给市场的全部产品线和产品项目的组合或结构,即企业的业务经营范围。产品组合包括4个变量,即产品组合的宽度、长度、深度和关联度。

3. 新产品种类 新产品包括全新产品、换代新产品、改进新产品、仿制新产品4种。

4. 产品生命周期 产品生命周期是产品从投放市场开始,经过投入期、成长期、成熟期和衰退期直至退出市场的整个过程。

由于产品在产品寿命周期的不同阶段具有不同的特点及市场状况,企业必须根据实际情况调整、安排自己的营销策略。

5. 品牌与商标的概念 品牌是用以识别某个销售者或某群销售者的产品或服务，并使之与竞争对手的产品或服务区别开来的商业名称及其标志，通常由文字、标记、符号、图案和颜色等要素或这些要素的组合构成。

商标是一个法律概念，是经过政府有关部门注册获得专用权而受法律保护的一个品牌或品牌的一部分。品牌资产是一种超越商品或服务本身利益以外的价值。

6. 包装 包装是指对某产品提供容器或包裹物及其设计装潢的行为。

―――――――――――― 重要概念 ――――――――――――

整体产品　产品组合　全新产品　换代新产品　改进新产品　仿制新产品　新产品采用
新产品扩散　产品生命周期　品牌　品牌名称　品牌标志　商标　制造商品牌　中间商品牌
统一品牌　个别品牌　包装　标签　品牌战略　品牌资产　品牌拓展战略　多品牌战略

[案例分析]

华为品牌战略的杠杆效应

华为以通信行业起家，不断地积累通信技术，从硬件到软件，从技术模仿到5G技术创新，华为的创业故事，令人津津乐道，成为中国企业全球化学习的榜样。

为此，我们可以从华为的产品线、品牌发展战略，还可以从新兴产业发展趋势来看，华为采用的是同心多元化战略，以技术创新驱动，稳打稳扎，从而做大做强企业规模。

首先，从产品线来看，华为技术厚积薄发策略正在积极发酵。

我们知道，华为自成立以来，大部分时间在B2B通信行业深耕细作，逐步塑造全球化品牌，一直重视研发赶超世界巨头，在该行业中埋头拉车、中规中矩、修炼技术关，直至近十年来，华为的发展速度突然加快，跨行业高速发展，不断地利用技术优势，抢占智能手机"风口"，赢得了很大一块蛋糕，成为苹果、三星等著名品牌的竞争对手，可见，华为技术的深厚功底正在发酵。

目前，华为产品线主要分为四大类产品：一是B2B产品，主要是企业对企业的产品服务，如华为同中国电信、联通、移动以及国外电信公司等合作，提供硬件产品如交换机、基站建设等相关通信产品，以性价比优势，抢占爱立信、西门子、思科等著名品牌的全球市场。二是B2P产品，主要是给企业客户提供系统解决方案，例如，技术咨询、软件、定制服务等系列产品。三是B2C产品，主要是终端产品，如华为和荣耀两个品牌手机系列产品。四是华为云产品，提供给客户数据平台，如华为云+AI+大数据+仿真等技术整合，实现技术融合，提升研发仿真效果，节省资源，提高效率等，在智能制造、车联网等新兴战略行业首先落地应用，市场前景广阔。

其次，从品牌发展来看，华为同心多元化战略形成蝴蝶效应。

华为的品牌发展战略思路十分清晰，坚持"有所为，有所不为"策略，在技术相通的领域发挥自己的技术优势，以客户为中心，不断地扩大华为的业务范围，形成蝴蝶效应。

在中国，华为没有进入手机行业之前，很多人不知道华为在通信行业的品牌影响力，当华为手机取得成功后，中国人为华为骄傲，华为从B2B到B2C技术延伸策略，进一步提高品牌知名度，为华为品牌扩大行业发展打下了更大市场。

例如，华为云产品的发展策略也很接地气，顺应时代和技术发展，以技术为核心，一脉相承，自然而然地延伸到云端。华为云是以服务企业客户为主，建立大数据云平台服务，不做细分的广泛应用，开放端口，只做好自己擅长的技术增值服务等。同时，华为云的战略执行也很清晰，据华为品牌战略委员会制订的战略，华为云要成为车联网行业的全球领导品牌。

最后，从新兴产业发展趋势来看，华为正在布局品牌叠加效应。

目前，"互联网+"的浪潮叠起，产生了新技术、新生态的新时代，一场解放人类大脑的新工业革命风暴正在如火如荼地上演，技术创新驱动下的全球化，如果没有掌握核心技术，国家和企业将会受制于人。华为正在加快推进技术融合和创新，如在AI、大数据、物联网、云计算、5G和智慧工程等技术领域全方位整合和布局。

每个新技术都会产生新的产业，未来的新品牌将会如雨后春笋般涌现，华为已经站在新技术、新时代的桥头，它正在布局新的行业、新的品牌，而华为继通信、手机取得了品牌效应后，最新布局的华为云，以及未来华为布局新的行业，是否形成叠加品牌效应呢？我们拭目以待。

"战略决定成败"，接地气的品牌战略容易形成战略杠杆效应，特别是新技术的浪潮下，跨行业技术融通应用，将会是新常态，它加快改变了战略从量变到质变的过程，华为的品牌战略值得我们研究与学习。

资料来源：http://expert.brandcn.com/pinpaiguandian/180629_425592.html（有删改）作者：江品醇

思考与分析

1. 请分析华为运用了什么品牌策略？你如何看待华为的这种品牌发展策略？该策略有什么优缺点？
2. 你认为文中所说的杠杆效应指的是什么？结合案例，你认为对其他企业有何启示？

营销实训
消费者对品牌延伸认知调查

【训练目的】了解消费者对品牌延伸的认知情况。

【训练方案】除了可口可乐跨界彩妆，还有哪些让人意想不到的跨界产品？以小组为单位进行一次市场调查，目的是了解消费者对于品牌延伸的看法，消费者对品牌跨界新的产品的态度及接受程度。

复习与思考

1. 什么是产品整体概念？产品整体概念包括哪几个层次？它对企业营销有何现实意义？
2. 什么是产品组合？产品组合可以从哪几个方面进行分析？产品组合对市场营销活动的意义是什么？
3. 结合具体产品实例，说明产品生命周期不同阶段有哪些市场特征与营销策略？
4. 什么是新产品？新产品有哪几种类型？
5. 什么是品牌？品牌与商标有何区别？简述主要的品牌策略。
6. 包装有哪些种类？有何作用？

延伸阅读

1. 《**品牌的起源**》，[美]艾·里斯、劳拉·里斯著，寿雯译，机械工业出版社，2013.

作者简介：艾·里斯，定位理论创始人，里斯伙伴主席，全球顶尖的营销战略家。劳拉·里斯，里斯伙伴（全球）营销公司总裁，艾·里斯的女儿及合伙人，定位理论的卓越继承者，美国公认的新一代营销战略大师。

内容提要：本书重新定义了品牌以及品牌创建的哲学和方法，使品牌创建的过程成为一门科学，成为商业的一部分。本书指出：商业发展的动力是分化；分化诞生新品类；真正的品牌是某一品类的代表；消费者以品类来思考，以品牌来表达；品类一旦消失，品牌也将消亡，企业创建品牌的正道是把握分化趋势，创新品类，创建新品牌，发展品类，壮大品牌，以多品牌驾驭多品类，最终形成品牌大树。

2. 《**品牌洗脑：世界著名品牌只做不说的营销秘密**》，[美]马丁·林斯特龙著，赵萌萌译，中信出版社，2016.

作者简介：马丁·林斯特龙（Martin Lindstrom），《时代》杂志"全球最具影响力100人"，《纽约时报》《华尔街日报》畅销书作者；担任世界多家公司的顾问，包括麦当劳、百事可乐、联合利华、雀巢、美国运通、微软等；还是《金融时报》《今日美国》《财富》《华盛顿邮报》《哈佛商业评论》等知名媒体的特约专栏作家。

内容提要：全球知名品牌营销大师马丁·林斯特龙有一天突然对品牌感到厌倦，他决定以一个普通消费者的身份对品牌进行为期一年的"实验"——不购买新的品牌商品。但是，在坚持了6个月之后，他失败了。懊悔之余，他决定全面披露世界著名品牌只做不说的营销秘密。本书一方面给市场、营销、广告、公关等从业人员以启发，揭示让品牌深入人心并转化为销售的营销策略；一方面也提醒每一位消费者，如何识别企业的营销把戏，避免被品牌洗脑，最终清醒地认识到应该买什么和为什么购买。

网站推荐

1. 品牌联盟网 www.brandcn.com
2. 时尚品牌网 www.chinasspp.com

第 8 章
定价策略

学习指导

学习目标

1. 了解影响价格决策的主要因素
2. 理解、掌握定价的基本方法
3. 掌握企业定价的基本策略

任务驱动

麦当劳重启超值菜单：美国快餐界掀起了价格战

在吸引客流方面，低价策略总是有效的。2018年元旦刚过去8天，美国市场上就已经有至少6家快餐连锁品牌宣布推出超低价菜单。一场价格战在所难免。

最有影响力的当属麦当劳，在1月4日正式推出新版超值套餐，售价分别为1美元、2美元和3美元。新套餐的推出，让麦当劳整体菜单的均价降低了15%。

超值菜单是麦当劳产品中的种子选手，于2003年首次推出，随即成为热门产品。2008年金融危机时，麦当劳全年14%的销售业绩就来自于这个产品系列。但后来因为利润太低，麦当劳在2013年撤销了这个产品线。

根据专门研究消费者趋势的尼尔森公司的统计，麦当劳客流从2013年开始大步下滑，至今未回到历史高点。但在麦当劳推出低价套餐替代版（从5美元菜单里任选两件食品）的2016年，客流有一个小回升。鉴于低价产品对客流的吸引力，麦当劳在2018年重启了超值菜单。

麦当劳的这一举措迅速影响到了其他快餐连锁品牌。墨西哥快餐连锁塔可钟（Taco Bell）首席执行官认为，麦当劳重推超值菜单毫无疑问是个颇具竞争力的行为。Taco Bell今年也要推出20款只售价1美元的产品，其中包含王牌产品炸玉米饼和墨西哥卷饼。

三明治连锁餐厅赛百味也推出了低价菜单，在1月1日重启12英寸三明治只售4.99美元的活动。但这更像是一个赔本赚吆喝的跟进，赛百味近年客流下滑，此前的盲目扩张和不时进行的促销活动又使加盟商难以承受，即便客流达到高峰，全美大部分门店也难以达到收支平衡。在785家门店加入最新的低价活动的同时，也引发了超过400家加盟商的联署签名抗议。

加入价格战的连锁餐饮公司越来越多：美国第三大汉堡快餐连锁品牌温迪国际快餐连锁集团表示会将"四美元买四样"的菜单扩大到8道主食；卖改良墨西哥汉堡的快餐连锁Jack in the Box的新广告把宣传重点放在1~5美元的超值菜单上；墨西哥快餐连锁Del Taco推出了更多1美元以下的产品，不仅包含新鲜小食，还能满足从早到晚的正餐需求。

实际上，基于目前美国餐饮业的整体低迷现状，即便没有巨头引起的价格竞争，快餐连锁店也会用低价来吸引顾客。数据资源网站Statista发布的数据显示，美国餐饮业在2016年和2017年的表现都不及2015年，人们越来越喜欢在家中吃饭。

对同质化比较严重的快餐店来说，放低价格仍是争夺市场份额的有效方法。投资研究公司晨星公司的行业分析师表示，快餐店从这些便宜产品中赚得不多，但还是要进行低价措施，"其目的只是让人们踏进餐厅"。

你认为在哪些行业容易出现价格战？企业要想避免陷入价格战，应该采取什么措施？

资料来源：http://www.jiemian.com/article/1867903.html

为了有效地开展市场营销、增加销售收入和提高利润，企业不仅要给产品制订基本价格，而且还需要对制订的基本价格适时地进行修改。价格是市场营销组合中十分敏感而又难以控制的因素，它直接关系到市场对产品的接受程度，影响市场需求和企业的利润，涉及生产者、经营者和消费者等多方利益。定价策略是市场营销组合策略中极其重要的组成部分。

8.1 影响营销定价的因素

市场营销由 4 个基本要素组成,即产品、促销、分销和定价。企业通过前三个要素在市场中创造价值,通过定价从创造的价值中获取收益。在营销组合中,价格是唯一能产生收入的因素,其他因素表现为成本。价格也是营销组合中最灵活的因素,它与产品特征和渠道不同,它的变化是异常迅速的。因此,价格策略是企业营销组合的重要因素之一,它直接决定着企业市场份额的大小和盈利率的高低。随着营销环境的日益复杂,制订价格策略的难度越来越大,企业不仅要考虑成本补偿问题,还要考虑消费者的接受能力和竞争状况。

影响产品定价的因素很多,有企业内部因素,也有企业外部因素;有主观因素,也有客观因素;概括起来主要有成本因素、需求因素、竞争因素和其他因素 4 个方面。

1. 成本因素 成本是影响定价的一个重要因素。一般情况下,产品价格必须能够补偿产品生产及销售过程中的各项费用支出,并补偿产品的经营者为其所承担的风险,且有一定的盈利。因此,产品成本通常是定价的最低限度。在市场竞争中,产品成本低的企业对价格的制订拥有较大的灵活性,在竞争中处于有利的市场地位,能取得良好的经济效益;反之,在市场竞争中就会处于被动地位。因此企业必须加强管理,降低成本,以取得市场的竞争优势。

对成本可以从不同的角度做以下分类。

(1)固定成本(FC) 固定成本(Fixed Cost)是指短期内不随企业产量和销售量的变化而变化的费用支出,如设备折旧费、房租、地租、利息、办公费用、行政管理人员的薪酬等。

(2)变动成本(VC) 变动成本(Variable Cost)是指随企业产量的变动而变动的费用支出,如原材料费、工人工资等。当企业停工时,变动成本为零。

(3)总成本(TC) 总成本(Total Cost)是在一定生产水平下的全部成本,即固定成本与变动成本之和,公式是 TC=FC+VC。

以上三种成本与产量的关系如图 8-1 所示。

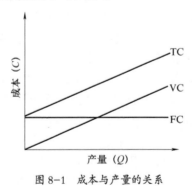

图 8-1 成本与产量的关系

(4)平均成本(ATC) 平均成本的计算公式为

$$平均成本(ATC) = \frac{总成本(TC)}{产量(Q)}$$

平均成本的含义是单位产品所分摊的总成本,因此,通常情况下,作为产品价格的最低限度的成本应该是平均成本。

2. 需求因素 产品价格除了受成本的影响外，还受市场需求的影响，即受商品供给与需求的相互关系的影响。当商品的市场需求大于供给时，价格应高一些；当商品的市场需求小于供给时，价格应低一些。反过来，价格变动影响市场需求总量，从而影响销售量，进而影响企业目标的实现。因此，企业制订价格就必须了解价格变动对市场需求的影响程度。反映这种影响程度的一个指标就是商品的需求价格弹性系数。

需求价格弹性是指在一定时期内，一种商品的需求量的相对变动对于该商品的价格的相对变动的反应程度，需求价格弹性系数公式为

$$E_d = \frac{\Delta Q / Q}{\Delta P / P}$$

式中 E_d——需求价格弹性系数，取绝对值；
　　Q——需求量；
　　ΔQ——需求的变化量；
　　P——价格；
　　ΔP——价格的变化量。

E_d 值主要有 3 种情况。

当 $E_d > 1$ 时，称为富有弹性，即一种商品的需求量变化幅度大于价格的变化幅度，这表明该种商品的需求对其价格变化较为敏感。非必需品、奢侈品以及一些替代品多、竞争性大的商品等多属于这种情况。

当 $E_d < 1$ 时，称为缺乏弹性，即一种商品的需求量变化幅度小于其价格变化的幅度，这表明该种商品的需求对其价格变化较为迟钝。基本生活用品、生产资料商品和替代品少的商品多属于这种情况。

当 $E_d = 1$ 时，称为单元弹性，即一种商品的需求量变化幅度与其价格变动幅度相等。

通过研究需求价格弹性系数，我们不难发现，在需求富有弹性时，由于需求对价格反应灵敏，企业在降低成本、保证质量的前提下，采用低价策略可吸引消费者、扩大销售，争取较多利润。而当需求缺乏弹性时，由于需求对价格变化反应迟钝，可适当提高价格以增加单位利润。当需求为单元弹性时，由于情况复杂，企业定价时应研究市场状况，找出影响需求变化的关键因素，据此选择相应的价格。

3. 竞争因素 市场竞争也是影响价格制订的重要因素。根据竞争的程度不同，企业定价策略会有所不同。按照市场竞争程度，可以分为以下 4 种情况。

（1）完全竞争　完全竞争也称自由竞争，它是一种理想化了的极端情况。在完全竞争条件下，购买者和销售者都大量存在，产品都是同质的，不存在质量与功能上的差异，企业自由地选择产品生产，买卖双方能充分地获得市场情报。在这种情况下，无论是买方还是卖方都不能对产品的价格进行影响，只能在市场既定价格下从事生产和交易。

（2）垄断竞争　在垄断竞争的情况下，市场由众多按照系列价格而不是单一价格进行交易的购买者和销售者组成。在这一市场类型中，因为购买者购买差异性产品时愿意支付不同的价格，故存在系列价格。这时，销售者已成为强有力的价格控制者，他们将力图使自己以更具特色的产品或服务来满足购买者的需要，并采取相应的控制价格的策略。

（3）寡头垄断　寡头垄断是指市场由少数几个彼此互相了解的销售者组成，且新的销售者难以加入。在寡头垄断市场中，又可细分为两类：一类是纯粹的寡头垄断市场，其产品可以是像钢材等金属材料一样的同质产品；另一类是差异性寡头垄断市场，其产品可以是像计算机、轿车一样的非同质产品。在纯粹寡头垄断市场中，由于竞争者少、产品同质且互相非常在意对方的变化，任一竞争均不可能通过独自改变价格得到利益，因而整个市场价格相对稳定，但销售者在广告宣传等方面竞争较激烈。在差异性寡头垄断市场中，各销售者将致力于使自己成为差异性寡头，力求使自己的产品在购买者心目中有别人不可替代的特色，从而拥有更多的定价优势。

（4）完全垄断　完全垄断是完全竞争的反面，是指一种商品的供应完全由一家控制，形成独占市场的局面。在完全垄断的情况下，交易的数量与价格由垄断者单方面决定。完全垄断在现实中也很少见。

完全竞争与完全垄断是竞争的两个极端，中间状况是不完全竞争。在不完全竞争条件下，竞争的强度对企业的价格策略有重要影响。所以，企业首先要了解竞争的强度。竞争的强度主要取决于产品制作技术的难易，是否有专利保护，供求形势以及具体的竞争格局；其次，要了解竞争对手的价格策略以及竞争对手的实力；最后，要了解、分析本企业在竞争中的地位。

4．其他因素　企业的定价策略除受成本、需求以及竞争状况的影响外，还受到其他多种因素的影响。这些因素包括政府或行业组织的干预、消费者心理和习惯、企业或产品的形象等。

8.2　定价的基本方法

成本、需求和竞争是影响企业定价行为的 3 个最主要的因素。在营销实践中，由于市场环境和产品特性的差异，不同类的产品往往对某一因素特别敏感，因而促使企业在决定产品价格时更多地侧重这一因素。这样也就形成了成本导向、需求导向和竞争导向 3 大类基本定价方法。

8.2.1　成本导向定价方法

1．成本加成定价法　成本加成定价法是指在产品单位成本的基础上，加上一定比例的预期利润来制订产品的销售价格的定价方法。由于利润的多少是按一定的比例确定的，习惯上称之为"加成"，加成幅度通常用百分比来表示。成本加成定价法的计算公式为

$$单位产品价格 = 单位产品成本 \times (1 + 加成率)$$

式中　加成率——预期利润占产品成本的百分比。

例如，某服装厂生产某种服装的单位成本是 500 元，加成率是 20%，该服装的销售价格为 500×（1+20%）元=600 元。

采用成本加成定价法的关键是确定合理的加成率。不同的产品应根据其不同的性质、特点、行业情况、流通环节和市场环境等制订不同的加成比例。

成本加成定价法是古老而传统的定价方法，在大工业机器时代之前就已开始应用，目前

仍为许多小企业和零售行业采用。成本加成定价法有以下主要优点。

1）简单易行、灵活可控。
2）对补偿企业成本有直接的效果。
3）缓和价格竞争。如果同行业普遍采用，并倾向采用相同的加成率，可以有效地减少价格竞争或避免发生价格战。
4）买卖双方都感觉比较公平。

但是，成本加成定价法也有其不足之处，主要有以下几点。

1）卖方导向定价。企业以自己的产品成本为定价的主要依据，以卖方利益为出发点，忽视了市场需求。
2）没有考虑市场竞争因素，不能对竞争做出灵敏的反应。
3）加成率是个估计值，缺乏科学性。

2. 盈亏平衡定价法 盈亏平衡定价法是企业按照生产某种产品的总成本和销售收入维持平衡的原则，制订产品保本价格的一种方法，其计算公式为

$$产品单价 = 单位变动成本 + \frac{固定成本}{销售量}$$

显然，利用盈亏平衡定价的思路，我们也可以确定一个能够获得一定利润的价格。

3. 边际贡献定价法 边际贡献定价法又称边际成本定价法，即仅计算变动成本，不计算固定成本，而以预期的边际贡献补偿固定成本，从而获得收益的定价方法。边际贡献是指价格中超过变动成本的部分。当企业多品种生产而开工率不足时，企业按原价格已无法售出它的产品，只能采取降价策略，但这时的价格必须包含一部分边际贡献，以使企业在全部补偿了变动成本后还剩下一定的余额，用来补偿一部分固定成本，减少亏损。

例如，某企业 A 产品年产量为 1 000 万件，全部变动成本为 600 万元，固定成本为 400 万元，每件产品的平均变动成本为 0.6 元，平均固定成本为 0.4 元，在正常情况下，企业的定价必须高于 1 元才会有利润。但现在的情况是即使保本价格为 1 元也难以实现销售。考虑到停产并不能减少企业的固定成本支出，企业可以采用边际贡献定价法，即如果产品能以大于 0.6 元的单价售出，企业就会获得一定的边际贡献，以补偿一部分固定成本支出，从而减少亏损。

8.2.2 需求导向定价方法

1. 认知价值定价法 认知价值定价法是指企业根据购买者对产品或服务的认知价值来制订价格。例如，同样的音响产品，若是由不知名的厂家生产的，在市场上的售价为每台 3 000 元，而此厂家被日本索尼公司收购后，产品贴上 "SONY" 的品牌标志后定价为每台 4 500 元，消费者仍然接受。因为消费者认为 "SONY" 的品牌价值更高，宁愿支付更高的价格。索尼公司显然是根据消费者对产品价值的认知程度对产品进行定价的。

认知价值定价法是伴随着现代营销观念而产生的一种新型定价方法。有关研究表明，随着时代的发展，顾客对产品价值的感知已经成为购买决策中的关键因素。在选购产品时，购买者是将感知价值作为一种权衡标准，它涉及产品或服务的感知利益和感知品质，以及获得和使用产品的感知成本或付出。现在，越来越多的企业在制订价格时考虑顾客对产品或服务

的感知价值，企业已经明白定价的关键不是卖方的成本而是买方对价值的认知。一些优秀的企业致力于向顾客提供尽可能高的价值。

互联网+营销实战 8-1

一碗"元首牛肉面"两千元

一碗牛肉面多少钱？台湾一家牛肉面店，最贵的一碗要卖到 10 000 元新台币（约合人民币 2000 元），还要提前预约。

牛爸爸牛肉面店由祖籍山西的王聪源创立，目前共有 8 种牛肉面供顾客选择，从经典款到"元首牛肉面"，价格从 500～10 000 元新台币不等。即使是最便宜的牛肉面对有些人来说也是天价，王聪源的儿子王尹奇说，"但我们的烹饪方法与众不同。"每碗面至少用到 4 种牛肉，而且都是从日本、澳大利亚、美国和巴西等国家进口的顶级牛肉，每一块都切成特定形状。肉首先要经过熬制冷冻三天，以达到完美的质地和味道；几种不同的汤汁则是用牛身上的不同部位熬出来；面条也有 5 种。"元首牛肉面"所用的牛肉则是顶级中的顶级，取自牛肋骨和排骨。

如今，王氏父子的店已经吸引了世界各地无数吃货，但这条成功路却并不平坦。王聪源原本是台湾移民加拿大的华侨，从事建筑业。1990 年，因为热爱牛肉面，在加拿大待了两年后，王聪源毅然选择回台北改行卖牛肉面。刚开始，王聪源的牛肉面不太符合台湾人的口味，门可罗雀，其合伙人也在 11 天后退出。不过，为了做出美味的牛肉面，王聪源坚持用几年时间改进菜谱，终于吸引了越来越多的顾客。但他没有像别的商家那样扩大规模，而是反其道而行之，在 2007 年，搬到了位于台北内湖民权东路的一家不到 200 平方米的小店，最多能容纳 18～20 个顾客。王聪源说："我们只专注于做好一碗牛肉面，不求量，只求精。"

据面店官网介绍，1995 年，王聪源推出精品牛肉面，一碗 600 元新台币，造成媒体轰动，必须预约才能品尝，预约需等候两个月，有时甚至要长达两年之久。2001 年，王聪源推出元首牛肉面，但并未定价，价格完全由由消费者决定，直到 2007 年，"很多顾客说他们愿意花 10 000 元新台币吃这碗面，于是我们就定价 10 000 元新台币。"

资料来源：https://www.guancha.cn/life/2017_09_12_426816.shtml（有删改）

2. 区分需求定价法 区分需求定价是同一产品面对不同的顾客需求采用不同价格的一种定价方法。在这里，同一产品的价格差异并不是因为成本的不同，而主要是由顾客需求的差异所决定的。因此，区分需求定价的真正基础是不同市场上对同一产品的需求价格弹性的差异。这种定价方法一般有以下几种形式。

（1）对不同的顾客给予不同的价格 对不同顾客可以采用不同价格的主要理由是因为消费群体事实上存在着购买能力、购买目的及购买数量等方面的差异，他们对同一产品的价格敏感程度是不同的。因此，对价格敏感的顾客或对企业贡献大的顾客就给予较低的价格，反之，价格则相应高些。例如，新、老顾客的价格差别，会员制下的会员与非会员的价格差别等。

（2）对式样不同的产品给予不同的价格 "式样不同的产品"在这里特指内在价值相同，但包装、样式有一定差异的同种产品。虽然式样不同会引起成本上的小小变化，但这里定价所考虑的真正因素是不同式样对消费者的吸引程度，因此价格制订出来后，我们会发现其价格并不是与成本成比例的，而是与购买目的和产品用途直接相关。

（3）对不同的地点给予不同的价格　同一产品在不同地点制订不同价格的策略也与成本不相关，而与需求及需求的满足程度相关。例如，不同地区由于消费者收入水平的差异可以制订不同的价格，同样的罐装可乐在超市卖2.5元，在餐馆卖5元，在酒店、酒吧卖10元。

（4）对不同的时间给予不同的价格　一些产品在不同时间的效用满足程度是不同的，如销售有淡、旺季的产品，旺季对人的满足程度高，淡季对人的满足程度低，因而在旺季制订高价，淡季制订低价。

区分需求定价法并不适用于所有的场合，在条件不成熟时强行实施会产生弄巧成拙的后果，因此必须谨慎采用。实施区分需求定价法的条件主要有：①市场能够细分，不同市场的需求要有明显的差异，具有不同的需求价格弹性。②细分市场的边界明确且能阻断逃离情况的出现。③差别定价不会因为有了细分市场而增加开支，超过高价所得，得不偿失；换言之，采用差别定价法的总收益应该大于一般意义上的市场"统一价"的收益。④差别定价必须能满足消费者的需求和愿望，定价行为本身不会引起消费者的反感而影响销售。

互联网+营销实战 8-2

当价格歧视遇上大数据

在互联网的消费时代，商家可以比以往任何时候更方便地研究消费者行为，基于大数据的模型分析，更细化地区分消费者，从而形成针对不同消费者群体的细分销售方案，实现销售总营收的提升。

随着大数据等相关技术的迅猛发展，一级价格歧视（也称完美价格歧视，是商家对每一消费者的收取价格刚好都处于该消费者的支付意愿，得到消费者剩余的最小化，商家获得最大化的利润）也正在慢慢变得更有可能实现。消费者的产品偏好、浏览轨迹、购买历史等信息能够不断被收集整理，通过基于大数据的模型分析，更为精确地区分消费者的经济地位、支付意愿等特征，使得商家能够为特定的消费者推送特定的产品信息和定价。加拿大广播公司（CBC）"市场"节目组做了这样一个试验，几位测试人员同时登录同一网站去预定相同酒店，结果每个人看到的价格竟然不同。这个结果取决于你在哪里，使用什么设备以及网站认为你是谁。

天猫、京东和亚马逊都雇用了很多经济学家开发自己的商品定价算法。这些经济学家借助大数据和在线试验开发出了各种新的定价策略。

让商家价格随时变动。网购的高峰时段是工作日的上班时间——也就是人们总爱在办公室里上网买东西。那网店的一个好办法就是在早上略微提高商品的价格，晚上略微降低价格。事实上不但网店这么做，连实体店也会在一天之内变动几次价格，只不过对应的时间点不同。

让价格因人而异。如果网店知道你的年龄、性别、家庭住址甚至是收入情况，那它就可以大致推算出你的价格敏感度，就可以给每个人一个不同的报价。有研究者测试，用两台计算机模拟两个上网者，一个假装是"富人"，专门浏览一些奢侈品网站；一个假装"节俭者"，专门浏览一些低端的商品。一段时间后，两台计算机登录同一个购物网站购买耳机,结果网站给"富人"推荐的耳机价格是"节俭者"的四倍。

为消费者制造低价感。商家可以有意识地把你关注的商品给个低价,哪怕是少赚甚至不赚钱,先把你吸引过来,但是对那些你不敏感的商品给个高价。现在各种大促销活动,618、双11等各种电商节名目繁多,只用少量的限时抢购的商品来制造"低价感",以吸引用户,而往往用户又很难抢购到,如聚划算的前100名1元、0.1元或者1折等。

受互联网技术,尤其是大数据技术的影响,实现"千人千价"的理想定价已不再遥不可及,价格歧视正在改变着许多传统营销模式,也在开创一些新的营销模式。未来,由于人工智能技术的不断进步,以及消费者行为大数据的不断丰富,产品/服务的定价策略将会更加多元化、动态化,消费过程中的"价格歧视"更加会成为常态。定价不再是基于"成本+利润"这样的供给原则,而是基于消费者愿意付出的最高价位区别定价。也就是说,未来的定价将从"供给侧"主导转到"需求侧"主导。

资料来源:http://www.vmarketing.cn/index.php?mod=news&ac=content&id=12559(有删改)

3. 反向定价法 反向定价法是指企业依据消费者能够接受的最终价格,在计算自己经营的成本和利润后,逆向推算产品的批发价和零售价。这种方法不是以实际成本为主要依据,而是以市场需求为定价出发点,力求使价格为消费者所接受。反向定价法的特点有:价格能反映市场需求情况,有利于加强与中间商的良好关系,保证中间商的正常利润,使产品迅速向市场渗透,并可根据市场供求情况及时调整,定价比较灵活。在分销渠道中,批发商和零售商多采取这种定价方法。

8.2.3 竞争导向定价方法

竞争导向定价通常有两种方法,即随行就市定价法和密封投标定价法。

1. 随行就市定价法 这是最常见的一种竞争定价法,它是以本行业的平均价格水平作为企业的定价标准。这种方法适合那些近似完全竞争市场类型的商品。另外,如有些产品很难估计其价格与需求量之间的关系,"随行就市"集中了行业现有的经验,可以在很大程度上规避定价风险。同时,采用这一定价方法还可以避免行业内的互相竞争、排挤,这对竞争能力弱的中小企业十分有利。在现实经济环境里,竞争性市场的大宗商品,如大米、棉花、石油等,基本上会采用这一定价方法。

2. 密封投标定价法 密封投标定价法是指买方通过引导卖方之间的竞争以取得同类产品的最低价格的定价方法,它普遍应用于政府和公用事业的大宗采购,建筑工程项目、大型工业设备的招标采购。招投标过程一般是买主公开招标,公布所要购买的标的物及相关要求,并密封底价(也称标的),卖方则投标竞争。

在参加投标时,企业往往面对一种颇为矛盾的选择:如果报价低,容易中标得到合同,但所得利润很少;如果报价高,预期利润高,但得到合同的概率又很小。因此,投标竞价的关键是估计中标的可能性。这不仅需要精确测算企业的成本费用,考虑企业的需要,还要预测竞争者可能的报价。

计算期望值在确定投标时的报价是必要的。假设一个企业对一个招标工程给予不同报价,通过计算期望值,在不同的报价下可望得到预期利润和不同报价的中标概率,从中得到最佳选择。

8.3 定价策略与技巧

前面所提到的各种定价方法是依据成本、需求和竞争等因素决定产品基础价格的方法。基础价格是单位产品在生产地点或者经销地点的价格,尚未计入折扣、运费等对价格的影响。但在市场营销实践中,企业还需考虑或利用灵活多变的定价策略,修正或调整产品价格。

8.3.1 心理定价策略

心理定价是根据消费者的不同心理而灵活定价,以引导和刺激购买的价格策略,心理定价策略主要有以下几种。

1. 整数定价 整数定价即商品价格以整数结尾,给人以安全、质量好的感觉,多用于价值高的耐用品。对于那些无法明确显示其内在质量的商品,消费者往往通过其价格的高低来判断其质量的好坏。但是,价格的高并不是绝对的高,而只是凭借整数价格来给消费者造成高价的印象。整数定价常常以偶数,特别是"0"做尾数。例如,精品店的服装可以定价为 1 000 元,而不必定为 998 元。

2. 尾数定价 尾数定价又称非整数定价,是指企业利用消费者求廉的心理,制订非整数价格,尽可能在价格上不进位。例如,把一种毛巾的价格定为 2.97 元,而不是 3 元;将台灯价格定为 19.90 元,而不是 20 元,可以在直观上给消费者一种便宜且精准的感觉,从而激起消费者的购买欲望,促进产品销售量的增加。

3. 声望定价 这是根据产品在消费者心中的声望、信任度和社会地位来确定价格的一种定价策略。声望定价可以满足某些消费者的特殊欲望,如地位、身份、财富、名望和自我形象等,还可以通过高价格显示名贵优质。因此,这一策略适用于一些传统的名优产品,具有历史地位的民族特色产品以及知名度高、有较大的市场影响、深受市场欢迎的驰名商品。

4. 习惯定价 习惯定价是指按照消费者的习惯性标准来定价。日常消费品价格一般采用习惯定价,因为这类商品一般易于在消费者心目中形成一种习惯性标准,符合其标准的价格容易被顾客接受,否则容易引起顾客的怀疑。高于习惯价格常被认为是变相涨价,低于习惯价格又会被认为是产品存在质量问题。因此,这类产品的价格力求稳定,在不得不提价时,应采取改换包装或品牌等措施,减少消费者的抵触心理,并引导消费者逐步接受新的习惯价格。

5. 招徕定价 招徕定价是指将某几种商品的价格定得非常高,或者非常低,在引起消费者的好奇心理和观望行为之后带动其他商品的销售。这一定价策略常为综合性百货商店、超级市场或者高档商品的专卖店所采用。

相关链接 8-1

为什么宜家的甜筒只卖 1 块钱?

如果列一份宜家的畅销榜单,排名第一的可能不是沙发、台灯、置物架,而是出口处

1元一支的冰淇淋甜筒。

宜家冰淇淋在中国的售价是1元，在德国的售价也是1元，但是单位是欧元。1元人民币的冰淇淋不会亏本吗？背后的逻辑是什么？这还得从峰终定律说起。

峰终定律：人们对一件事的印象，往往只能记住两个部分。一个是过程中的最强体验——"峰"；一个是最后的体验——"终"。过程中好与不好的其他体验对记忆差不多没有影响。例如，星巴克的"峰"是友善的店员和咖啡的味道，"终"是店员的注视和微笑。尽管整个服务过程中有排长队、价格贵、长时间等待制作、不易找到座位等很多差的体验，但是客户下次还会再去。再举个例子，一些儿科医院会在诊疗结束后送给小孩子礼物，给他最爱吃的零食。这样即便过程很痛苦，最后也有一个甜甜的结果。他对这个疾病的痛苦印象就不会那么深刻。

宜家的购物路线也是按照"峰终定律"设计。虽然它有一些不好的体验，如"地形"复杂，哪怕只买一件家具也需要走完整个商场；店员很少，找不到帮助；要自己从货架上搬货物，要排长队结账等。但是它的峰终体验是好的，它的"峰"是过程中的小惊喜，如便宜又好用的挂钟，好看的羊毛毯以及著名的瑞典肉丸。它的"终"就是出口处1元的冰淇淋！如果没有出口处1元的冰淇淋，宜家的"终"体验可能会很差。所以，1元的甜筒看似赔本，却为宜家带来了极佳的"终"体验，成为人们记住宜家的一个标记。当人们再回忆起宜家的购物之旅时，会觉得整体行程都非常棒。

峰终定律是诺贝尔奖得主、心理学家丹尼尔·卡内曼经过深入研究发现的，它很大程度上决定了顾客对购物体验的回忆，以及下一次是否会继续光顾。可惜的是，很多企业还没有意识到峰终定律的重要性，对"终"的设计往往不好，白白地流失了很多会重复购买的顾客。

资料来源：老卒. 为什么宜家的甜筒一直只卖1块钱[J]. 销售与市场（营销版），2018（07）.（有删改）

8.3.2 折扣定价策略

企业为了鼓励顾客及早付清货款、大量购买、淡季购买，可酌情降低基本价格，这种价格调整叫作价格折扣。常见的价格折扣有以下几类。

1. 现金折扣 现金折扣是对能在规定的时间提前或按时付清账款的购买者实行的一种价格折扣。一般规定购买后付清账款的时间期限，以此为据，如果提前付清，可以得到相应的价格优惠。如规定30天内需要付清全款，如果10天就付清了，给予2%的折扣。现金折扣可以加速资金周转，减少收账费用和坏账与呆账损失。

2. 数量折扣 数量折扣是卖方因为买方购买数量大而给予的一种价格折扣，可以分为一次性和累积性（多次）的数量折扣，目的是增加顾客购买数量，鼓励顾客多购买产品。销售数量的增加可以减少企业营销费用，减少成品资金占用，也有利于企业培养忠诚顾客。

3. 功能折扣 功能折扣也称贸易折扣，是制造商给渠道成员的一种额外折扣，促使他们愿意执行某种市场营销职能（如推销、储存、商品再包装、服务等）。例如，企业规定零售商如果在当地市场做产品的广告，且广告的质量符合规定，就对其进货价格给予折扣；如果经销商承担了顾客服务，可以在进货价格上给予一定的折扣。

4. 季节折扣 季节折扣是卖方给那些过季商品或服务的一种减价。例如，商场在夏季以折扣价销售羽绒服。季节折扣可以使企业对季节性消费品常年维持生产，或均衡淡、旺季的生产和供应，也可以在非消费季节将过多的存货尽快销售出去。

5. 价格折让 价格折让是指企业根据价目表，在顾客满足某种条件的情况下给予的价格折扣。例如，常见的以旧换新折让，一台电冰箱标价4 000元，顾客以旧冰箱折价500元购买，只需付3 500元；广告折让，让顾客手持企业某种形式的广告前来购买，就按一定的折扣购买产品；促销折让，在促销活动期间购买产品的顾客可以享受到价格优惠。

8.3.3 地区定价策略

一般来说，一个企业的产品不仅卖给当地，同时也可能卖到外地。如果卖给外地顾客，企业要把产品从产地运到顾客所在地，这时就需要进行装运。地区性定价策略就是在将产品卖给不同地区（包括当地和外地）的顾客时，是制订不同价格还是相同价格。也就是说，是否制订地区差价。

1. FOB原产地定价（FOB Origin Pricing） FOB原产地定价是顾客（买方）按照出厂价购买某种产品，企业（卖方）负责将这种产品运到产地某种运输工具（如货车、火车、船舶、飞机等）上交货，交货后从产地到目的地的一切风险和费用概由顾客承担。这样定价对企业的不利之处是远地的顾客可能不愿意购买这个企业的产品，转而购买其附近企业的产品。

2. 统一交货定价 这种形式和前者相反。统一交货定价是企业将产品卖给不同地区的顾客，按照相同的出厂价加相同的运费（按平均运费计算）定价。不同地区的顾客不论远近都实行一个价格。这种定价又叫邮资定价。

3. 分区定价 这种形式介于前面两者之间。企业把整个市场（或某些地区）分为若干价格区，不同价格区分别制订不同的地区价格。距离较远的价格区定价较高，较近的价格区定价较低，同一价格区范围实行统一价格。

4. 基点定价 基点定价是企业选定某些城市作为定价基点，然后按一定的出厂价加从基点城市到顾客所在地的运费定价，而不管货物实际是从哪个城市起运。有些企业为了提高灵活性，选定多个基点城市，按照距离顾客最近的基点计算运费。基点定价的产品价格结构缺乏弹性，竞争者不易进入，利于避免价格竞争。顾客可在任何基点购买产品，企业也可将产品推向较远的市场，有利于市场扩展。

5. 运费免收定价 企业负担全部或部分运费。有些企业认为如果生意扩大，平均成本就会降低，足以补偿运费开支。运费免收定价可使企业加深市场渗透，并在竞争日益激烈的市场上站住脚。

8.3.4 产品组合定价策略

当产品只是产品组合的一部分时，必须对定价方法进行调整。企业要研究出一系列的价格使整个产品组合的利润最大化。由于各种产品之间存在需求和成本的联系，而且会带来不同程度的竞争，所以定价十分困难。

1. 产品大类定价 在定价时首先确定某种产品的最低价格，它在产品大类中充当领袖价格，以吸引消费者购买产品大类中的其他产品；其次，确定产品大类中某种商品的最高价格，它在产品大类中充当品牌质量标准和收回投资的角色；最后，产品大类中的其他产品也分别依据其在产品大类中的不同角色而制订不同的价格。

2. 选择品定价 许多企业在提供主产品的同时会附带一些可供选择的产品或服务，如汽车用户可订购电子开窗控制器、扫雾器和减光器等。但是对于选择品的定价，公司必须确定价格中应当包括哪些内容，又有哪些可作为选择对象。例如，饭店对酒水和饭菜的定价，顾客除了购买饭菜，也会购买酒水，许多饭店酒水价格高，饭菜价格相对低，饭菜收入可弥补食品成本和饭店其他成本，酒水收入可带来利润；也有饭店酒水价格定得较低，饭菜制订高价，以吸引饮酒的消费者。

3. 互补产品定价 互补产品也可称为连带产品，是指必须与主产品一同使用的配套产品，如喷墨打印机和墨盒，激光打印机和硒鼓等。对于这类互补的产品，企业可以有意识地降低购买频率低、需求弹性大的产品价格，同时提高与之相配套的购买频率高而需求弹性小的产品价格，这样会取得各种商品销售量同时增加的良好效果。例如，各品牌的喷墨打印机价格定得很低，甚至会作为购买品牌计算机时的赠品，而其互补产品墨盒却价格不菲。

4. 分部定价 服务性企业经常收取一笔固定费用，再加上可变的使用费，这种定价方式为分部定价。例如，电话用户每月要支付一笔最少的使用费，如果使用次数超过限制还要再交费；游乐园一般先收门票费，如果游玩的地方超过规定就要再交费。

服务性公司面临着与互补品定价同样的问题，即收多少基本服务费和可变使用费。固定成本较低，可以推动人们购买服务，利润则可以从使用费中获取。

5. 副产品定价 在生产加工肉类、石油产品和其他化工产品的过程中，经常产生副产品。如果副产品价值低、处置费用昂贵，就会影响主产品定价——其价格必须能弥补副产品处置费用。如果副产品能带来收入，则有助于企业在应对竞争时对主产品制订较低价格。

6. 产品系列定价 企业经常以一种价格出售一组产品或服务，如化妆品、计算机、度假旅游公司提供的系列活动方案等，这就是产品系列定价，也称价格捆绑，目标是刺激产品线的需求，充分利用整体运营的成本经济性，同时努力提高利润净贡献。

相关链接 8-2

为什么电影院爆米花卖那么贵，而且还有人买？

你敢相信这种用玉米粒就能炸出的小零食竟然比酷炫的 3D 大片更挣钱吗？是的，这就是事实。

万达影院的三大主营业务（放映、广告投放、销售）中，毛利润率最高的是商品销售。2016 年，万达影院放映电影与"卖爆米花"的利润率分别为 21%和 61%。一桶小小的爆米花在整个电影院生态中起到何种作用呢？定价如此贵的爆米花，又如何能被销售出去，还占到如此高的利润比呢？

对于电影院来说，爆米花不仅仅是一种小零食，更是与电影票组成搭档，掏空消费者钱包的一种定价手段。如何来理解这种定价手段呢？爆米花和电影存在需求互补性，看电影是一种休闲行为，人们都喜欢在观影的时候购买爆米花以营造更好的观影体验。就像你在家看电视剧的时候，也会准备一些瓜子小零食来让你彻底放松下来。在定价策略中，电影票是电影院的主产品,爆米花是电影院的副产品,副产品爆米花能带来更高的利润价值,电影院便会将主产品电影票的价格定低,从而在电影院市场中抢占更多份额。将副产品爆米花的价格定高以获取更多利润。

举个例子,如果有多家电影院在上映同一部电影,绝大多数消费者都会优先考虑票价便宜的那一家。如此一来,票价低的那一家就会抢占更多消费者。等消费者进入电影院后,商家就可以通过爆米花、可乐等副产品来获得更高的收益。

资料来源:http://www.shichangbu.com/article-32295-1.html(有删改)

8.3.5 新产品定价策略

新产品定价是企业定价策略中的一个重要内容,它关系到新产品能否顺利进入市场,并为占领市场打下良好的基础。新产品定价的难点在于无法确定消费者对于新产品的理解价值。如果定价过高,难以被消费者接受,影响新产品顺利进入市场;如果定价过低,则会影响企业效益。常见的新产品定价策略有3种截然不同的形式:撇脂定价、渗透定价和满意定价。

1. 撇脂定价 撇脂定价是让新产品的价格定在远远超过其成本的水平,以求在短期内获得高额利润的定价策略。如果新产品具有非常明显的"新、奇、特"特征,采用这种定价策略可以使企业在短期内获得巨大的市场利润回报。但是,这种策略会导致迅速、激烈的市场竞争,并使价格下降、高额利润消失。

2. 渗透定价 与撇脂定价相反,渗透定价通过将新产品价格定在略高于成本的水平,强调"薄利多销"。采用渗透定价的新产品应该有足够的市场购买规模,购买者对价格因素比较敏感。

互联网+营销实战 8-3

眼镜界的"小米"

美国有一个奇葩的眼镜品牌:别的眼镜店价格不低于 500 美元,它只卖 95 美元,价格不及别人的五分之一!卖得这么便宜,竟然还要卖一副,捐一副。然而,它不仅没有亏损,而且实体店每平方米的年销售额 3000 万美元,位列全美所有实体零售店的第二位,仅次于苹果公司!这就是美国的 Warby Parker。

Warby Parker 的创始人 Dave,一次在飞机上不小心弄丢了他价值 500 美元的眼镜,他叫苦连天。更让他抓狂的是,这一副一点金属外加 2 个树脂塑料片的眼镜,居然卖得比 iphone 还要贵!一经调查才发现,原来美国的眼镜被一家名为 Luxottica 公司垄断了,市场上眼镜的价格全由它做主。成本如此低的眼镜,经过他们的手后价格就翻了好几番!Dave 气愤的同时又从中看到了商机。他与三位同学决定成立一个品牌对抗当下那些高定价、低品位的眼镜公司。

Warby Parker 找到了 Luxottica 在中国的制造商,采用相同的材质来制造眼镜。眼镜本就是暴利行业,就算用好的材质,成本也高不到哪里去。Luxottica 之所以卖得那么贵,是因为品牌价值,而不是产品价值。在设计上,四位创始人也亲力亲为,遵循"少即是多"(LESS IS MORE)的理念。设计讲究经典、简约、时尚,前期只推出 27 种款式,给予消费者更快捷、高效的选择，同时，可以更好地把控供应链的管理，降低成本。

前期采用垂直类电商模式，直接将眼镜在线卖给消费者。尽管当时线上的眼镜销售只占 1%，但是线上销售节省了实体店铺的租金、品牌授权费用以及验光实验室的成本，可以给消费者更实惠的价格。

这几大因素综合下来，Warby Parker 将眼镜的定价降低到 95 美元/副。相比于 Luxottica 不低于 500 美元的定价，Warby Parker 卖得简直就是"白菜价"。

因为高性价比的产品，Warby Parker 一上市就风靡了全美，仅三个月就完成了一整年的销售目标。

资料来源：http://www.shichangbu.com/article-32134-1.html（有删改）

3. 满意定价　满意定价介于撇脂定价与渗透定价之间，将新产品价格定在买卖双方都有利的适中水平。

［营销方法］

价格确定表　价格确定表见表 8-1。

表 8-1　价格确定表

价格下降	年总固定成本	
	年总变动成本	
	预计利润	
	单位变动成本	
	单位产品售价预计	
	盈亏平衡点	
价格上升	产品是否具有独特性	
	替代品种类及价格	
	性价比如何	
	客户对价格敏感度如何	
	产品市场地位、声誉	
	单位产品价格占客户收入比重	
	企业的生产能力	
价格确定	在该产品开发生产中的投资额	
	预期总收益	
	收益实现期限	
	预期销售额	
	是否以获取市场份额为主要目标	
	单位售价	

本章小结

1. 影响定价的因素 影响定价的因素包括成本、需求、竞争以及其他。

2. 企业定价方法 企业定价有3种导向，即成本导向、需求导向和竞争导向。成本导向定价法包括成本加成定价法、盈亏平衡定价法和边际贡献定价法；需求导向定价法包括认知价值定价法、区分需求定价法和反向定价法；竞争导向定价法包括随行就市定价法和密封投标定价法。

3. 企业定价策略 企业定价策略包括心理定价策略、折扣定价策略、地区定价策略、产品组合定价策略和新产品定价策略。

心理定价策略包括整数定价、尾数定价、声望定价、习惯定价、招徕定价。

折扣定价策略包括现金折扣、数量折扣、功能折扣、季节折扣和价格折让。

地区定价策略包括FOB原产地定价、统一交货定价、分区定价、基点定价和运费免收定价。

产品组合定价策略包括产品大类定价、选择品定价、互补产品定价、分部定价、副产品定价、产品系列定价。

新产品定价策略包括撇脂定价、渗透定价和满意定价。

重要概念

需求价格弹性　成本加成定价法　盈亏平衡定价法　边际贡献定价法　认知价值定价法
区分需求定价法　随行就市定价法　密封投标定价法　撇脂定价　渗透定价
心理定价　折扣定价

案例分析

罐装奶茶、咖啡"逆市调价"

2018年，继可口可乐和营养快线走上"越难卖越卖得贵"的道路后，香飘飘奶茶和雀巢咖啡也赶上了这趟车。在行业观察人士看来，尽管原材料和运输成本涨价是不争的事实，但是罐装、杯装产品正在遭遇奶茶店、咖啡店的冲击，年轻族群消费升级体现十分明显，快消企业此时涨价是"兵行险着"。

香飘飘奶茶、雀巢咖啡调价

快要被人遗忘的"一年卖出12亿杯，能绕地球4圈"的香飘飘奶茶此前对冲泡系列产品进行了提价，其中好料系单杯终端零售价为5.5元，相较过去提价0.5元，而经典系单杯终端零售价4元，提价0.5~1元（不同区域、渠道价格不同）。从调价函来看，香飘飘是从六七月份就已经开始执行新的价格了，而其经销商则大多反映，收到通知时间稍有滞后。

无独有偶，这一轮涨价中还有雀巢咖啡1+2系列产品。雀巢方面称，公司为顺应消费升级趋势，满足更高端化的需求，决定对雀巢咖啡1+2系列产品进行提价，其中原味微研磨终端零售价为106元，相较过去提价10元，调整幅度10.4%。此次调价已于7月1日生效。

调价不见得会促进销量提升

香飘飘涨价或与业绩承压有关。2018年8月16日，香飘飘食品股份有限公司公布了上市以来的首份半年报，但是数据却并不理想。财报显示，该公司上半年净利润亏损5 000多万元。

刚上市不久便业绩大幅下滑，香飘飘由此引发市场争议。对于"增收不增利"的现象，香飘飘方面表示，现有产品结构以固体冲泡奶茶为主，冲泡奶茶的热饮属性决定了其在寒冷的冬季是销售的旺季，每年一季度及四季度是公司的销售旺季，二季度和三季度是淡季，二季度销售占比约为全年10%。此外，公司还加大了对液体奶茶的品牌宣传、渠道推广等资源投放，导致二季度经营亏损较大。

"占比不断提升的新品液体奶茶和美味系列的毛利率都比较低，所以香飘飘此前采取了对部分产品提价的策略，来直接实现利润提高。"一位行业观察人士表示。

而对于雀巢咖啡涨价的现象，中国食品产业分析师朱丹蓬认为，雀巢1+2系列属于其传统经典产品，在中国销售多年，整个价格体系可谓十分稳定。"这时候涨价其实是想刺激经销商，从而带动售卖积极性。它在电商渠道一直都在进行促销，不同渠道实施不同价格策略当然没有错，但是涨价并不见得会促进销量提升。"

调价能够直接带来利润提升？

据了解，近年来即饮奶茶、咖啡市场发展迅猛，遍街都是奶茶店、咖啡店，资本也在密集进军奶茶、咖啡行业，这使得传统的罐装、杯装饮料遭遇了极大的冲击。

"年轻学生、白领在喝茶喝咖啡方面的消费升级变化非常快，手捧一杯奶盖、拿铁，或行色匆匆或闲坐一隅已经成为街头一景。"行业观察人士表示，在传统产品面临强大竞争对手挤压生存空间的当口，饮料企业选择提价的动机可以理解，但此举带有不小的风险。朱丹蓬认为"有的传统产品在市场生存太久会难以产生涟漪，涨价可能刺激渠道充满活力，也能够直接带来利润提升，但实际效果并不一定明显。"

资料来源：广州日报

思考与分析

1. 你认为香飘飘奶茶和雀巢咖啡提价的原因是什么？
2. 你如何评价这一提价举措？根据该案例，说说企业提价时要注意的问题。

营销实训
定价方法训练

【**训练目的**】学会、掌握常用的营销定价方法。

【**训练方案**】通过解决下列问题，实践演练定价方法的运用。

1. 红星电器有限公司生产智能型声控开关1 000件，总固定成本为20 000元，总变动成本为30 000元。如果预期利润率为20%，试按成本加成定价法确定这种智能声控开关的单位销售价格。

2. 美华电器行从彩电制造商处购进一批高清彩电,这批彩电进货的平均成本为 2 000 元。如果电器行的彩电加成率为 15%,电器行按照成本加成定价法确定的这批彩电的零售价格应该是多少?

3. 企业的固定成本为 50 000 元,单位变动成本为 0.8 元,预计产品销量 100 000 件。请问保证企业盈亏平衡的产品售价应该是多少?若要保证 20% 的投资收益,产品售价又应该是多少?

4. 企业生产 B 产品的生产能力可达 300 000 件,但目前市场需求为 200 000 件,且已趋于饱和。生产 B 产品的单位变动成本为 1.2 元/件,企业固定成本总额为 100 000 元。请计算确定 B 产品的盈亏平衡价格;如果要保证 60 000 元的利润,则应定价多少?如果这时有国外厂商向企业定购 B 产品 50 000 件,但只愿出价 1.5 元/件,请问可否接受,并说明理由。

复习与思考

1. 新产品有哪些定价策略?实行不同策略应具备哪些条件?
2. 企业定价目标主要有哪些选择?
3. 商品需求价格弹性对企业定价的影响如何?
4. 企业定价主要有哪三类方法?
5. 撇脂定价策略和渗透定价策略各自适用于什么情况?
6. 折让价格策略主要有哪几种?心理定价策略主要有哪几种?
7. 企业如何应对竞争对手的价格调整决策?

延伸阅读

1. 《**麦肯锡定价**》,沃尔特 L. 贝克、迈克尔 V. 马恩、克雷格 C. 扎瓦达著,赵银德译,机械工业出版社,2017。

作者简介: 沃尔特 L. 贝克是麦肯锡亚特兰大分公司的合伙人之一。自 1998 年加入麦肯锡以来,沃尔特的合作客户来自多个行业,所涉领域包括定价、销售、营销、战略等。迈克尔 V. 马恩是麦肯锡克利夫兰分公司的合伙人之一。迈克尔开发出了许多应用广泛的、可用于发现和捕获定价机遇的分析工具。克雷格 C. 扎瓦达是麦肯锡卡尔加里分公司的合伙人之一。自 1997 年加入麦肯锡以来,克雷格帮助了来自多个行业的企业客户确定并捕获定价机遇。克雷格在定价战略领域发表了大量论文。

内容简介: 在企业追求的所有优势中,有一种强大的优势几乎所有企业都能够获得,但只有极少数企业能够意识到这种优势。这便是定价优势。定价是企业管理人员可以影响利润的敏感的杠杆。平均价格即使出现细微波动,也会导致营业利润发生剧烈振荡。然而,很少有企业能够按照规律科学地处理定价问题。

2. 《**定价制胜:大师的定价经验与实践之路**》赫尔曼·西蒙著,蒙卉薇、孙雨熙译,机械工业出版社,2017。

作者简介: 赫尔曼·西蒙是德国著名的管理学思想家,"隐形冠

军"之父,是颇负盛名的世界级管理大师。现任西蒙顾和管理咨询公司(Simon-Kucher & Partners)的创始人和董事长。

内容简介:如何在商战中主导定价的话语权?定价咨询的全球领导者,隐形冠军之父赫尔曼西蒙大师40余年定价经验全面汇总,帮助管理者跳出抄袭竞争对手定价、凭借经验定价、成本定价的窠臼。价格无处不在,每天我们多次支付和收取它,有时候为它苦恼不已,有时候又不假思索地就付了账。那些了解价格真正动态的管理者能够将这些知识转化为更丰厚的利润回报以及更强的竞争优势。

网站推荐

1. **商业评论网** www.ebusinessreview.cn
2. **和讯商学院** bschool.hexun.com
3. **市场部网** www.shichangbu.com

第 9 章
渠道策略

学习指导

学习目标

1. 理解分销渠道的概念，了解渠道的基本模式
2. 掌握分销渠道策略的原理及其应用
3. 了解中间商的类型及新型的销售平台

> **任务驱动**

线上渠道带来业务激增

2018 年 8 月 30 日，旗下拥有御泥坊、师夷家、小迷糊、花瑶花等品牌的御家汇股份有限公司（以下简称"御家汇"）发布了 2018 年半年度报告。数据显示，御家汇实现营业总收入 9.81 亿元，与上年同期相比增长 57.78%，归属于上市公司股东的净利润为 6 503.38 万元，同比上涨 19.05%，归属于上市公司股东的扣除非经常性损益后的利润同比增长 3.46%，增至 6 350.95 万元。

按照产品划分，贴式面膜、非贴式面膜、水乳霜及其他产品的营业收入分别比上年同期递增 33.71%、0.78%、181.32%及 45.38%。化妆品行业发展趋势良好、化妆品电子商务行业发展较快以及公司加强品牌建设、夯实线上渠道优势及注重产品研发和产品质量都在一定程度上驱动了业绩增长。

与此同时，却也存在着电子商务平台销售集中的风险。2015—2017 年，御家汇在天猫（包括天猫国际、天猫超市）、唯品会两个电子商务平台的营业收入总和占当年主营业务收入的比重分别为 61.21%、57.35%和 62.97%，占比相对集中，存在一定依赖性。御家汇相关负责人表示，"如果公司未来无法与上述电商平台保持良好的合作关系，或上述电商平台的销售政策、收费标准等发生重大不利变化，抑或公司在上述电商平台的经营情况不及预期，且未能及时拓展其他有效的销售渠道，将对公司的经营业绩产生不利影响。"

本案例中所提及的以互联网为平台进行的营销对你有什么启示？你认为有什么地方值得传统企业借鉴学习？又存在什么样的风险？

资料来源：中国化妆品网 http://www.zghzp.com/news/hyzx/qykt/77339.html（有删改）

渠道决策是企业的重大营销决策之一，也是最复杂的营销决策。随着环境的日新月异，分销体系也正在发生急剧的变化，在此消彼长、变化频繁的流通变革中，许多企业开始感叹生意越来越难做。渠道是企业最重要的无形资产，是企业重要的融资管道，而且是成本最低廉的融资管道，同时它具有共享性。你的顾客在什么地方聚集，什么地方就有可能成为你的渠道。

9.1 分销渠道的基本模式

9.1.1 分销渠道的概念

分销渠道也称销售渠道、贸易渠道，菲利普·科特勒认为：分销渠道是指产品和服务在从制造商（生产者）向消费者或用户转移的过程中，取得这种产品和服务的所有权或帮助转移所有权的所有组织或个人。分销渠道的起点是制造商（生产者），终点是消费者或用户，中间环节包括商人中间商（取得所有权）和代理中间商（帮助转移所有权）。商人中间商包括批发商和零售商两类，代理中间商包括代理商和经纪商两类。商人中间商和代理中间商的区别在于以下几点。

1）商人中间商拥有所经营商品的所有权；而代理中间商只受生产者委托代理销售业务，并不拥有商品所有权。

2）商人中间商为了取得经营商品的所有权，在购进商品前必须预付商品资金；而代理中间商则不需要垫付资金。

3）商人中间商购进商品与销售商品之间存在着价格差，正是这种差价形成了企业利润；代理中间商的收入来自于委托销售企业按规定支付的佣金。

9.1.2 分销渠道的作用

1. 产品的集中与再分配 作为中间商，最直接和最主要的作用就是将产品从制造商那里集中起来，再根据客户的具体要求将其进行重新包装、组合和分配。并不是所有的公司都有能力和资源进行直接营销，这就是中间商存在的价值。即便是那些有能力建立自己的分销渠道的厂家，也可以借助中间商的资源和高度专业化的优势扩大自己的市场覆盖率。

2. 市场信息的收集和反馈 在产品的流通过程中，各中间商可获取有关客户、市场和竞争者的信息，通过收集整理并反馈给公司。事实上，经销商和零售商对公司而言是极其重要的信息来源，他们最接近市场，可以和终端客户保持经常的联系，获取有关他们的各种信息。同时，许多经销商和零售商也销售竞争厂商的产品，有助于他们了解客户对各种产品的评价反馈。

3. 资金的流动 渠道的最后一个重要作用就是实现了资金在渠道中的滚动，这使得公司缓解了资金上的压力。在资金流动方面有以下作用。

（1）付款 付款是指货款通过分销渠道从最终客户流向公司。在产品流通中，由于中间商的存在，提供了多种多样的、灵活方便的付款方式。

（2）信用 经销商和零售商为公司提供了重要的信用。对购买产品的支付几乎都是以购买日为准，而不是以产品最终卖出去的时间为准。这一做法对公司和上一级经销商都具有重要意义，它使得他们能准确地估计现金流量。

（3）融资 企业通过分销渠道成员自己的实力和信用进行融资，扩大了产品流通过程所需的资金来源，使得渠道的资金雄厚，便于产品更广泛的推销。

4. 解决生产者和消费者或用户之间客观存在的矛盾 在现代市场经济条件下，之所以大多数产品都不是由生产者直接提供给最终消费者或用户的，是因为生产者和消费者或用户之间客观上存在一些矛盾，因此，在生产者和最终消费者或用户之间存在大量的执行不同功能和具有不同名称的商人中间商和代理中间商是必要的。

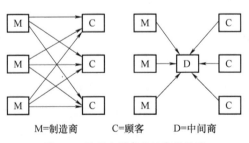

图 9-1 使用中间商的经济效果图

图 9-1 是使用中间商的经济效果图,从图中可以直观地感受到中间商的介入给制造商带来的好处。如图 9-1 所示,如果不存在中间商,3 个制造商和 3 个顾客之间将发生总共 9 次交易行为,而中间商的存在使得交易行为缩减为 6 次,其经济效益是显而易见的。

在实际的交易行为中情况更为复杂,这是因为产品从制造商向最终顾客或用户流动的过程中存在着几种物质或非物质形式的运动"流",渠道则表现为这些"流"的载体。组成分销渠道的各种机构是由几种类型的流程联结起来的。按菲利普·科特勒的归纳分为实体流程、所有权流程、付款流程、信息流程和促销流程,它们各自的流程如图 9-2 所示。

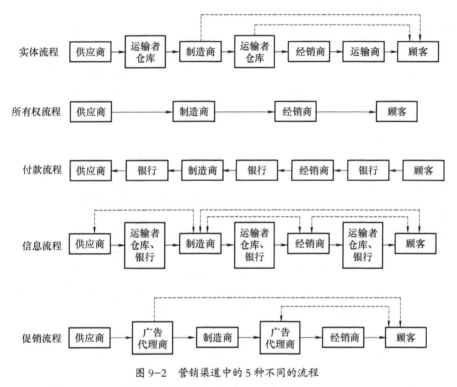

图 9-2 营销渠道中的 5 种不同的流程

（1）实体流程　实体流程是指实体原料及成品从制造商转移到最终顾客的过程。例如,在汽车市场营销渠道中,原材料、零部件、发动机等从供应商处运送到仓储企业,然后被运送到制造商的工厂制成汽车,制成汽车后经过仓储环节,然后根据经销商的订单运交给经销商,再运交给顾客;如果遇到大笔订单,也可由仓库或工厂直接供应。

（2）所有权流程　所有权流程是指货物所有权从一个市场营销机构到另一个市场营销机构的转移过程。在前例中,原材料及零部件的所有权由供应商转移给制造商,汽车所有权则由制造商转移给经销商,最后到顾客。如果经销商以寄售的身份保存汽车,则不应列入图 9-2 中。

（3）付款流程　付款流程是指货款在各市场营销机构之间的流动过程。例如,顾客通过银行或其他金融机构向经销商支付账单,经销商扣除佣金后再付给制造商,再由制造商付给各供应商,还须付给运输企业及独立仓库（图 9-2 中已省略）。

（4）信息流程　信息流程是指在市场营销渠道中，各市场营销中间机构相互传递信息的过程。通常，渠道中每一相邻机构间会进行双向的信息交流，而互不相邻的机构间也会有各自的信息流程。

（5）促销流程　促销流程是指广告、人员推销、宣传报道、促销等活动由某一方对另一方施加影响的过程。供应商向制造商推销其品牌及产品，还可能向最终顾客推销自己的名称及产品，以便影响制造商购买其零部件或原材料来装配产品。促销流程也可能从制造商流向经销商（贸易促销）或最终顾客（最终使用者促销）。

9.1.3 分销渠道的模式

1. 传统分销渠道　传统分销渠道是由各自独立的生产商、批发商、零售商和购买者组成的。在传统分销渠道中，各渠道成员之间的联系是松散的。传统分销渠道是在实际工作中被大多数企业采用的分销渠道模式，但随着营销环境的不断发展，传统分销渠道正面临着越来越大的挑战。如图9-3所示，可以看到消费者市场和生产者市场的传统分销渠道模式。

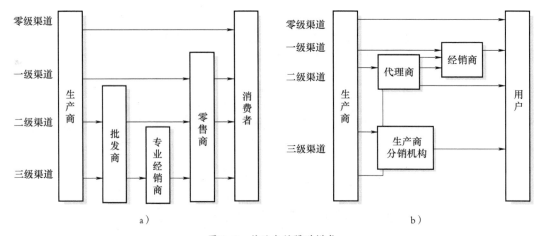

图9-3　传统分销渠道模式

a）消费者市场分销渠道　b）生产者市场分销渠道

2. 整合分销渠道　随着企业营销活动的不断变化更新，企业在实际的渠道运作中，出现了将渠道成员通过一体化整合后形成的整合分销渠道系统。整合分销渠道正被越来越多的企业采用。整合分销渠道主要包括垂直营销系统、水平营销系统和多渠道系统3种形式。

（1）垂直营销系统　垂直营销系统是近年来渠道发展中最重大的成果之一，它是为了挑战传统营销渠道而出现的。传统营销渠道由独立的生产者、批发商和零售商组成。每个成员都是作为一个独立的企业实体追求自己利润的最大化，即使是以损害系统整体利益为代价也在所不惜，没有一个渠道成员对于其他成员拥有全部的或者足够的控制权。麦克康门把传统渠道描述为"高度松散的网络，其中，制造商、批发商和零售商松散地联结在一起，相互之间进行不亲密的讨价还价，对于销售条件各执己见，互不相让，所以各自为政，各行其是"。

垂直营销系统则相反，它是由生产者、批发商和零售商所组成的一种统一的联合体。某个渠道成员拥有其他成员的产权，或者是一种特约代运营关系，或者这个渠道成员拥有相当实力，其他成员愿意合作。垂直营销系统可以由生产商支配，也可以由批发商或者零售商支配。垂直营销系统有利于控制渠道行动，消除渠道成员为追求各自利益而造成的冲突。它们能够通过其规模、谈判实力和重复服务的减少而提高效益。在消费品销售中，垂直营销系统已经成为一种占主导地位的分销形式，占全部市场的64%。传统分销渠道与垂直营销系统的对比如图9-4所示。

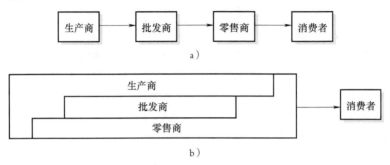

图9-4 传统分销渠道与垂直营销系统对比

a）传统分销渠道 b）垂直营销系统

垂直营销系统的3种主要类型如下。

1）公司式垂直营销系统。公司式垂直营销系统是指一家公司拥有并统一管理若干工厂、批发机构、零售机构等，控制分销渠道的若干层次，甚至控制整个分销渠道，综合经营生产、批发、零售业务。这种渠道系统又分为两种：一种是大工业公司，如美国胜家公司在美国各地设有缝纫机商店，自产自销，并经营缝纫技术培训等服务项目；美国火石轮胎和橡胶公司在利比里亚拥有橡胶种植园，在美国橡胶工业中心拥有轮胎工厂，其下属的批发机构和零售机构遍布全美国。另一种是大零售公司，如美国零售业巨头沃尔玛公司、大西洋和太平洋茶叶公司、彭尼公司等。

互联网+营销实战9-1

雅芳：全渠道布局，加快新零售探索

作为最早进入中国市场的美国化妆品牌之一，雅芳曾经在中国市场风光无限，但随着电商的兴起，直销模式难以为继，雅芳在渠道问题上摇摆不定，错失了发展机会。

随着雅芳把重心重新放到中国市场，渠道改革的问题也提上了日程。2016年年初，雅芳换帅，张旭明担任CEO。上任伊始，张旭明就知道，解决渠道问题是雅芳走出困境的根本。张旭明的品牌发展策略是：消费者在哪里，雅芳就在哪里。在全新思维指导下，雅芳全力推进全渠道发展策略，以开放的心态探索不同的商业模式，触达更多的消费者。

2018年5月22日，在第23届中国美容博览会期间，张旭明表示："雅芳在2017年的销售都是正增长，这代表我们的策略方向是正确的。"

全渠道布局，加快新零售探索

电商 线上渠道是雅芳发力的重点，2009年雅芳开始入驻淘宝，2013年进驻天猫，

2014年进驻京东，2015年入驻唯品会。从2015年开始，雅芳利用微信公众号搭建起一站式客户关系管理平台，随后开设天猫旗舰店。由此，雅芳以天猫旗舰店和微信公众号为核心据点的电商平台形成，打通线上线下的会员数据，并利用内容营销和精准推送带来超过200%的购买转化率。

美容专卖店 美容专卖店是雅芳的传统优势渠道，目前雅芳直接支持和管理的专卖店有1 500多家，专卖店正在向6.0形象店升级，主打"温馨花房"的设计理念，颜值与体验并重，着力打造场景感和体验感，成为品牌延伸的一部分。目前，全国已有138家专卖店升级为6.0形象店，升级后的店铺销售量平均提升54%。

化妆品专营店渠道 从2017年开始，雅芳进入化妆品专营店渠道，以个人护理产品为主，目前已经拓展了5 000家网点，化妆品专营店是雅芳的战略性渠道。在这个渠道，雅芳提供包括灵活促销支持、专业人员培训和精致陈列计划等支持方案，以延伸雅芳的品牌触角。

在全渠道布局上，雅芳一向把所有投资战略放在一起考量，不会把三个渠道分开，所以在投入上以全局为重。随着购物中心的蓬勃发展，目前雅芳也在协助专营店的经营者进入购物中心这个渠道。

同时，在不同的渠道，产品布局也各有侧重。例如，线下渠道侧重于为消费者提供更好的服务和体验，主要提供中高档的护肤美容产品；电商渠道年轻消费者较多，推出专门为年轻人定制的产品；在化妆品专营店渠道，则更多地聚焦于洗护类及香氛类产品。

资料来源：凤凰网 http://wemedia.ifeng.com/66829298/wemedia.shtml（有删改）

2）管理式垂直营销系统。管理式垂直营销系统是通过渠道中最有实力的成员来协调、管理整个渠道运作的垂直渠道系统。

在西方国家，许多制造商（即使是某些大制造商）无法耗费巨资，建立推销其产品所需要的全部商业机构，因此，有些素有盛誉的大制造商为了实现其战略计划，往往在销售促进、库存供应、定价、商品陈列、购销业务等问题上与零售商协商一致，或予以帮助和指导，与零售商建立协作关系。例如，美国卡夫（Kraft）食品公司积极改善产品包装，广泛开展销售促进活动对食品杂货商提供购销业务指导，帮助他们改进商品陈列。

3）合同式垂直营销系统。合同式垂直营销系统是由不同层次的生产商和中间商通过合同契约的形式整合组成的垂直渠道系统，主要包括批发商组织的自愿连锁店、零售商合作社以及特许经营系统。

① 批发商组织的自愿连锁店。这种自愿连锁店和西方国家零售商业中的一般连锁商店不同。首先，自愿连锁店（又叫契约连锁店）是若干独立的中小零售商为了和连锁商店这种大零售商竞争而自愿组成的联营组织，参加联营各个中小零售商仍保持自己的独立性和经营特点。而连锁商店是属于一家大零售公司所有的某种类型的零售商店（如百货商店、超级市场等）集团，这些零售商店是这家大零售公司的分店。其次，自愿连锁店的各个独立的中小零售商要在采购中心的管理下统一进货，但分别销售，即"联购分销"，此外，联营组织还为各个成员提供各种服务。而连锁商店的总公司虽设有批发机构中央采购处，但连锁商店本身是零售组织。再次，西方国家的自愿连锁店通常是由一个或一个以上的独立批发商倡办的。

② 零售商合作社。这是一群独立的中小零售商为了和大零售商竞争而联合经营的批发

机构（各个参加联营的独立中小零售商要缴纳一定的股金），各个成员通过这种联营组织，以共同名义统一采购一部分货物（向国内外制造商采购），统一进行宣传广告活动以及共同培训职工等，有时还进行某些生产活动。

③ 特许经营系统，这种渠道系统分为两种。一种是制造商或饮食公司、服务公司倡办的零售商特许经营系统。例如，福特汽车公司、麦当劳公司（饮食公司）、肯德基公司（饮食公司）、艾维斯汽车出租公司等大公司和一些独立零售商签订合同，授予独立零售商经营带有其流行商标的产品或服务项目的特许权。这是大制造商、大饮食公司、大服务公司与独立零售商联营。还有一种是制造商倡办的批发商特许经营系统。例如，美国可口可乐公司与某些批发商签订合同，授予其在某一地区分装和向广大零售商发运可口可乐的特许权。这是大制造商与独立批发商联营。

某些工商企业为了扩大销售，获得更多利润，在激烈竞争中求得生存和发展，不仅在渠道系统内采取垂直一体化经营或联合经营的方式，而且在同一层次的若干制造商之间、若干批发商之间、若干零售商之间采取横向联合经营的方式。

相关链接 9-1

小程序的 5 大优势

自移动互联网的红利出现以来，商家企业对移动端用户的争夺就从未停止。如今移动端用户群体增速相对稳定且流量更加碎片化，使得越来越多的商家不断寻找新的线上流量入口。微信拥有巨大的用户群体，并且在不断给小程序开放流量入口，为小程序导流，小程序用户数量不断增长，吸引众多企业商家纷纷涌入这一流量蓝海。为企业更好的赋能，轻松运营。

与传统的营销渠道相比，小程序的优势则更显而易见了。

流量：微信作为大众使用度极高的 APP，对于商家来说，将其当成一个流量获取或用户习惯培养的渠道是一个不错的选择。小程序开发成本低，众多免费的流量入口，也为商家降低了流量获取成本。

场景：用户需求是产生消费行为的根本，微信生态有基于公众号的内容场景、社交场景，基于游戏的娱乐场景和基于线上线下的支付场景都能为商家更好地获取和刺激用户需求。

渠道：小程序依靠微信能天然地触达长尾人群，随着拼多多、小游戏的风靡，用户使用习惯已基本培养完成，比起需要下载的APP，小程序的推广阻力则显然要小很多。

连接线上线下：针对线下门店，小程序也是一个连接线上线下的有效工具。利用小程序线上营销，诱导用户线下购买，还可以利用实物促销反哺线上社交传播。

占据用户碎片化时间：微信占据了最多的国民总时间，小程序可以以此为基础，充分延伸并占据用户的碎片化时间。

小程序的出现，给诸多行业、诸多商家一个跳出原有运营思维的跳板。基于微信的分享性、社交性，这些商家可以利用好小程序，在小程序的发展浪潮中获得全新的突破。

资料来源：中国营销网 http://www.hizcn.com/mobileyx/post20180821142822.html（有删改）

（2）水平营销系统　水平营销系统又称横向营销系统，是同一层次上的两家或两家以上的企业通过不同方式联合起来创造新营销机会的渠道系统。例如，麦当劳等快餐店开进一些大的商场，快餐店和商店都从中获得了营销利益：快餐店可以获得大商场的客流量；而大商场也为自己的顾客提供了更丰富的服务项目。

（3）多渠道系统　多渠道系统又称混合营销系统，是指企业为统一目标市场提供两种或两种以上的分销渠道。例如，很多的电器生产商都通过多渠道服务目标市场，你可以在大商场买到康佳彩电；同样，你也可以从大型综合性超市、专卖店、网上买到康佳彩电。

9.1.4　分销渠道的类型

企业的分销渠道可以按照不同的标志划分为不同的类型。

1．直接渠道与间接渠道　直接渠道与间接渠道是按照企业的分销活动是否有中间商参与进行划分的。

直接渠道也就是零渠道，即制造商不通过任何中间商而直接将产品销售给消费者，这种分销渠道主要用于产业市场的产品销售。间接渠道是指产品在从制造商向消费者转移的过程中要经过一个或一个以上的中间商，这种分销渠道主要用于生活消费品的销售。

2．长渠道和短渠道　这是按照流通环节或层次的多少进行划分的。一般把零级与一级的渠道称为短渠道，而将二级或二级以上的渠道称为长渠道。这种划分有利于营销人员集中考虑对某些中间环节的取舍，形成长或短甚至长短结合的多渠道策略。

3．宽渠道和窄渠道　这两种类型是按照渠道中每个层次的同类中间商数目的多少进行划分的。如果一个层次上利用的中间商很多，通常就称之为宽渠道，反之则就称之为窄渠道。一般来说，生产资料和少部分专业性较强或较贵重的消费品适合窄渠道销售。

4．单渠道和多渠道　这两种类型是按照制造商所采用的渠道类型的多少进行划分的。单渠道是指制造商采用同一类型的渠道分销企业的产品，渠道比较单一。多渠道是指制造商根据不同层次或地区消费者的情况，选用多种不同类型的分销渠道。

企业对分销渠道进行分析，目的在于选择有利于企业产品销售的分销渠道。

9.2　渠道的选择与管理

企业所选择的分销渠道将直接影响所有其他的营销决策。一个分销系统是一项关键性的外部资源，它的建立通常需要若干年，并且不是轻易可以改变的，而且它的重要性并不亚于其他关键性的内部资源，如制造部门、研发部门、工程部门和区域销售人员以及辅助设备等。对大量从事分销活动的独立公司以及它们为之服务的某一个特定的市场而言，分销系统代表着一种重要的、义务的承诺，同时，它也代表着构成这种基本组织的一系列政策和实践活动的承诺，这些政策和实践将编织成一个巨大的长期存在的关系网。

9.2.1 分销渠道的选择

1. 影响分销渠道选择的因素 企业在渠道选择中，要综合考虑渠道目标和各种限制因素或影响因素，主要的制约因素有以下几种。

（1）市场因素

1）目标市场的大小。如果目标市场范围大，应采用长渠道；反之，则采用短渠道。

2）目标顾客的集中程度。如果顾客分散，宜采用长而宽的渠道；反之，宜采用短而窄的渠道。

（2）产品因素

1）产品的易毁性或易腐性。如果产品易毁或易腐，应采用直接渠道或短渠道。

2）产品单价。如果产品单价高，可采用短渠道或直接渠道；反之，则可采用间接渠道。

3）产品的体积与重量。体积大而重的产品应选择短渠道；体积小而轻的产品可采用间接渠道。

4）产品的技术性。产品技术性复杂、需要安装及维修服务的产品，可采用直接渠道，反之，则选择间接渠道。

（3）生产企业本身的因素

1）企业实力的强弱。企业实力主要包括人力、物力、财力，如果企业实力强，可建立自己的分销网络，实行直接渠道；反之，则应选择间接渠道。

2）企业管理能力的强弱。如果企业管理能力强，又有丰富的营销经验，可选择直接渠道；反之，则应采用间接渠道。

3）企业控制渠道的能力。企业为了有效地控制分销渠道，多半选择短渠道；反之，如果企业不打算控制渠道，则可选择长渠道。

4）中间商特性 各中间商的实力、特点不同，如在广告、运输、储存、信用、人员培训、送货频率方面具有不同的优势和特点，都会影响生产企业对分销渠道的选择。

（4）竞争者因素 分销渠道的设计还会受到竞争者使用渠道的影响。有的企业可能会进入竞争者的分销渠道，欲与竞争者直接竞争，如商场中同类产品都在一起展示；有的企业可能会避开竞争者的渠道，另辟蹊径，如美国安利公司避开和同类产品进入商场的竞争，选择了一条适合自己的直销方式。

（5）政府有关立法及政策规定 例如，专卖制度、反垄断法、进出口规定、税法等，还有税收政策、价格政策等因素都会影响企业对分销渠道的选择，又如烟酒实行专卖制度时，烟酒企业就应当依法选择分销渠道。

2. 评估选择分销方案 分销渠道方案确定后，生产厂家就要根据各种备选方案进行评价，找出最优的渠道路线，通常渠道评估的标准有3个，即经济性、可控性和适应性，其中最重要的是经济性。

（1）经济性标准评估 经济性标准评估主要是比较每个方案可能达到的销售额及费用水平。

（2）可控性标准评估 一般来说，采用中间商的可控性小，企业直接销售的可控性大；分销渠道长，控制难度大，渠道短，控制难度小，企业必须进行全面的比较、权衡，选择最优方案。

（3）适应性标准评估　如果生产企业同所选择的中间商的合约时间长，而在此期间企业发现其他分销渠道更有效，但又不能随便解除合同，这说明企业选择的分销渠道缺乏灵活性。因此，生产企业必须考虑所选策略的适应性，不宜签订时间过长的合约，除非在经济或控制方面具有十分优越的条件。

9.2.2　分销渠道的管理

公司在确定了分销渠道及相关政策之后，必须对每个中间商进行选择、激励和评估。同时，随着时间的推移，渠道也要做适当的调整。

1. 渠道成员的选择　公司必须为其所设定的分销渠道寻找合适的中间商。对合格中间商的鉴定包括经营年数、经营的其他产品、成长和盈利记录、偿付能力、信用等级、合作态度及声誉等。如果中间商是代理商，公司需要评价其所经销的其他产品的数量和特征及其推销力量的规模和素质。如果中间商是零售商，公司需要评价其店铺的位置、未来成长的潜力和客户类型。对于零售商而言，最重要的因素就是选址。

2. 渠道成员的激励　公司必须不断激励中间商，促使其尽全力开发市场。虽然公司在其渠道政策中已提供了若干激励因素，但是这些因素还必须通过公司的经常监督管理和再鼓励得到补充。要使中间商有出色的表现，公司应尽力了解各中间商的不同需求和期望。在处理与中间商的关系时，既要坚持政策，又要灵活，以此建立长期稳固的合作关系。处理与中间商的关系主要有以下3种方法。

（1）合作　生产企业应当得到中间商的合作。为此，生产企业应采用积极的激励手段，如给予较高利润、交易中获得特殊照顾、给予促销津贴等；偶尔应采用消极的制裁办法，如扬言要减少利润、推迟交货、终止合作等，但要对这种方法的负面影响加以重视。

（2）合伙　生产者与中间商在销售区域、产品供应、市场开发、财务要求、市场信息、技术指导、售后服务方面等彼此合作，按中间商遵守合同的程度给予激励。

（3）经销规划　经销规划是最先进的方法。这种方法应有计划地实行专业化管理的垂直市场营销系统，将生产者与中间商的需求结合起来，在企业营销部门内设一个分销规划部，同中间商共同规划营销目标、存货水平、场地及形象化管理计划、人员推销、广告及促销计划等。

3. 渠道成员的评估　公司必须定期按一定的标准衡量中间商的表现，如销售配额完成情况、平均存货水平、向客户交货的时间和速度、对损坏和遗失品的处理以及与公司促销和培训计划的合作情况。

4. 渠道调整　公司对分销渠道的管理不能仅限于设计一个良好的渠道系统并推动其运转，渠道系统还要定期地进行改进，以适应市场环境的变化。当客户的购买方式发生变化、市场扩大、新的竞争者进入以及产品进入其生命周期的最后一个阶段时，便有必要对渠道进行改进。

9.2.3　分销渠道的基本策略

企业分销渠道的选择，不仅要求保证产品及时到达目标市场，而且要求选择的分销渠道销售效率高，销售费用少，能取得最佳的经济效益。因此，企业在进行分销渠道选择前必须综合分析企业的战略目标、营销组合策略以及其他影响分销渠道选择的因素，然后再做出某些相关策略，如是否采用中间商，分销渠道的长短、宽窄，具体渠道成员等。

1. 直接渠道与间接渠道的选择　这个问题实质上就是可否采用中间商的策略。一方面，虽然中间商的介入对制造商以及社会带来很大的好处，但没有中间商介入的销售（即直接销售）也具有很多优点，如销售及时、节约费用、加强推销、提供服务、控制价格、了解市场等。另一方面，直接分销渠道使产品的整个销售只能完全落在生产企业身上，完成这些职能的费用也完全由生产企业负担。从渠道分析看，直接分销和间接分销各有利弊，各有其适用条件和范围。企业在选择时，必须对产品、市场、企业营销能力、控制渠道的要求、财务状况等方面进行综合分析。

一般情况是，大多数生产技术复杂、价格高、需要安装和经常维修服务的产品，或用户对产品规格、配套、技术性能有严格的要求，应采用直接分销；有的大宗原材料用户购买量很大，购买次数少，用户数量有限，宜采用直接分销；一些易变质的生活用品和时尚产品以及价格昂贵的高档消费品，也可采用直接分销。事实上，对于生产量大、销售面广、顾客分散的产品（如啤酒、香烟等），任何企业都没有能力将产品送到每一个消费者手中，即使能送到也是不经济的，因此这些企业只能选择间接分销渠道。除此之外，大多数生活资料以及一部分应用面广、购买量小的生产资料，均宜采用间接分销。

另外，在进行此类选择时，营销能力、财务、控制渠道的要求也必须考虑在内。例如，从产品特性与市场情况分析，有的企业产品应该采用直接分销，然而，因为其销售力量薄弱，或因财务困难，也不得不选用间接销售渠道。

互联网+营销实战 9-2

京东到家与 30 个零售连锁品牌全线会员打通

京东到家在 2018 年宣布已与山姆、百佳、华冠、万宁、百果园、大参林药房、养生堂药房、百康药房、万家燕药房在内的超过 30 个零售商家达成会员合作，将全面打通线上与线下的会员数据，并实现权益共享。

据介绍，线上线下会员数据打通后，不仅能够通过权益的共享助力商家在线上发展会员，商家还能够通过京东到家大数据平台及客户关系管理系统实现会员管理与精准营销。

为了能够最大化帮助实体商家发展会员，除了在线开卡外，京东到家还打造了以"超级会员码""自助收银""轻松购"为核心的线下会员发展解决方案，为商家提供了线上线下全触点的会员发展路径。

"超级会员码"是通过与商家会员系统、商品系统和 POS 系统打通，所提供的一套集会员识别、优惠券核销和订单支付于一体的"三码合一"的收银方案，在提升收银效率的同时，全面帮助门店实现数字化。商家只需引导消费者通过京东到家小程序中的超级会员码功能进行付款，消费者就能在付款页面中一键开通商家会员，并立即享受相关权益，大大缩短开卡流程。

此外，京东到家还为商家提供"自助收银"与"轻松购"的无人收银解决方案，顾客也可以以此为端口成为商家会员。

在助力商家发展会员的同时，京东到家还为商家提供以 CRM 管理平台为核心的一站式会员管理解决方案，进一步优化会员体验场景、打造会员积分玩法、提供会员精准营销等。

京东到家大数据平台以商家维度，将用户区分为"粉丝""下单用户"和"会员"三类人群，并以"基本属性""用户环境属性"和"消费属性"等不同维度进行用户的精准分群；商家通过使用京东到家所开发的"盘古会员营销系统"，实现对用户与会员的精准营销，并不断获取最新的营销"玩法"。

达达-京东到家 CEO 表示："2018 年，京东到家完善了自身的赋能体系，以流量赋能、履约赋能、商品赋能、门店赋能、用户赋能五大赋能模块，用一套完整的线上线下一体化和数字化的服务体系来赋能传统零售企业。在用户赋能层面，通过和合作商户进行会员系统打通，京东到家就能通过深耕零售行业多年里累计的交易数据和 AI 大数据分析能力，为合作商户提供线上线下全场景全客层的用户画像数据，从而提升合作商户的用户触达能力、营销效果，实现用户数字化。"

达达-京东到家是同城速递信息服务平台和无界零售即时消费平台。达达目前已覆盖全国 400 多个主要城市，服务超过 120 万商家用户和超 5 000 万个人用户，日单量峰值达到千万级；京东到家也已覆盖北京、上海、广州等近 40 个主要城市，注册用户 5 000 多万，月活跃用户超 2 500 万，日单量峰值突破 100 万单。

京东到家为消费者提供生鲜蔬果、日用百货、医药健康、鲜花蛋糕、个护美妆等海量商品 1 小时配送到家的极致服务体验。公司成立于 2014 年初，先后获得了红杉、DST、京东、沃尔玛等顶级基金和战略合作伙伴的投资，累计融资金额超过 13 亿美元。

资料来源：中国化妆品网 http://www.zghzp.com/news/qdtx/dzsw/77420.html（有删改）

相关链接 9-2

纷纷跨界互联网　房企"触网"

现在的"双 11"，早已不是单纯的电商狂欢节，作为传统行业的房地产，从 2016 年开始便借力"双十一"去库存、售楼处开展各类活动、启动购房节。不仅如此，近两年许多房企积极拥抱互联网，这种改变不止在营销端和运营端，房企正在探寻与互联网的深度融合。

除了"双十一"这个节点，如今已有不少开发商运用互联网技术革新着自身的营销模式，包括万科、首开等一批房企在内，开通微信营销平台、入驻百度直达号、联手淘宝卖房等进行一系列与互联网相结合的动作。

对传统房地产行业来说，在库存压力下，单纯依靠线下销售的营销渠道亟待拓宽。乘着互联网的东风，线上资源的积累和利用成为营销模式转型的突破口。尤其是目前房地产行业走过了高盈利时代，拓宽销售渠道、寻求互联网转型已是大势所趋。

通过线上营销平台，客户可以自主查询楼盘信息动态，更直观地查看全景户型图及样板间，随时预约置业顾问看房。通过 VR、航拍等技术，购房者能够"身临其境"般体验产品细节，真实的交互体验堪比线下售楼处。更进一步的是，房企看中互联网工具的不止于提高看房效率、增加房产销售这一短期成果，从长期效益来看，基于互联网后台大数据分析客户信息，实现企业精准营销，为企业持续发展提供充足动力，才是房企此举的题中之义。

将互联网融入业务和管理实践

远洋集团（以下简称远洋）是传统房企中颇具互联网基因及互联网战略眼光的企业，远洋正在实行第四步发展战略，从传统的房地产开发业务向围绕主业相关多元业务发展的投融资集团转型。与此同时,远洋也经历了科技和互联网行业从萌芽到兴盛的发展过程,并时刻关注科技和互联网的发展变化,将其融入业务和管理实践中去。

管理层面,远洋从2009年开始启动海鸥II计划,是房地产行业率先实行完全自主研发行业流程信息管理系统的企业,支撑了远洋高标准、高效率的管理目标。海鸥II计划的制度流程信息化率高达100%,移动办公使用率和装机率也达到了100%,在对业务的影响上,海鸥II计划已经可以将其用数字化表达和运营。

产品层面,远洋将健康作为核心内容,基于WELL健康建筑标准,通过科学与技术手段,围绕空气、水、营养、光、健康、舒适、精神等影响人健康的7大要素,打造理想、智慧、健康的建筑环境,依托WELL标准与智能化等新技术,远洋已经实现40项技术应用场景。

营销层面,远洋也将互联网创新思维、跨界合作进行了诸多有益实践,例如,远洋与京东的战略合作,开创了房产众筹、房地产互联网金融领域的多个先河,2017年更成为首批入驻京东房地产频道的地产商,双方将共同推进房地产行业与电商的深度融合。

远洋通过数字化转型,通过信息化、人工智能、大数据、物联网、云计算、移动互联网等新一代信息技术,实现公司的数字化转型,大幅度提高运营效益和效率,对企业的商业模式、业务模式、流程、组织、人员进行彻底的改变。

未来,远洋将全面实现公司的数字化转型,实现第一个数字化生存的全地产视角的有限多元化企业。数据资产将成为公司的重要资产。同时,随着远洋"建筑·健康"理念的进一步落地以及五元业务格局的进一步展开,新技术将以健康为中心,以WELL标准为企业IP,渗透在远洋业务的方方面面。

各环节加紧渗透

如果说前两年的很多房企面对"互联网"的风潮还是停留在喊口号、蹭热度、借势卖房的阶段,那么从现在来看,房企已经逐渐抛开了互联网的"花架子",开始寻求与互联网的深度融合。无论是商业地产还是普通住宅,"互联网+"的概念已经渗透到房地产行业的各个环节。其中,从产品的设计、建造到销售、招商、租赁甚至物业等领域应用更为广泛。

2017年11月6日,中国恒大发布的公告显示,苏宁控股集团旗下苏宁电器集团的全资子公司南京润恒将向恒大地产战略投资200亿元,恒大地产增资扩股完成后,南京润恒将持有其4.70%的股份。

在双方进行资本合作的同时,苏宁控股集团与恒大地产集团将在商业物业定制、基建物资的供应链及金融服务、智能家居与智慧物业服务、房产销售的O2O模式创新等方面开展全面合作。对于恒大来说,与苏宁的合作将借助其遍布全国的互联网零售商业运营优势,完善社区布局,提升社区品质。而在重要城市的核心商圈,双方也可以共同开发和运营。

在房地产这一传统行业不断向互联网深度融合的时刻,恒大、苏宁这两家代表各自行业的巨头之间的合作极具代表性。

深度融合道路漫长

在互联网的冲击下,房地产客户和渠道、产品和客户之间正在发生巨大的变革。

这种变化一方面冲击着房地产行业,为其带来了新的思维和营销方式。另一方面,这种互联网思维又难以在短时间内撼动房地产固有的行业习惯和逻辑。在热闹的房企"触网"狂欢背后,地产人也清醒地认识到互联网与房地产的激烈碰撞绝不仅仅在于网上卖几套房子那么简单,如果这就算房地产与互联网的融合,显然不够深刻。二者的融合不能仅停留在业务层面上，还应包括房企经营思路的重塑，无论是网上选房还是对购房者的大数据分析，互联网的蓬勃发展为地产行业提供了广泛的想象空间。

房企的领导者已认识到互联网和传统产业之间不是颠覆和消灭彼此的关系。房地产行业转型是必然的，也是迫在眉睫的。而这种转型是从原来的粗放经营向集约化、精细化经营转变，转型的着力点还是要回归行业的本质——以人和用户为本。转型的过程要研究产品是否适应时代的需求，服务是否是持续不间断的，根据企业的自身状况量身定制，才能符合互联网思维中的创新定律。

资料来源：中国网地产网 http://house.china.com.cn/Company/view/1501451.htm（有删改）

2. 分销渠道长度的选择 分销渠道的长度是指从产品生产者到最终用户所经历的环节的多少，也就是渠道层次的多少。当企业决定采用间接分销时，应对渠道的长短做出决定。越短的分销渠道，制造商承担的销售任务就越多，信息传递越快，销售越及时，就越能有效地控制渠道。越长的分销渠道，中间商就越要承担大部分销售渠道职能，信息传递就越慢，流通时间越长，制造商对渠道的控制就越弱。制造商在决定分销渠道长短时，应综合分析制造商的特点、产品的特点、中间商的特点以及竞争者的特点。

3. 分销渠道宽度的选择 分销渠道的宽度是指分销渠道中的不同层次使用中间商数目的多少。分销渠道的宽度主要取决于企业希望产品在目标市场上扩散范围的大小，对此，有3种可供选择的策略，如图9-5所示。

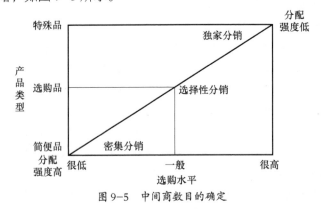

图9-5 中间商数目的确定

（1）广泛分销策略　广泛分销策略也叫密集分销策略，这里指制造商广泛利用大量的中间商经销自己的产品，这种策略的基本点就是充分利用场地，占领尽可能多的市场供应点，以使产品有充分发展的机会。该策略通常用于日用消费品和工业品中标准化、通用化程度较高的产品（如小件工具、标准件等）的分销。这类产品的消费者在购买使用时注重的是迅速和方便，而不太重视产品厂牌、商标等。其制造商则希望自己的产品能尽量扩大销路，使广大消费者能及时、方便地购买。这种策略的优点是产品与顾客接触机会多、广告的效果大，但制造商基本上无法控制这类渠道，与中间商的关系也较松散。采用这种策略时，制造商要与众多中间商发生业务关系，而中间商往往同时经销众多厂家的产品，就难以为某个制造商承担广告费用，或采取专门的推销措施。这样必然导致工商企业间的合作困难，也使制造商难以控制分销渠道。一般来讲，制造商要负担较高的促销费用，设法鼓励和刺激中间商积极推销本企业的产品。

（2）选择性分销策略　选择性分销策略是指制造商从愿意合作的中间商中选择一些条件较好的去销售本企业的产品。这种策略的特点是制造商只在一定的市场上选用少数几个有支付能力、有销售经验、有产品知识及推销知识、信誉较好的中间商，它适用于顾客需要在价格、质量、花色、款式等方面精心比较和挑选后才决定购买的产品。这种策略的优点是减少了制造商与中间商的接触，每个中间商可获得较大的销售量，有利于培养工商企业之间的合作关系，提高渠道的运转效率，而且还有利于保护产品在用户中的声誉，制造商对渠道也能有适度的控制。

（3）独家分销策略　独家分销策略是指制造商在一定的市场区域内仅选用一家经验丰富、信誉卓著的中间商推销本企业的产品。在这种情况下，双方一般都签订合同，规定双方的销售权限、利润分配比例、销售费用和广告宣传费用的分担比例等；规定在特定的区域内不准许制造商再找其他中间商经销其产品，也不准许所选定的中间商再经销其他企业生产的同类竞争性产品。这种策略主要适用于顾客挑选水平很高、十分重视品牌商标的特殊品以及需要现场操作表演和介绍使用方法的机械产品。独家分销策略的优点是：①易于控制市场的营销价格。②只有一家专营中间商与生产者签订协议，所以可以提高中间商的积极性和推销效率，更好地服务市场。③为了推销专营性商品，产销双方可以较好地互相支持和合作。其缺点是：①在该地区生产者过于依赖该中间商，容易受其支配。②在一个地区选择一个理想的中间商是十分困难的，如果选择不当或客观条件发生变化，可能会完全失去市场。③一个特定地区只有一家中间商，可能因为推销力量不足而失去许多潜在顾客。

互联网+营销实战 9-3

京东美妆成国际美妆品牌线上最大零售商

2018年9月5日，"无界快消　无限未来"——2018中国快速消费品行业年度峰会在北京举行。在此次峰会上，京东超市双百亿俱乐部公布了从2017年8月到2018年7月这一年时间内销售额破亿元的品牌和销售额破10亿元的品牌，在美妆品类中，宝洁、花王、联合利华、欧莱雅等上榜销售额破10亿元品牌名单，另有27家美妆品牌包括SK-II、美宝莲、御泥坊等上榜亿元品牌名单。

欧莱雅年销售额破10亿元

在2018年公布的京东超市双百亿俱乐部名单中，美妆品牌高达28个，其中全球知名护肤彩妆品牌欧莱雅销售额破10亿元，玉兰油、百雀羚、妮维雅、兰芝、资生堂等品牌连续2年销售额破1亿元。目前京东美妆已成为包括妮维雅、欧莱雅等国际知名彩妆护肤品牌线上最大零售商。

在2017年9月18日，京东美妆就与欧莱雅达成了全球战略合作。双方在精准营销、内容变现、数据共享、绿色物流、社会责任等多个层面展开深度合作。在双方全球高层会面中，京东宣布与欧莱雅携手不断拓展电商消费入口，加速市场业务布局和线上业务推进。除了已经参与的京东"京腾计划"，欧莱雅还就"京条计划""京度计划"的合作可能与京东展开了讨论。随着无界零售时代的来临，欧莱雅与京东将会满足更多消费者多元化、高品质的购物需求。

线上线下融合模式满足便利性的诉求

爱美不再只是女孩的"专利",根据尼尔森公司发布的《品质生活新趋势》报告,"享受"成为品质生活新趋势,"精致男孩"们更爱在京东购买男士护肤品,京东男士身体护肤品类增幅为132%。

2018年的"618"期间,美妆产品购买者中男性用户比去年同期增长61%,而"618"期间恰逢世界杯,这些"精致"男孩们在熬夜看球的同时加紧了对眼部的"护理",男士眼霜/眼部精华销售额是去年同期的4.5倍,欧莱雅男士眼霜销售是去年同期的10倍。而在2018中国快速消费品行业年度峰会上公布的京东超市双百亿俱乐部名单中,主打男士护肤的曼秀雷敦以连续2年销售额破1亿元的好成绩上榜亿元名单。男性在美妆消费方面的大幅提升,或将带来美妆行业新的潜力和品牌变局。

报告显示,B2C线上市场增速达44%远高于C2C和线下市场增速,已经成为驱动全渠道增长的重要推动力,而大快消行业以无界零售为核心的线上线下融合模式,更好地满足了消费者对于便利性的诉求,从而进一步推动消费者线上购物。

京东美妆售后十项全能　30秒响应、最快11秒退款成标杆

由于缺乏专业的售后体系,美妆电商售后普遍存在响应慢、退换货难等问题,消费者很难得到有效的售后保障。2018年8月,京东美妆发布"售后十项全能"举措,这10项举措囊括了美妆售后服务的主要痛点,其中,30秒响应、最快11秒退款等举措成为美妆电商领域的服务标杆。

其中的京东美妆专属客服团队——神灯客服,涵盖在线客服、电话客服、投诉解决客服,总人数超100人,能够全方位解决美妆产品的售后问题,第一时间与消费者建立有效且及时的沟通途径。自用户反馈问题之时起,神灯客服会在30秒内进行交流,100分钟内帮助用户解决问题,直击客服"不给力"的售后痛点,为用户提供专业的管家式服务。

京东美妆一举发布10项售后举措,不仅为消费者提供了全覆盖、无空缺的贴心售后服务,这些售后举措无疑推动了美妆电商售后服务的继续完善,打造出美妆行业标准化的售后服务体系。

京东超市作为中国市场最大的线上超市,以"无界零售"为战略核心、以开放和赋能的理念,积极探索线上线下融合模式,重构零售成本、效率和用户体验,为更多美妆品牌强势赋能并注入新的发展生机,未来京东将携手更多美妆品牌,与京东平台的技术、数据相结合,让京东无界零售为美妆界带来更为亮眼的成绩。

资料来源:中国化妆品网 http://www.zghzp.com/news/qdtx/dzsw/77445.html(有删改)

9.3　中间商的主要类型

9.3.1　商人中间商

商人中间商也称经销商,是指从事商品交易业务,在商品买卖过程中拥有商品所有权的中间商。也正因为他们拥有商品所有权,所以在买卖过程中,他们要承担经营风险。商人中间商又可分为批发商和零售商。

1. 批发商 批发商是指自己进货，取得商品所有权后再批发售出的商业单位，也就是人们通常所说的独立批发商。

批发商按经营商品的范围来分类，可分为 3 种类型。

（1）一般批发商　一般批发商是指经营一般货品，而且经营商品的范围很广、种类繁多的商品批发商。其销售对象主要是普通商店、五金商店、药房、电器商店和小百货商店等。产业用品的一般批发商是工厂供应商，这种批发商经营品种规格繁多的附件和供应品。

（2）单一种类或整类商品批发商　这种批发商所经营的商品仅限于某一类商品，而且这一类商品的花色、品种、规格、厂牌等齐全，同时还经营一些与这类商品密切关联的商品。

（3）专业批发商　专业批发商是指专业化程度较高，专门经营某一类商品中的某种商品的批发商。专业批发商的顾客主要是专业商店。产业用品的专业批发商一般都专门从事需要有技术知识或服务的产业用品批发业务。

批发商按职能和提供的服务是否完全来分类，又可分为 2 种类型。

（1）完全职能或完全服务批发商　它是指执行批发商全部职能的批发商。

（2）有限职能或有限服务批发商　它是指为了减少成本费用，降低批发价格，只执行批发商的一部分职能和提供一部分服务的商品批发商。

2. 零售商 零售商是指把商品直接销售给最终消费者，以供应消费者个人或家庭消费的中间商。零售商处在商品流通的最终环节，直接为广大消费者服务。零售商的交易对象是最终消费者，交易结束后，商品脱离了流通领域进入消费领域。零售商数量多、分布广，其销售商品的数量比较少，但销售频率高。目前国内外的零售商根据其经营特征可分为以下几种类型。

（1）专业商店　专业商店是专业化程度较高的零售商店，这种商店专门经营某一类商品或某一类商品中的某种商品。例如，纺织品商店、服装商店、家具商店、书店、花店等，这些是经营单一种类商品的商店；男子服装店、妇女服装店等，这些是经营有限种类商品的商店；男子订制内衣商店、特殊尺码服装店（如上海"胖子"服装商店），这些是超专业商店。

（2）百货商店　百货商店通常指规模很大，经营范围较宽，包括若干条产品线，各条产品线分部经营相对独立的商店，它们可为顾客提供种类繁多、花色齐全的商品和优良的设施与服务。关于百货商店的起源，说法不一。例如，法国巴黎的"好市场（Bon Marche）"是公认的全世界第一家百货商店，此后世界上许多城市相继效法，20 世纪 20~30 年代百货商店的发展达到高峰，成为都市中心商业区主要的零售和游览场所。但第二次世界大战后的一段时间内，百货商店的销售量和获利能力大大降低，有些人认为它已达到零售生命周期的衰退阶段，其原因有：竞争的激化造成费用增加，售价上升，无力与折扣商店竞争；市中心区交通堵塞，停车困难，加以市郊购物中心的兴起，顾客的兴趣转移。针对这种情况，百货商店为求生存采取了许多应变措施，如在市郊开设分店、售货方式多样化（邮购、电话购物、电视购物、增设廉价产品等）等。西方国家百货商店的组织形式有以下 3 种。

1）独立百货商店（Independent Department Store），即一家百货商店独立经营，别无分号。

2）连锁百货商店（Chain Department Stores），即一家大百货公司在各地开设若干个百货商店，这些百货商店都属于这家大百货公司所有，是总公司的分号或联号，由总公司集中管理。

3）百货商店所有权集团（Department-Store Group），即原来若干独立的百货商店联合组成百货商店集团，由一个最高管理层统一管理。例如，美国联合百货商店就是一个百货商店所有权集团。许多独立百货商店之所以参加百货商店所有权集团，是因为这些百货商店的大多数股份已掌握在股权公司手中，它们实际上已沦为股权公司的附属企业。有些百货商店参加所有权集团后，就改用股权公司的名称，有些仍沿用原来的名称，甚至保持以前的经营特点。

（3）超级市场　超级市场也叫自选商场，其特点是定量包装、预先标价，由顾客自取自选、自我服务，顾客出门时一次交款，因而可以节约售货时间，节约商店人力和费用，避免或减少顾客与售货员的矛盾。

美国沃尔玛就是典型的超级市场，它属于规模大、成本低、毛利低、销售量大的自我服务的经营机构，分设在人口集中的城市市区，按经营品种可分为综合超级市场和专门经营纺织品、服装、日常家用商品的专业超级市场。

（4）廉价（折扣）商店　廉价商店在自助式和设备最少的基础上经营（不做豪华装修，商品最简化陈列），以经营普通商品为主，也有少数的专门商店，以比传统商店低的价格销售标准商品，或采取折扣的方式出售商品。它的经营特点有：①场地宽广、摊点密布、四通八达、进出方便；②品种齐全，挑选性强，在同一品种内，规格、款式、花色一应俱全。

（5）购物中心　这是一种由多家商店组合而成的大型商品服务中心，一般设在公共建筑物内，以一家或数家百货商店、超级市场为骨干，由各类专业商店、书店、餐馆、旅馆、银行、影院等组合而成，融购物、服务和娱乐、休闲于一体。

（6）连锁店　它是由多家出售同类商品的零售商店组成的一种规模较大的联合经营组织。其特点是由公司总部统一向生产者进货（选购商品），以较大的订购批量获得最大的价格优待；采取薄利多销的策略争取顾客；商品价格经常浮动，有竞争对手时便减价争取顾客，无竞争对手时则提价争取多盈利。

（7）邮购商店　它主要是通过向消费者寄送商品目录来吸引顾客邮购商品。

（8）方便食品店　我国的方便食品店是在20世纪80年代末期迅速发展起来的，实际上它只不过是夫妻杂货店的复杂形式。方便商店每周营业7天，从早晨7时到晚上11时一直开门，它们为顾客提供往返于家庭和工作地的旅途中食用的食品，在这种商店里购物既迅速又方便。

9.3.2　代理中间商

代理中间商（以下简称代理商）是指受生产者委托从事销售业务，但不拥有商品所有权的中间商。代理商的收益主要是从委托方获得佣金或者按销售收入的一定比例的提成。代理商一般不承担经营风险。代理商按其和生产者业务联系的特点，又可分为企业代理商、销售代理商、寄售商、经纪商和采购代理商。

1. 企业代理商　企业代理商是指受生产企业委托签订销售协议，在一定区域内负责代理销售生产企业产品的中间商。企业代理商和生产企业之间是委托代理关系，代理商负责推销产品，履行销售商品业务手续，生产企业按销售额的一定比例付给企业代理商酬金。

2. 销售代理商 这种代理商也和许多生产企业签订长期合同，替这些生产企业代销产品，但他们与企业代理商有显著不同的特点，即每一个生产企业只能使用一个销售代理商，而且生产企业将其全部销售工作委托给某一个销售代理商以后，不得再委托其他代理商代理其产品，甚至也不能再派推销员去推销产品。销售代理商替委托人代销全部产品，而且不限定在一定的地区内代销，在规定销售价格和其他销售条件方面也有较大的权力，因此销售代理商实际上是委托人的独家全权企业代理商。

3. 寄售商 这是经营现货代销业务的中间商。生产企业根据协议向寄售商交付产品，寄售商销售后所得货款扣除佣金及有关销售费用后，再支付给生产企业。寄售商要自设仓库或铺面，以便储存、陈列商品，使顾客能及时购得现货。

4. 经纪商 经纪商俗称掮客，是指既不拥有产品所有权，又不控制产品实物价格以及销售条件，只是在买卖双方交易洽谈中起媒介作用的中间商。经纪商的作用是沟通买卖双方，促成交易，其主要任务是安排买卖双方的接触与谈判，交易完成后，从交易额中提取佣金，他们与买卖双方没有固定的关系。

5. 采购代理商 采购代理商是指与买主建立了较长期的关系，为买主采购商品，并提供收货、验货、储存、送货等服务的机构，如大规模服装市场上有一种常驻买客，专门物色适合小城镇的一些小零售商经营的服装。采购代理商知识丰富，可向其委托人提供有益的市场信息，并为买主采购适宜的优良商品。

营销方法

1. 分销渠道选择的加权计分表 分销渠道选择的加权计分表见表 9-1。

表 9-1 分销渠道选择的加权计分表

评价标准及其细则	权数（w）	计分（s）				加权计分（w×s）
		1	2	3	4	
1. 销售业绩						
销售总额						
销售增长率						
…						
					总计	
2. 存货						
存货率						
…						
…						
					总计	
3. …						
					总计	

1）对渠道策略的影响因素加以明确表示，尽可能将所有我们认为对营销渠道产生影响的因素进行分类罗列。

2）根据重要性尽可能地给每个因素一个精确的权数。

3）对每个影响因素进行评分，分数越高表明企业在这方面做得越好或该因素对企业越有利。

4）对所有方案加权计分，得到最终评分。

5）从中选取分值最高的一个渠道作为该地区的最优渠道。

2. 分销商评价表　分销商评价表见表9-2。

表9-2　分销商评价表

评价因素	权数	候选分销商1		候选分销商2	
		打分	加权分	打分	加权分
1. 市场覆盖范围	0.10				
2. 声誉	0.15				
3. 产品组合情况	0.05				
4. 区域优势	0.15				
…	…				
总计	1				

就分销商从事商品分销的能力和条件进行打分评价。根据不同因素对分销渠道功能建设的重要性程度分别赋予其一定的权数，然后计算总分，选择最高分者作为此区域的分销商。

本章小结

1. 分销渠道的概念与作用　分销渠道是指某种产品和服务在从生产者向消费者转移过程中，取得这种产品和服务的所有权或帮助所有权转移的所有企业和个人。

分销渠道的作用有产品的集中与再分配、市场信息的收集和反馈、资金的流动及解决生产者和消费者或用户之间客观上存在着的矛盾。

2. 分销渠道　分销渠道分为传统分销渠道和整合分销渠道。整合分销渠道主要包括垂直营销系统、水平营销系统和多渠道系统3种形式。其中，垂直营销系统包括公司式垂直营销系统、管理式垂直营销系统、合同式垂直营销系统。

3. 渠道的选择与管理　影响分销渠道选择的因素主要包括市场因素、产品因素、生产企业自身因素、中间商特性、竞争者因素、政府有关方法及政策规定等。

分销渠道的管理主要是进行对中间商的选择、激励和评估工作。

分销渠道宽度的选择分为密集性分销、选择性分销和独家分销3种类型。

4. 中间商的主要类型　中间商的主要类型有商人中间商和代理中间商。

商人中间商是指从事商品交易业务，在商品买卖过程中拥有商品所有权的中间商。商人中间商可分为批发商和零售商。批发商是指自己进货，取得商品所有权后再批发售出的商业单位，也就是人们通常所说的独立批发商。零售商是指把商品直接销售给最终消费者，以供应消费者个人或家庭消费的中间商。

代理中间商是指受生产者委托从事销售业务，但不拥有商品所有权的中间商，可分为企业代理商、销售代理商、寄售商、经纪商和采购代理商。

―――――― 重要概念 ――――――

分销渠道　垂直营销系统　水平营销系统　多渠道系统　密集分销
选择性分销　独家分销　批发商　零售商

[案例分析]

沃尔玛新零售业态迭代和改造的两个特色

在以"盒马鲜生"为代表的国内生鲜日杂新零售领域，阿里系、京东系、永辉系、苏宁系、美团系等一系列电商和传统零售巨头纷纷涌入，要抢占这个刚需高频的生鲜品类入口。

但从更广泛的维度来看，消费者的需求极其多元，新业态再先进也很难把消费者多元化需求一站式满足。有扎实零售积累的传统零售巨头积极进化未必没有机会反超。从电商、线下二元对立、O2O试水，再到如今的线上线下全渠道模式，有独特的供应链、线下零售经验和广泛门店布局的沃尔玛，如果迭代有法，可能比更多新业态零售更有根基，是一个眼下中国生鲜日杂零售领域值得关注的商家。2018年的沃尔玛中国的新零售业态迭代和改造有两个明显特色：一个是首次布局"智能小型业态店"；另外一个是改造自有物流仓储，广泛落地前置仓，尤其在山姆会员店体系上，满足存量市场的优质消费者即时购买的线上需求。

下沉社区——沃尔玛惠选智能超市

沃尔玛自1996年进入中国以来，主要有两大业态：大卖场和山姆付费会员店。直到2018年4月，沃尔玛首次在中国探索落地"社区小型业态店"——沃尔玛惠选智能超市。这是沃尔玛目前在中国市场上的最小店面业态。与国内沃尔玛大卖场通常位于市区中心或繁华中心区不同，惠选超市下沉家庭人口密集的社区。以深圳的一家惠选智能超市为例，其可实现线上线下全平台销售，线下可购买，也可通过京东到家实现最快在29分钟之内配送到家服务。目前线上业务的交易量占这家惠选超市的总交易量超过25%。

首先，总体看，与很多新业态超市炫酷罗列黑科技不同，"惠选超市"的智能应用更加务实和接地气。以最平实、有效的新技术去实现店铺的高效运营和消费者的良好体验。例如，电子价签的广泛应用提高了店内运作效率；在传统超市最被诟病的结账体验上给消费者提供更多选择，包括"扫玛购"微信小程序的利用。据统计，"扫玛购"在部分沃尔玛深圳门店两个月测试期取得了高达30%的渗透率，有近三成的顾客选择使用"扫玛购"付款，其中约95%的用户乐于继续使用这种新自助结账方式。

其次，与大卖场相比，"惠选超市"生鲜占比明显加大。与大卖场一致的全品项，8 000多种SKU（Stock Keeping Unit，库存量单位）中，生鲜食品有750多种。同时，根据繁忙新都市人群的生活特色，提供包装菜和季节净菜，消费者买回家后简单加工即可食用。水果现切和鲜肉分割服务的设计，也是对当地消费需求研究的结果。再次，对社区消费需求进行精准满足和设计。推出包括服装修改、配钥匙、皮具护理、鞋子洗护、手表维修等在内的到店便民服务及包括家电清洗与维修预约、鲜花配送、旅游预订等在内的二维码直通服务。总体而言，这个1200多平方米的社区店，代表了沃尔玛在中国市场多年深耕积累的零售运营成果。

2018年，沃尔玛计划在华南地区开设5家惠选超市。沃尔玛的开店计划是山姆会员店、大卖场、惠选超市三个业态齐头并进，开店决策背后的逻辑是满足顾客需求。惠选超市是满足顾客本地化的每日所需，大卖场是满足顾客囤货需求，线上是满足年轻顾客的购物需求。总的逻辑是顾客需要什么，沃尔玛就做什么。智能惠选超市的价值在于对抗无限货架优势的电商，以最小业态无限接近消费者，门店不仅是带来消费体验，还兼具仓储、物流站点功能。在社区门口截留消费者。而加持京东到家的配送业务，满足年轻消费者的新需求。更重要的是，严密测算成本，以优质供应链实现服务和产品的最佳性价比，满足大众消费者的日常需求。这正是这么多年来，惯常精打细算、天天低价的沃尔玛擅长的地方。

普及前置仓——快速满足全渠道需求

2018年5月22日，沃尔玛山姆会员商店正式上线上海京东到家平台，提供约1000款高频次购买和高渗透率的商品，涵盖生鲜、母婴、个护、干货等日常商品，以及网红爆款休闲零食类商品。

沃尔玛山姆会员商店是中国市场首个付费会员制零售商，20多年来为国内中高端家庭提供具有差异化的商品，其中直接进口、自有品牌和生鲜是山姆最具口碑和持续高速增长的三大领域。但是，截止到2018年5月31日，山姆会员商店在中国市场只有20家门店。

尤其是在新零售发展最活跃的上海，山姆会员商店目前仅有1家。所以，面对已选好合作伙伴和宣布上海落地计划的美国会员零售巨头好市多（Costco）的入侵，以及包括中国本土盒马鲜生等新零售的快速发展。沃尔玛山姆会员店选择了加快布局前置仓和电商，从而快速触达更多目标消费群体和满足现有会员全渠道需求的最好方式。目前，山姆在上海已开设两个前置仓。山姆通过分析会员消费数据，提供约1000余款高频次购买和高渗透率的商品，涵盖生鲜全品类，以及母婴、个护、干货等日常商品。山姆还选择性地拆包部分商品，满足会员对生鲜和日常商品少量多次购买的需求。

生鲜商品每天从同城门店拣货后，通过门店专用物流全程冷链温控转运至分布在各区域的前置仓。门店内的商品多为大包装销售，山姆则针对京东到家渠道选择性地拆包部分商品，满足会员对生鲜和日常商品少量多次的购买需求。

前置仓比门店覆盖更广，从地域看是增量，从会员服务看是服务存量。山姆和京东到家合作的意义在于，让会员可以高频次享受山姆商品。所以，我们在选择商品的时候会以生鲜为主，当然也涵盖了母婴、个人护理等一部分日常生活商品。新零售样本盒马鲜生之所以能满足消费者在门店3公里范围内最快30分钟送达，是因为在创立之初他们就设计"店仓一体模式"。每个门店有2个功能：正常门店和中小型仓储中心。总部中央大仓只需对门店供货，也能够覆盖最后一公里。消费者下单后，商品从附近门店（前置仓）里发货，而不是从远在郊区的某个仓库发货。

当然，在消费体验、配送成本上优势很明显的"前置仓"，运营的难度也是极大的，由于订单的不确定性，需要更精准的销售预测，以及如何精准补货和管理。除了前置仓设立，全力满足线上，沃尔玛正在有意识地强化线下门店的体验优势。在成都山姆会员店，总面积超过 2 万平方米，提供 1 000 多个停车位，全程冷链保证食品新鲜度，还设立了山姆在国内的第四家美式餐吧，提供比萨、牛肉卷、汉堡、酸奶冰淇淋等简餐。

资料来源：中国营销网 http：//www.hizcn.com/zdyx/post20180607102654.html（有删改）

思考与分析

1. 沃尔玛的生鲜日杂品销售，除了分析顾客之外，在渠道选择上有什么创新之处？
2. 试讨论，沃尔玛惠选智能超市这一渠道创新的产生背景、优势及前景。

营销实训
分销渠道实践

【**训练目的**】通过访问一个企业，了解其渠道中有关理论是如何在企业产品销售中应用的。

【**训练方案**】

1. 人员　以 10 人左右为一组进行演习。
2. 时间　与本章教学时间同步。
3. 方式

1）通过对一个企业的走访，了解该企业所应用的渠道模式以及该模式是如何沟通生产企业和最终消费者的。

2）访问中间商，考察其渠道模式的实际效果，并了解企业对渠道如何管理以及中间商对企业渠道管理的态度。

3）写出访问报告或小结（内容包括实践项目、实践目的、实践内容、本人实际完成情况、实践小结等），与其他同学进行交流。

复习与思考

1. 试述建设分销渠道有何重要意义？
2. 结合实际，分析营销渠道的发展趋势。
3. 从影响渠道设计的因素谈如何为产品选择适宜的渠道？
4. 通常渠道评估的标准有哪三个？
5. 通过各种途径搜寻资料，以实例介绍、分析你身边的不同类型的批发商和零售商。

延伸阅读

1. **《营销渠道：管理的视野》，**伯特·罗森布洛姆著，宋华等译，中国人民大学出版社，2018.

作者简介：伯特·罗森布洛姆是德雷克塞尔大学的市场营销学教授。罗森布洛姆博士是市场营销渠道和分销管理领域的领军人物。

内容提要：本书是营销渠道管理领域的经典著作，既有理论上的前端性和深度，又适时反映了实践发展的趋向。第 8 版将新兴渠道选择和主流的营销渠道策略和管理较好地融合，突出了营销渠道在市场营销管理中的战略性地位。

2.《冷启动 零成本做营销》，高臻臻著，人民邮电出版社，2018.

作者简介：高臻臻，营销思维、案例脱口秀节目《高臻臻的脑细胞》创始人，擅长广告营销策划。曾是一名程序员，从 2001 年开始创业，历经 20 余个与互联网行业相关的创业项目，拥有 17 年互联网从业经验。

内容提要：本书针对中小企业做营销没预算、没用户的痛点，系统梳理冷启动项目的思维和策略，帮助营销和运营人员实现项目从 0 到 1 再到 n 的爆发式增长。全书有两条主线：一条是营销思维线，侧重于如何思考；另一条是营销策略线，侧重于如何行动。

网站推荐

1. 成功营销网　www.vmarketing.cn
2. 中妆网　www.zghzp.com
3. 中国网地产　house.china.com.cn

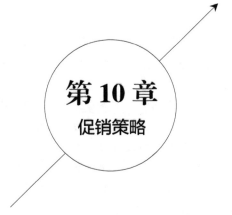

第 10 章
促销策略

学习指导

学习目标

1. 了解促销及促销组合的含义
2. 理解促销组合选择的依据
3. 掌握不同促销方式的特点
4. 了解人员推销、广告、营业推广和公共关系的基本操作策略

> **任务驱动**
>
> 强生 2018 公益论坛
>
> 2018 年 6 月 25 日，强生主办的"改变：公益的力量——2018 年公益论坛暨强生健康可持续发展报告发布会"在北京举行。
>
> 论坛汇聚了中国红十字基金会、中国红十字会造血干细胞捐献者资料库管理中心、中国儿童少年基金会、白求恩公益基金会、创行中国、微笑行动、中国发展研究基金会、和众泽益志愿服务、恩派公益组织发展中心与易善等知名公益组织及多位公益领域的权威专家、企业家、公益项目代表，共同分享企业公益实践的宝贵经验，探讨企业社会责任的创新理念与路径。
>
> 自进入中国市场以来，强生与中国医疗卫生主管部门及公益机构通力合作，将自身在制药、医疗、健康护理等专业领域的先进技术与科学理念融入公益项目，围绕"改善妇女与儿童健康"、"加强医务工作者能力建设"与"精神卫生发展建设"三个领域展开了数十年如一日的公益行动。
>
> 作为一家不懈追求技术、产品与服务方式创新的企业，强生对创新的承诺并不局限于此。在公益领域，强生要求公益行动在理念、实施模式、技术手段、整合资源或制度促进等方面同样具备创新性，在精准识别与满足不同受众群体关键需求的同时，赋予群体和社会改变的力量。因此，强生多年以来与合作伙伴一起不断探索、突破并积累公益创新的新形式与新内容，为企业公益的未来开辟了一条创新之路。
>
> 资料来源：中国消费网 http://www.ccn.com.cn/html/shishangshenghuo/jiankang/2018/0704/356148.html（有删改）
>
> 结合此案例，谈谈你对公益营销的理解。

10.1 促销与促销组合

促销在各行各业中都起着非常重要的作用，因此可以说促销是营销 4 要素中最受重视的一个要素，甚至有许多人误将促销等同于营销。

10.1.1 促销的基本概念

促销是促进销售的简称，是指企业通过人员或非人员的方式，向目标顾客传递商品或劳务的有关信息，影响和帮助消费者认识购买某一产品或劳务带给他们的利益或价值；或者使顾客对企业及其产品产生信任与好感，从而引起消费者的兴趣，激发其购买欲望，促使其采取购买行为的相关活动的总称。促销的实质是在企业与现实和潜在的顾客之间进行有关交换的信息沟通。

10.1.2 促销组合

促销组合（Promotion Mix）是指企业根据促销工作的需要，对广告、人员推销、营业推广和公共关系等促销手段的有机结合、综合运用。

由于公众促销工具具有不同的特点，企业应针对不同的产品、不同的目标顾客、不同的竞争环境等，选择不同的促销手段，并将它们加以整合运用，以达到在一定成本下的促销效率最大化或者是在一定促销目的下的成本最小化。

1. 人员推销　人员推销大致有 3 种方式：①派出推销人员深入到客户或消费者中间面对面地沟通信息，直接洽谈交易。②企业设立销售门市部，由营业员与购买者沟通信息，推销产品。③会议推销，该促销方式具有直接、准确和双向沟通的特点。

2. 广告　广告是通过报纸、杂志、广播、电视、网络等大众传媒和交通工具、空中气球、路牌、包装物等传统媒体向目标顾客传递信息，使广大消费者和客户对企业的产品、商标、服务、构想有所认识，并产生好感。广告是一种高度大众化的信息传播方式，渗透力强，通过多次的信息重复，加深受众的印象，但在受众心目中有可信度低的固有弱点，是单向的信息灌输。

3. 营业推广　企业为了从正面刺激消费者的需求而采取的各种销售措施，如有奖销售、直接邮寄、赠送或试用样品、减价或折价销售等，其特点是可以有效地吸引顾客，刺激顾客的购买欲望，能在短期内收到显著的促销效果。

4. 公共关系　企业为了使公众理解企业的经营方针和策略，有计划地加强与公众的联系，建立和谐的关系，树立企业信誉而开展的记者招待会、周年纪念会、研讨会、表演会、赞助、捐赠捐助等信息沟通活动。其特点是不以直接的短期促销效果为目标，而是致力于企业形象的塑造。公共关系与广告的传播媒体有些相似，但它以客观报道的形式出现，因而能取得广告所不可替代的效果。表 10-1 列出了 4 种促销手段的基本特点。

表 10-1　4 种促销手段的基本特点

人员推销	广告	营业推广	公共关系
直接的人际接触	公共性	引起受众注意	高可信度
人际关系培养	普及性	利益诱惑	减少受众戒备
及时反映和反馈	表现力强	刺激行为	戏剧性
针对性强	非强制性		

10.1.3　影响促销组合决策的因素

企业促销组合的确定，首先会受到投入预算的限制，此外还会受到以下因素的影响。

1. 促销目标　企业确定最佳促销组合，尚需考虑促销目标。相同的促销工具在实现不同促销目标上，其成本收益会有所不同。广告、公关、营业推广比人员推销在扩大知名度上的效果要好，其中广告的效果最好；在促进购买者对企业及其产品的理解方面，广告的效果最好，人员推销居其次；购买者对企业及其产品的信任，在很大程度上受人员推销的影响，其次才是广告；购买者订货与否以及订货多少主要受人员推销的影响，其次则受营业推广的影响。

2. 产品类型　各种沟通方式对不同产品的促销效果有所不同。拿消费品来说，最重要的促销方式一般是广告，其次是营业推广，然后才是人员推销；而对工业品来说，企业分配促销预算的次序，首先是人员推销，其次是营业推广，然后才是广告。换言之，广告比较适用于价格较低、技术不那么复杂、买主多而分散的消费品市场；人员推销比较适用于价格较高、技术性强、买主少而集中的产业市场和中间商市场；营业推广和公共关系是相对次要的促销方式，在消费品与工业产品的适用性方面差异不大。图10-1反映了两类产品在促销手段运用上的差异性。

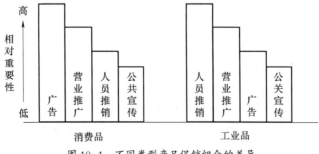

图10-1 不同类型产品促销组合的差异

3. 促销策略 企业促销活动有"推动"和"拉引"两种策略。选择推动策略还是选择拉引策略来创造销售，对促销组合也具有重要影响。

（1）推动策略 推动策略侧重运用人员推销的方式，把产品推向市场，即从生产企业向中间商，再由中间商推给消费者。推动策略一般适合单位价值较高、性能复杂和需要示范的产品，根据用户需求特点设计的产品，流通环节较少、流通渠道较短、市场比较集中的产品。工业用品在促销过程中常常运用这种策略，如图10-2a所示。

（2）拉引策略 拉引策略是指企业主要运用非人员推销的方式把消费者"拉"过来，使消费者对本企业的产品产生需求，消费者向中间商寻购商品，中间商向制造商进货，以扩大销售。对单位价值较低的日常用品，流通环节较多、流通渠道较长的产品，市场范围较广、市场需求较大的产品，常采用拉引策略。因此在消费品的促销过程中，往往是制造商向广大的目标顾客或者公众以广告的形式传达商品的信息，吸引消费者主动购买；或者在销售过程中，中间商配合制造商向消费者采取促销方式吸引消费者购买，这样就起到了拉引策略的效果，如图10-2b所示。

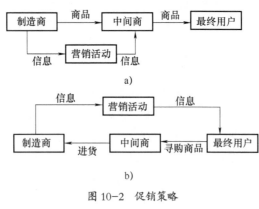

图10-2 促销策略
a）推动策略 b）拉引策略

在通常情况下，企业也可以把上述两种策略结合起来运用，在向中间商进行大力促销的同时，通过广告刺激市场需求。

4. 产品生命周期阶段 对处在产品生命周期不同阶段的产品，企业的营销目标不同，所采用的促销方式亦有所不同。在投入期，广告与营业推广的配合使用能促进消费者认识、了解企业产品。在成长期，社交渠道的沟通方式开始产生明显效果，口头传播变得越来越重要。如果企业想继续提高市场占有率，就必须加强原来的促销工作；如果企业想取得更多利润，则适合用人员推销来取代广告和营业推广的主导地位，以降低成本费用。在成熟期，竞争对手日益增多，为了与竞争对手抗衡，保持住已有的市场占有率，企业必须加强营业推广方式的应用。这一阶段可能发现了现有产品的新用途，或推出了改进产品，在这种情况下，加强宣传能促使顾客了解产品，诱发购买兴趣；运用赠品等促销工具比单纯的广告活动更为有效，因为这时的顾客只需提醒式广告即可。在衰退期，企业应把促销规模降到最低限度，以保证足够的利润收入。在这一阶段，只用少量广告活动来保持顾客的记忆即可，公共关系活动可以全面停止，人员推销也可减至最小规模。

5. 营销环境　从理论上讲，一个国家或地区的居民接触信息传播媒体频率的高低（如报刊覆盖情况、电视机、收音机、网络的发达程度等），会极大地影响广告宣传的效果。某地区在近期内开展的某项群众性活动（如体育运动会、节日盛典、展览会等）为人员推销、营业推广、公共关系和广告促销等创造了条件。某些法规对促销手段的应用有明显的促进或限制作用，如许多国家禁止或限制香烟广告，从而对产品促销组合决策产生影响。

10.2　人员推销

10.2.1　人员推销的概念

人员推销是人类社会最古老的促销手段。随着商品经济的发展，人员推销的内容不断扩充，成为现代营销的一种重要的传播促销方式。同其他非人员传播促销方式相比较，人员推销最大的特点就是直接与目标受众接触，能及时得到信息反馈并据此做出相应的调整。

美国营销协会（AMA）认为，所谓人员推销是指企业通过派出销售人员与一个或一个以上可能成为购买者的人交谈，做口头陈述或书面介绍以推销产品，促进和扩大产品销售。人员推销是销售人员帮助和说服购买者购买某种商品或服务的过程。

推销人员通过销售向市场提供商品，通过宣传展示商品来引起顾客的兴趣，激发顾客的需求，通过销售商品及提供信息服务、技术服务来满足顾客的需求。从这一过程中可以看出，人员推销活动是一个商品转移的过程，也是一个信息沟通的过程。同时，它还是一个技术服务的过程。

人员推销主要包括两种组织形式：一种是建立自己的销售队伍，使用本企业的推销人员来推销产品，如销售经理、销售代表；另一种是使用合同销售人员，如代理商、经销商等。

不同的产品，人员推销的方法也不相同。常用的有 3 种方法：上门推销、柜台推销以及会议推销。

10.2.2　人员推销的特点

人员推销与其他非人员推销相比，有以下显著的特点。

1. 方式灵活 推销人员在推销过程中与潜在消费者进行的是面对面的交谈。通过交谈和观察，推销人员可根据顾客的态度和反应，及时发现问题，掌握顾客的购买动机，然后有针对性地根据顾客的情绪和心理变化，灵活地采取必要的协调措施，从不同的层面满足顾客的需要，从而促进交易的达成。

2. 注重人际关系 推销人员既是企业利益的代表，同时也是消费者利益的代表。推销人员应该清醒地认识到，满足顾客需求才是促成交易成功的保证。所以，推销人员在与顾客的直接接触中，愿意为顾客提供多方面的帮助，以利于增强双方的了解，在企业与顾客中间建立良好的关系。

3. 针对性强 相比较而言，人员推销更具有针对性，因为人员推销在推销前总要对顾客进行调研，选择有较大购买可能的潜在消费者，直接带有一定倾向性，目标较为明确地走访，这样有利于提高成交率。这是广告所不能及的。

4. 促成及时购买 人员推销的直接性，缩短了顾客从接受促销信息到发生购买行为之间的时间间隔。人员推销活动，可以及时对顾客提出的问题进行解决，通过面对面的讲解和说服，促使顾客立即发生购买行为。

5. 信息的双向沟通 一方面，推销人员推销产品，必须把产品的质量、功能、用途、售后服务等情况介绍给顾客；另一方面，推销人员还必须通过与顾客的交谈，了解顾客对本产品的意见和态度，上报给决策层，以利于更好地满足消费者的要求。通过双向沟通，有利于企业更好地发展。

6. 可兼任其他营销功能 推销人员除了担任多项产品（服务）推销工作外，还可以兼做信息咨询服务，收集客户情报、市场调研、开发网点，帮助顾客解决商业性事项等工作。

人员推销的优点固然很多，但在使用时应该注意人员推销占用人数较多、费用大、接触面窄，而且优秀的推销人员非常难得等问题。因此，企业除了致力于推销人员的挑选与培训外，还可以用其他推销方式作为有效的补充。

10.2.3 人员推销的步骤

1. 做好推销前的准备 推销人员如果想成功地推销产品，在推销前应该做充分的准备，这是推销工作的第一步。首先，推销人员要对自己的产品有深入的了解，这样才能在向顾客介绍产品时说明产品的特性与优点；其次，还要熟悉本行业内竞争者的情况；再次，掌握目标顾客的情况，如潜在购买者的收入水平年龄段等；最后，拟定好访问计划，包括访问的目的、对象、时间和地点，并且做好被拒绝的心理准备。推销人员准备得越充分，交易成功的可能性就越大。

2. 寻找顾客 推销人员在做好充分的准备后，就要开始寻找可能成为真正顾客的潜在顾客了。只有有了特定的对象，推销工作才能真正开始。寻找新顾客的方法很多，通常可以利用市场调研、查阅现有的信息资料、广告宣传等手段进行。另外，推销人员还可以请现有顾客推荐、介绍新的顾客。值得注意的是，寻找到潜在顾客后，不可盲目访问，要先对他们进行排查，确认值得开发后再访问，以免资源浪费。

3. 接近顾客 通过对寻找到的潜在顾客的排查，推销人员应把精力放在那些最有潜力的顾客（准顾客）身上，想方设法接近他们。只有接近到准顾客，推销才有成功的可能。通常采取的方法有介绍接近、赠送样品接近、通过关系接近、以调查的方式接近和通过锲而不舍的"软磨硬泡"接近等。

4. 激发顾客的兴趣　推销人员接近顾客后，首先要取得顾客的信任，从感情上与之缩小距离。然后通过交谈时对顾客的观察，把握顾客的心理，投其所好，针对顾客的需求加以适当引导，激发其对本企业产品的兴趣。

5. 推销洽谈　这是推销过程中的重要一步，洽谈的成败决定着此次人员推销的成败。在此阶段，推销人员要向顾客生动地描述相关产品的特征和优点，并且能够提供具有说服力的证据，证明产品的确能更好地满足顾客的需要。推销人员在推销洽谈过程中一定要努力营造融洽的气氛。

6. 异议处理　推销人员要随时准备解决顾客的一切问题。例如，顾客可能在与推销人员洽谈的过程中针对产品的质量、作用、价值等提出意见，推销人员此时要有耐心，不要争辩；在给予顾客充分尊重的同时，有针对性地进行解释或说明，以消除顾客疑虑，坚定其购买信心。

7. 推销成交　推销人员的最终目的就是使产品或服务成交。接近与成交是推销过程中最困难的两个步骤。在与顾客洽谈的过程中，推销人员一旦发现顾客流露出要购买的意思，就要善于把握成交的机会，尽快促成交易，结束销售访问。

8. 建立联系　一个好的推销人员会把一笔生意的结束看作另一笔生意的开始。这就意味着推销人员要与顾客建立长期的联系，对每位顾客做好售后服务工作，了解他们的满意度，听取他们的意见并及时解决他们的不满。良好的售后服务一方面有利于忠诚顾客的形成；另一方面有利于传播企业及产品的好名声，树立良好的企业形象。

10.2.4　人员推销的管理

1. 推销人员的挑选　推销人员素质的高低直接影响职工的工作效率和企业经济效益。因此，企业必须严格确定推销人员的选拔标准，然后按照标准进行人员招聘。

企业招聘推销人员主要有以下两个途径：①从企业内部选拔，即把企业内品行端正、业务能力较强的人员选拔到销售部门工作。这样可以减少培训时间和费用，迅速充实推销人员队伍。②对外公开招聘，经过严格的考试，择优录用；通过笔试和面试，了解其工作态度、语言表达能力、仪表风度、反应速度、理解能力、分析能力、应变能力以及知识的深度和广度。

一般来说，推销人员应具备以下几个方面的素质：①热爱自己的企业，有强烈的敬业精神。②具有良好的业务素养和业务能力。③善于进行沟通，能够不断提高自己的工作能力与业绩。④健康的体魄和良好的气质。

2. 推销人员的培训　在顾客自由选择度日益增大和产品复杂程度越来越高的今天，推销人员不经过系统的专业训练就不能很好地与顾客沟通，也就很难完成销售任务。因此，企业招聘到推销人员后，应先对其进行培训，再委派他们工作。对企业原有的推销人员也应每隔一段时间进行一次轮训，以便提高业务水平，适应企业发展与市场变化的需要。

企业培训推销人员的方式一般有在职培训、个别会议培训、小组会议培训、销售会议培训、定期设班培训和函授培训等。通常采用的方法有课堂培训、模拟试验、现场训练等。各企业可根据实际情况选择适宜的方式和方法。

企业对推销人员培训后，通常要求推销人员达到以下要求：①了解本企业的基本背景，如企业的发展历史、经营宗旨、战略目标等。②熟悉本企业产品情况，了解市场上同类产品的基本情况并能正确地进行比较和鉴别。③了解本企业的目标顾客及其基本特征。④清楚自己的本职工作的职责与程序。⑤掌握基本的销售工作方法和技巧。

3．推销人员的激励　优秀的推销人员难得，企业要想留住优秀的推销人才，就应该建立一套具有吸引力的激励制度，以提高推销人员的积极性和主动性，取得好的推销效果。企业通常采取的激励手段主要有2种方式：①物质激励，如工资或奖金的增加、实物奖励、职位提升等；②精神激励，如表扬、关心等辅助手段。

4．推销人员的评价　对推销人员的工作表现与工作业绩做出合理的评价，是企业分配报酬、调整促销战略、改善人员推销工作的重要依据。进行评价的主要指标有：销售量增长情况、毛利、每天平均访问次数及每次访问的平均时间、每次访问的平均费用、每百次访问收到订单的百分比、一定时期内新增加的顾客数和失去的顾客数目以及销售费用占总成本的百分比等。

企业通常采取2种评价方式：①横向比较，即将各个推销人员的业绩进行比较。②纵向比较，也就是说把推销人员目前的绩效同过去的绩效相比较，这样做有利于全面、客观地评价推销人员的过去，也有助于更好地规划未来。

10.3　广告

10.3.1　广告的概念

"广告"一词的原意是"我大喊大叫"，后演变为"一个人注意到某件事"，再以后演变为"引起别人的注意，通知别人某件事"。广告的定义可以分为广义和狭义两种。广义广告就是泛指一切营利性和非营利性的广告。美国广告学家克劳德·霍普金斯（Claude Hopkins）将广告定义为"将各种高度精练的信息，采用艺术的手法，通过各种媒介传播给大众，以加强或改变人们的观念，最终引导人们行动的事物和活动"，即指一切面向大众的广告告知活动。狭义广告是指营利性的经济广告，即商业广告，它是在付款方式下，由特定的广告主（企业）通过大众传播媒体进行的商品或服务信息的非人员展示和传播活动。其目的是为了促使消费者认知、偏爱直至购买本企业的产品。广告是当代社会最重要的促销方式之一，它深入我们的生活，甚至成为评价经济繁荣的一个指标。对大多数企业来说，广告是产品进入市场的敲门砖和入场券。

一个完整的广告由广告主、信息、广告媒体、广告费用和广告对象5个方面的内容构成。

> **相关链接 10-1**
>
> **未来移动互联网广告属于"软广"的天下**
>
> 当前互联网行业盈利模式日趋多元，但广告收入仍然是许多企业盈利的不二法门。我们在使用计算机或手机时，经常会邂逅很多广告。

网络广告与传统广告相比，具有传播快、互动强、效果好等特点。尤其是自 2010 年以后由于智能手机的普及、4G 网络的覆盖，互联网从 PC 时代进入移动互联网时代，网民数量庞大、用户上网（尤其是手机上网）时间长。面对海量的潜在用户与商机，大量的企业选择了互联网营销，广告主的需求进一步刺激了网络广告的大发展、大繁荣、大爆炸。

经过几十年的发展，网络广告展现出蓬勃的生命力，在形式上也更加丰富多彩，如信息流广告、图标广告等都是比较新的广告形式。信息流广告目前是最受好评的一种广告形式。网络广告作为互联网最重要的一种盈利模式，也一直在不断向前发展，总体来看，网络广告的用户体验变得越来越好，体现在以下 2 个方面。

未来的移动互联网广告一定是在"大数据体验"的技术上进行的深入研究。很多广告流量分发平台基于"大数据体验"，使得用户在平台浏览一类话题，平台的后台就会进行相应的记录，下次用户登录时就会自动推送相关的信息。这种"大数据体验"可以有效地了解用户体验，平台在与用户的长期互动中，对用户深入了解，根据用户的需求和特征提供有针对性的资讯和服务，在后期的广告投放中，可以达到真正的精准营销。

那么未来移动互联网广告的发展趋势就是在基础的"大数据体验"上深入研究，完善平台的资讯与服务，更好地记录用户体验，从而实现用户与广告主的互动，方便用户进一步了解信息，也方便广告主了解受众的喜好，为广告的投放奠定一定的受众基础。

未来的移动互联网广告内容奉行的一定是"软广告"的准则。根据调查数据显示，移动互联网广告有 68% 的受众对"硬广"持反感态度，并且有高达 36.8% 的人不愿意接受这种广告表现形式，认为是浪费自己宝贵的时间。

相反，现在的软文广告，在潜移默化中将自己的广告需求传达到每一位受众手中。最近两年又兴起了一种古装电视剧的插播广告，利用古装剧中的人物，利用剧情的发展以及人物关系，将产品植入其中。这种方式应该是"软广"的新形式，未来的移动互联网广告一定会更倾向于这种形式，让受众在娱乐、休闲的同时可以对产品产生"情感诉求"，以此达成购买、消费的目的。

资料来源：中国营销网 http://www.hizcn.com/ggyx/post20180720131824.html（有删改）

10.3.2 广告的特点

1. 有偿服务 任何一项广告，在通过媒体传播的过程中，广告主都要支付一定的费用，这是与宣传有明显区别的。

2. 传播面广 广告是一种渗透性的信息传递方式，它可以大量复制，多次广泛传播，覆盖面广。

3. 信息单向沟通 广告主以自己所拥有的经营管理目标构成自己的信息系统，并且把这些特定信息通过整合而定位，向自己所针对的目标市场进行传播。广告主对于广告信息的定位是以特定目标市场为标准的。广告就是围绕目标市场而进行的信息定位传播。

4. 方式灵活多样，艺术性强 广告的形式多种多样，媒体的种类也很多。不论是听到还是看到的广告，都经过了艺术加工，生动形象、趣味浓、感染力强。

5. 媒体效应 媒体本身的声誉、吸引力及其接触的可能性都会对广告信息的传播效果产生影响。因此，广告必须正确选用媒体，以发挥广告应有的作用。

10.3.3 确定广告的目标

广告的最终目标无疑是要增加产品销量和企业利润,但它们不能笼统地被确定为企业每一个具体广告计划的目标。广告目标不仅取决于企业整体的营销组合战略,还取决于企业面对的客观市场情况,如目标顾客处于购买准备过程的哪个阶段。换言之,企业在实现其整体营销目标时,需要分若干阶段一步一步往前走,在每一个阶段,广告都起着不同的作用,有着不同的目标。广告的目标可以归纳为以下 3 个方面。

1. 告知 这类广告主要用于产品的市场开拓阶段,其目的在于激发初级需求,即通过广告使消费者了解有关信息,如通告有关新产品的情况,某一产品的新用途,市场价格变化情况,产品的使用、维护、保养方法,企业能提供的各项服务等,还可以树立企业的良好形象。

2. 说服 这类广告在竞争阶段十分重要,其目的在于建立对某一特定品牌的选择性需求,使消费者购买和偏爱企业的产品,它主要适用于:①帮助消费者认识本企业产品的特色,促使消费者对本企业产品产生品牌偏好。②鼓励消费者转向购买本企业的产品。③说服顾客购买。④转变顾客对某些产品特性的感觉等。

3. 提示 这类广告在产品的成熟期十分重要,目的是保持顾客对产品的记忆,即通过广告提醒消费者采取行动,如提示消费者在不同的时间、需要不同的产品;提示消费者购买某种产品的地点。即使在某些产品的销售淡季也要提示消费者不要忘记该产品。

广告目标制约着广告预算、广告信息内容和媒体的选择,不同目标的广告有着不同的要求,需要投入的成本也不同。

10.3.4 制订广告预算

在广告预算中,广告费用一般由以下 3 部分构成。

1. 媒介费用 这是支付给媒体的费用,是广告费用中最大的一部分费用。若是将广告业务外包给广告公司,则还包括广告公司的佣金。

2. 制作费用 无论采用哪种媒体,都要根据广告创意和方案进行制作,这涉及各种物质要素投入和人员投入,如创作人员、制作人员的报酬,印刷广告的费用,电视广告的拍摄费用等。

3. 其他费用 其他费用包括管理费、广告部门的人员费用、相关的调研费用等。

10.3.5 广告信息决策

广告信息决策的核心是怎样设计一个有效的广告信息。信息应能有效地引起顾客注意,提起他们的兴趣,引导他们采取行动。广告信息决策一般包括 3 个步骤。

1. 广告信息的产生 广告信息可通过多种途径获得,通常消费者是有效广告信息的最重要来源,同时广告创作人员也要重视从与中间商、专家和竞争对手的交谈中寻找灵感。创作者通常要设计多个可供选择的信息,然后从中选择最好的。

2. 广告信息的评价和选择 理想的广告信息应具备以下 3 个特色。

1)趣味性——指出能使消费者渴望或感兴趣的产品特点。

2)独特性——提及此产品如何优于竞争品牌。

3)可信性——消费者对广告的真实性是否怀疑,这是选择广告信息的一条极为重要的标准。

同时,广告信息的选择应该因经济发展水平、购买动机、生活方式和消费习惯的不同而不同。

3. 广告信息的设计与表达　在广告设计中,广告主题和广告创意是最为重要的两个要素。广告主题最重要的是突出产品能够给购买者带来的利益。但一种产品不可能满足所有顾客的意愿,因此一个广告最好只突出一种利益,强调一个主题,即使不止涵盖一种利益也必须分清主次。一个广告有了明确的主题后,如果缺少表现主题的创意,仍不会引人注目,自然也就难以取得良好而广泛的宣传与促销效果。

广告的影响效果不仅取决于它说什么,还取决于它怎么说。不同种类的产品,其表达方式也不同。例如,巧克力的广告往往与情感相联系,着重情感定位;而有关洗衣粉的广告,则更侧重于理性定位。特别是对那些差异性不大的产品,广告信息的表达方式显得更为重要,能在很大程度上决定广告效果。

广告制作中要特别强调创造性的作用。许多公司的广告预算相差不多,却只有少数公司的广告给消费者留下了深刻的印象,这就是广告制作的差异或创意的成功。在广告活动中,创意比资金投入更重要,只有给人以深刻印象的广告才能引起目标顾客的注意,进而增加产品销量。

在表达广告信息时,应注意运用适当的文字、语言和声调,广告标题尤其要醒目易记、新颖独特,以尽可能少的语言表达尽可能多的信息。此外,还应注意画面的大小和色彩、插图的运用,并将效果与成本加以权衡,然后做出适当的抉择。

互联网+营销实战 10-1

海澜之家:男人的衣柜

海澜之家的广告,以图文并茂的形式让海澜之家定位于男人服装这一观念深入人心,"海澜之家,男人的衣柜"已成为人们耳熟能详的一句广告语,让人们提到男装就会想到"海澜之家",提到"海澜之家"就会想到男装。

10.3.6　选择广告媒体

广告必须通过适当的媒体才能抵达目标顾客,而且广告媒体常常占用了大量预算,因此媒体的选择至关重要。

企业在选择广告媒体时,需要在以下几个方面做出决策。

1. 确定广告媒体的触及面、频率和效果　为了正确地选择媒体以达到广告目标,企业必须首先确定媒体的触及面、频率和效果。触及面是指在一定时期内,某一特定媒体一次最少能触及的不同个人和家庭数目。频率是指在一定时期内,平均每人或每个家庭见到广告信息的次数。效果是指使用某一特定媒体的展露质量。

2. 确定广告媒体种类　广告媒体主要有报纸、杂志、直接邮寄、广播、户外广告等。这些主要媒体在送达率、频率和影响价值方面各有特点。报纸的优点是弹性大、及时、对当地市场的覆盖率高、易被接受和被信任,其缺点是时效短、传阅者少。杂志的优点是可选择适当的地区和对象、可靠且有名气、时效长、传阅者多,其缺点是广告购买前置时间长、有些发行量是无效的。广播的优点是大量使用、可选择适当的地区和对象、成本低,其缺点是只有声音,不如电视吸引人,展露瞬间即逝。电视的优点是视、听紧密结合且引人注意,送达率高;其缺点是绝对成本高、展露瞬间即逝、对观众无选择性。直接邮寄的优点是沟通对象经过选择、有灵活性、无同一媒体的广告竞争,其缺点是成本比较高、容易造成滥寄的现象。户外广告的优点是比较灵活、展露重复性强、成本低、竞争少,其缺点是不能选择对象、创造力受局限等。

相关链接 10-2

新媒体广告

新媒体是相对于传统媒体而言的,是一个不断变化的概念。只要媒体构成的基本要素有别于传统媒体,就能称得上是新媒体。

投放形式

电子菜谱新媒体:以中高档餐厅平板电脑里的电子菜谱为媒体,通过高清大图、3D效果、视频效果、音频效果、超链接效果、电视节目效果来增加品牌的公众认知度,充分利用时尚的概念,使品牌传播达到最佳效果。

户外新媒体:目前在户外的新媒体广告投放包括户外视频、户外投影、户外触摸等,这些户外新媒体都包含一些户外互动因素,以此来达到吸引观众、提升媒体价值的目的。

移动新媒体:以移动电视、车载电视、地铁电视等为主要表现形式,通过移动电视节目的包装设计来增加受众黏性,便于广告投放。

手机新媒体:手机新媒体是到目前为止的所有媒体形式中最普及、最快捷、最为方便并具有一定强制性的平台,它的发展空间非常巨大手机新媒体是普通人在日常生活中获得信息的重要手段。

新媒体广告的特点(以户外新媒体为例)

(1)画面大,远视强 众多的平面广告媒体都供室内或小范围传达,幅面较小;而户外新媒体广告通过墙体的形式展示广告内容。比其他平面广告插图大、字体也大,十分引人注目。

户外新媒体广告的功能是通过灯光的形式向户外的、远距离的人们传达信息。广告作品的远观效果强烈,有利于现代社会中的快节奏、高效率、来去匆忙的人们在远距离关注。

(2)内容广 在公共类的交通、运输、安全、福利、储蓄、保险、纳税等方面;在商业类的产品、企业、旅游、服务等方面;在文教类的文化、教育、艺术等方面,均能广泛地发挥作用。

(3)兼具性 展示的形式多种多样,兼具有文字和色彩的功能,从产品商标、品名、实物照片、企业意图到文化、经济、风俗、信仰、规范等都包括在内。通过构思和独特的创意,紧紧抓住引导消费者购买这一"环",以视觉传达的异质性达到广告目的。

(4)固定性 户外新媒体广告无论是采用何种形式,都有其在一定范围、位置固定的要求。由于展示装置的基本结构较简单,使得其单件复制成本远远低于其他户外广告。

资料来源:360百科网 https://baike.so.com/doc/6925192-7147302.html(有删改)

3. 媒体的选择 在选择媒体种类时，除了要考虑各种媒体的主要优缺点外，还须考虑以下因素。

（1）目标沟通对象的媒体习惯 例如，生产或销售玩具的企业，在把学龄前儿童作为目标沟通对象的情况下，绝不会在杂志上做广告，而只能在电视等媒体上做广告。

（2）产品特性 不同的媒体在展示、解释、可信度与色彩等各方面分别有不同的说服能力。例如，照相机之类的产品，最好通过视频媒体做活生生的实地广告说明；服装之类的产品，最好在有色彩的媒体上做广告。

（3）信息类型 例如，宣布某一天的销售活动，必须在网上或报纸上做广告；而如果广告信息中含有大量的技术资料，则须在专业杂志上做广告。

（4）成本 不同媒体的所需成本也是重要的决策因素。电视是昂贵的媒体，而报纸较便宜。不过最重要的不是绝对成本数字的差异，而是目标沟通对象的人数构成与成本之间的相对关系。如果用每千人成本来计算，可能在电视上做广告比在报纸上做广告更便宜。

（5）竞争对手的广告策略 企业在选择媒体时，必须充分了解竞争对手的广告策略，发挥自己的优势，以达到克敌制胜的效果。

10.3.7 广告效果测定

广告效果主要是指广告信息通过某种媒体传播后所产生的社会影响和效应，评价广告效果是企业制订广告决策的最后一个步骤。广告计划是否合理在很大程度上取决于对广告效果的衡量。

企业不惜重金不是为了一幅精美的广告画面，他们注重的是投入能带来多大的收益。因此测定广告效果已成为广告活动的重要组成部分，另外，它也是增强广告主信心的必不可少的保证。广告效果测定包括广告的传播效果测定和广告的销售效果测定。

广告的传播效果测定是测定广告对受众知晓、认识和偏好的影响。测定方法有消费者反馈法、组合测试法和实验测试法。

广告的销售效果测定，是测定广告对销售的影响，它可以通过测定广告费用份额产生的实际份额（指企业某产品广告占同种产品所有广告的百分比），来了解由此获得的注意度份额，并最终测定其决定的市场份额。

10.4 营业推广

10.4.1 营业推广的概念及适用性

营业推广也称为销售促进，是指企业在短期内为了提升销量或销售收入而采取的各种促销措施，如有奖销售、直接邮寄、赠送或试用"样品"、减价折扣销售等。通过这些措施，企业可以有效地吸引顾客，刺激顾客的购买欲望，并且能在短期内收到显著的促销效果。

实际上，营业推广一般是通过强有力的刺激来迅速增加眼前的销售收入。但必须注意的是，营业推广的最终目标仍然是实现企业的营销目标。所以，运用营业推广时需要通盘考虑。

营业推广如果使用不当或操之过急，不但不会吸引顾客，反而会引起顾客的怀疑和反感，对企业及企业的品牌造成负面影响。

10.4.2 营业推广的过程

一般来讲，企业的营业推广过程包括确定目标、选择工具、制订计划方案、实施方案以及评价结果等内容。

1. 确立营业推广目标 企业市场营销的总目标决定着营业推广的目标，制订营业推广目标是营销总目标在推广环节具体化的过程。但是，由于目标市场存在差异，因此针对不同的目标市场，营业推广目标的确立也不相同。另外，由于推广对象的不同，营业推广也应该有性质不同的目标。具体来说，应该针对消费者、中间商和企业销售人员制订不同的推广目标。

不论针对哪种目标市场，营业推广目标的确立都要考虑两方面的内容：①营业推广的目标必须与企业总体的营销目标相匹配。②每一次营业推广的目标都应达到一定时间的营销目标所要求的任务。

2. 选择营业推广的工具 企业为了实现营业推广目标，往往会采取一系列的推广手段和方法。但是由于不同的方式有不同的特性，企业应根据营业推广的目标、市场的类型、推广的对象、企业希望达到的效果等要求，在综合考虑市场竞争情况以及每一种推广工具的适用性、成本效率等因素的基础上选择恰当的方法。

3. 制订营业推广计划方案 制订一个行之有效的营业推广计划，通常要涉及以下内容。

1）刺激程度。它是指营业推广对推广对象的刺激程度。一般来说，刺激程度小时，销售反映也小，一定规模的刺激程度才足以使推广活动引起足够的注意。当刺激程度超过一定限度时，推广活动一方面可能会立竿见影，使销售量快速增长，但由于成本过高会导致产生的利润随销量的增长而降低；另一方面，过于激烈的刺激，可能不但不会引起注意，反而会引起推广对象的逆反心理，会产生诸如产品存在问题等不利于企业的猜疑。

2）刺激的对象范围。企业需要对刺激的对象进行明确的规定。实际工作中，企业的推广对象可能必须具备一定的条件，如要有一定的购买金额等。制订营业推广方案时，企业必须根据推广目标确定推广活动的对象范围。

3）持续的时间。营业推广通常是一个短期促销行为，所以推广活动的持续时间要恰当地控制。如果时间太短，一些顾客可能还未来得及重购或由于太忙而无法利用推广机会，从而降低了企业的利，影响推广效果；如果时间太长，可能导致顾客认为这是长期行为，甚至使顾客对产品质量产生怀疑，从而使推广优惠失去吸引力。

4）营业推广的途径。它是指营销部门决定如何将营业推广的信息传达给推广对象。因为不同途径的费用不同、效果不同，企业应根据自身的财力情况采取合适的途径组合。

5）营业推广的预算。企业应该在营业推广活动开始之前对所需费用做好详细的预算。营业推广预算一般有两种方法：①按销售总额的百分比来确定预算，然后再根据预算总额来制订营业推广计划。②先制订营业推广计划，然后再根据计划需要做出总预算。

4. 实施计划 推广计划制订以后，企业应该安排专人负责计划的实施，并按照营业推广计划的实施细则逐步进行。执行计划时要高度重视两个重要的时间概念：①准备时间，如营业推广工作的计划、修改、制作及传送等需要的时间。②延续时间，是从营业推广活动开始到推广活动结束的时间。相关时间的有效把握对营业推广活动进行的实际运作和管理，确保推广计划的顺利完成起着重要的作用。

5. 评价营业推广的效果　企业可以采用多种方法对营业推广效果进行评价。常用的方法如对营业推广活动前后的销售量变化的情况分析、对顾客进行调查分析等。对推广效果进行全面的评价，对于企业及时总结经验、吸取教训，改进和提高企业的营销工作有着积极的意义。

10.4.3　营业推广的具体策略

营业推广的目标对象主要有3类，即最终消费者、中间商以及企业销售人员。因此，我们有必要针对这3类目标对象探讨采取何种营业推广方式。

1. 对最终消费者的营业推广策略　针对消费者的营业推广策略灵活多样，它主要是通过对消费者的强烈刺激，以求其迅速采取购买行为。常见的策略包括以下几种。

（1）赠送样品　它是指在产品进入市场的初期，企业通过邮寄、挨家派送、店内发送或随其他成熟品牌销售附送的方式，免费向消费者赠送样品供其使用，目的在于宣传本企业的产品，刺激消费者的购买欲望。

（2）现场展示　它是指企业的销售人员在销售现场展示产品，特别是展示产品的独特功能，并可以邀请消费者现场试用。目的在于增强产品自身的说服力，使消费者通过自身的体验更加信服产品。

（3）优惠券　它是指当消费者购买某一商品达到一定的数量或金额时，按其购买数量或金额的比例提取赠送一定面值的优惠券，消费者凭此券在购买指定商品时可减少一部分金额。优惠券可以有效地促使消费者大量购买或者再次购买。

（4）赠送礼品　它是指在消费者购物过程中提供一定的礼品，通过赠送礼品吸引消费者购买或更多地购买产品。

（5）消费信贷　它是指消费者不用支付现金，可以通过赊销或分期付款的形式购买产品。消费信贷可以降低消费者的购买门槛，使消费者可以更方便地购买产品。

（6）价格折扣　它是指通过不同方式，直接或间接地降低产品的销售价格，刺激消费者更多地购买产品。价格折扣是促销效果最直接的推广手段，很容易刺激目前销量提升，但操作不当也容易降低企业利润。

（7）有奖销售　它是指通过设置形式不同、程度不同的奖项，吸引消费者购买或更多地购买产品。有奖销售作为一种普遍使用的推广活动，已经为大家所熟悉，要想取得更好的效果，必须有新意、有足够的吸引力。

> **互联网+营销实战 10-2**
>
> ### 搜狗"荣耀手机案例"获ADMEN国际大奖
>
> 2018年8月5日，以"广告人•中国智"为主题的"2018ADMEN国际大奖"颁奖盛典在北京召开。搜狗公司递交的《荣耀手机案例》荣获"2018ADMEN实战金案奖"。
>
> 在《荣耀手机案例》中，搜狗对用户触网习惯进行精准的大数据分析，整合搜狗网址导航媒介渠道，并基于大数据分析结果精确选择广告投放位，打造了沉浸式的内嵌营销模式，在确保信息触达目标消费人群的同时，有效导流官方销售渠道，直接促进销售转化。

当前，随着互联网技术的发展以及媒体形态的丰富，消费者注意力开始日渐分散。据市场调研机构 TNS 数据显示，大约有 2/3 的中国营销从业者对如何驾驭消费者的媒介接触点没有自信。在此背景下，过去粗暴的"一刀切"营销已经不再奏效。如何触及用户，如何提高曝光频次，如何促成购买，已经成为营销人必须解答的难题。

在《荣耀手机案例》中，搜狗充分发挥网址导航自身的大流量优势，在大数据分析的基础上，投放时效性极强的情景式文字链，给予用户基于特定情境的卖点信息，在碎片化时间内完成核心卖点宣传。同时，搜狗还配合电商节、新品发布会等热门事件借势营销，阶段性投放创意广告，持续提高传播效果，最终实现官方销售平台的有效导流及销售转化。

ADMEN 国际大奖是一项广告传媒业领域的行业贡献奖。该奖项根据行业影响、行业贡献、核心策略、创新点、实战效果等多个维度，综合遴选出最具有时代代表性的杰出人物与经典广告案例，树立行业标杆人物，建立行业发展参照，记录表彰广告行业杰出成果。

能够获得 ADMEN 国际大奖，代表了业界对《荣耀手机案例》的认可，也是对搜狗在广告营销领域领先地位的肯定。目前，凭借强大的用户积累、渠道优势、人工智能技术以及领先的营销体系和营销理念，搜狗已经成为国内极具影响力的营销平台。

资料来源：中国营销网 http://www.hizcn.com/ssyqyx/aritcle5082.html（有删改）

2. 对中间商的推广模式 有些针对消费者营业推广的形式也适用于中间商。但是对中间商的营业推广还有一些针对性的策略。企业为取得批发商和零售商的合作，通常采用购买折让、促销资金、免费赠品等营业推广策略。

（1）购买折让 购买折让通常有 2 种形式：现金折让和数量折让。这 2 种购买折让都是企业为吸引中间商所采取的变相降价形式。现金折让是企业为了鼓励中间商现金购买而给予中间商的一种优惠。这种折让一般会规定具体的时间，如规定客户必须在 30 天内付款，若在 20 天内付款，则可优惠 2%。这样做有利于企业迅速收回资金，加速资金周转，扩大商品经营。数量折让则是企业为刺激中间商大量购买而给予一定的优惠折扣。一方面企业可根据中间商的一次性购买数量进行折扣，另一方面也可以根据中间商在一定时间内的销货量进行返利。

（2）促销资金 企业向中间商提供资金供其在销售区域内开展广告宣传活动。目的在于促进中间商增购本企业的产品，鼓励其对最终消费者开展促销活动，扩大企业产品的影响力。

（3）免费赠品 中间商在购货时，企业提供一些额外的赠品，给予一定的销售支持。

3. 对企业销售人员的营业推广模式 为了调动企业推销人员的积极性，企业一般也会采取一定的激励措施，鼓励自己的销售人员积极开展销售活动，开拓潜在市场。常用的营业推广模式有红利提成、销售竞赛、特别推销金等。

相关链接 10-3

2018 年"双十一"90 后消费者占 46%，消费品类发生转换

数据显示，2018 年 11 月 11 日 24 小时全网销售额达到了 3 143.2 亿元，创 10 年新高。销售额排在前三名的电商平台分别为天猫、京东商城、苏宁易购。

走过 10 年的天猫"双十一"，全天交易总额为 2 135 亿元，相比 2017 年的 1 682 亿元增长了 26.9%，而在 2009 年，天猫"双十一"全天成交额为 5 200 万元。京东的"11.11

全球好物节"将战线拉长为从 2018 年 11 月 1 日 00:00 至 11 月 11 日 24:00，京东给出的最终战报是"双十一"期间累计下单金额超 1 598 亿元，比 2017 年多 327 亿元。苏宁易购在"双十一"期间，全渠道销售同比增长 132%。同时，小米也给出了"双十一"成绩单，小米新零售"双十一"全渠道最终支付金额是 52.51 亿元，远超 2017 年小米在天猫旗舰店全天金额 24.64 亿元的成绩。

外媒报道称，"双十一"已经超过西方传统购物节日"黑色星期五"，成为全球最大的购物狂欢节。而在中国的"双十一"面前，美国最成功的购物节亚马逊会员日也显得黯然失色，亚马逊 2018 年效仿"双十一"搞的会员日 36 个小时的销售总和为 42 亿美元，而阿里巴巴超过这一成绩，只用了短短 10 分钟。

阿里巴巴官方公布的"双十一"数据显示，21 秒天猫"双十一"总成交额突破 10 亿元；2 分 05 秒，总成交额超 100 亿元，刷新 2017 年 3 分 01 秒的用时纪录；1 小时 47 分 26 秒，总成交额破 1 000 亿，比 2017 年达到 1 000 亿元的时间缩短了 7 个小时。

消费群体：80 后消费者约占 8 成，90 后消费者占 46%

《天猫"双十一"十年洞察：新消费时代到来》报告显示，2009 年参与天猫"双十一"的主体消费者是 80 后，占比超过 6 成，但此后 90 后消费者占比逐年增长。2017 年参与天猫"双十一"的 95 后消费者占比已经接近 2 成。2018 年的"双十一"进一步验证了此规律。

此外，在天猫"双十一"当天，消费超过 1 000 元的消费者人群增速明显高于 1 000 元以下人群，尤其是天猫"双十一"当天消费超过 5 000 元的消费人群，连续两年增速持续提升，该增速同时也是 500~1 000 元人群增速的 3.4 倍。阿里巴巴分析认为，这是随着 80、90 后消费能力上升、消费结构升级，50 岁以上"银发族"消费者联通互联网、消费潜力被释放而带来的变化。

品类：服装品类热度下降，手机数码最受欢迎

服装曾是"双十一"期间最受欢迎的品类，但随着消费升级、人群的变化，服装品类已经排到了今年"双十一"的第五位，第一位由手机数码夺得，其次是家用电器，个护美妆位居第三。

同期数据显示，天猫"双十一"近五年成交金额增速最快的 TOP 5 行业分别是医药健康、家装家饰、美容护理、书籍音像和 3C 数码。在手机品牌销售中，苹果夺得 2018 年"双十一"全网手机销售额冠军，华为其次、小米第三。事实上，iPhone XS/XS Max/XR 也是 2018 年"双十一"优惠力度最大的手机，平均降价幅度达 800 元，这与其官方定价较高、销量低于预期有关。不过，即便是打折、三款新款 iPhone 均价仍在 7 500 元以上，这也解释了为何苹果销售额能够稳居第一。华为方面，由于旗下机型比苹果丰富、用户选择多，且 Mate 20 系列正在热销中，也取得了不错的销售成绩。同样取得不错成绩的还有小米，从官方公布数据看，截至 2018 年"双十一"当天 19：30，小米天猫官方旗舰店在智能硬件与生活消费品领域拿到了 25 项第一，全渠道的销售额为 52.51 亿元。

从整个市场份额来看，天猫依然凭借 67.9%的市场份额遥遥领先，京东以 17.3%位居第二，苏宁易购以 4.7%的市场份额挤进前三。另外，海外购方面，亚马逊凭借品牌、价格及服务优势以 19%份额遥遥领先。比较有意思的是，从全国地区的销售额来看，广东省的朋友们最爱买，江苏省紧随其后、差距不大，接着是浙江省、上海市、北京市。

资料来源：搜狐网 http://www.sohu.com/a/274787026_116132（有删改）

10.5 公共关系

10.5.1 公共关系的概念

公共关系就是组织以公众利益为出发点，通过有效的信息传播及沟通，在内、外部公众中树立良好的形象和信誉，以赢得其理解、信任、支持和合作，为组织的发展创造一个良好的环境，实现组织的既定目标。当我们着眼于公共关系在企业促进销售方面的影响时，公共关系就成了促销的一种形式。因此，在企业的经营活动范畴里，公共关系是旨在塑造企业形象、沟通企业内外关系的企业营销活动。公共关系的促销效果并不是直接的，它把企业良好形象的塑造和企业信誉的提高作为无形的推销方式来实现企业销售额的提高。

10.5.2 公共关系在营销活动中的作用

作为促销的主要手段之一，公共关系的短期促销效果往往并不十分显著，但它仍然具有其他促销手段无法替代的作用，主要表现在以下几个方面。

1. **收集信息，提供决策支持** 借助公共关系，企业可采集大量相关信息，这不仅可以帮助企业密切关注环境变化，而且能够引导企业有针对性地调整各项营销决策，改善营销工作。

2. **对外宣传，塑造良好形象** 作为企业的宣传手段，公共关系通过将有关信息向公众传递，加深公众对企业的理解和认识，为企业赢得舆论支持，塑造良好形象。成功的公共关系不仅可以提高企业的美誉度和知名度，还可消除公众的误解，化害为利。

3. **协调关系，加强情感交流** 交际、沟通是理解和信赖的基础，而公共关系正是企业与公众沟通的桥梁。由于公共关系强调与公众的平等对话，给予公众充分的尊重，使得公众可以与企业进行深入的情感交流，企业可由此获得公众的深度支持。

4. **服务社会，追求社会效益** 公共关系活动通过服务社会、造福公众来实现企业的社会价值，从而提升企业的无形资产。

10.5.3 公共关系的主要方式

公共关系是一种长期的促销方式，它的工作核心是树立企业形象。在促销活动中，公共关系通常采用的方法有以下几种。

1. **策划新闻事件，进行公共关系报道** 这是营销公关中最重要的活动方式。它主要是通过制造"热点新闻"事件，由新闻工作者撰写或报道有关企业的公共关系材料，吸引新闻媒介和社会公众的注意与兴趣，以达到提高社会知名度和塑造企业良好形象的目的。例如，邀请某些新闻人士参加企业的活动，以某些新奇的方式开展企业的活动，在社会公众普遍关心的问题上采取某些姿态或行为等。这一做法不仅可以节约广告费用，而且由于新闻媒介的权威性和广泛性，使得它比广告更为有效。

2. **举办主题活动** 企业可围绕某一主题，通过一些特殊事件来吸引公众对企业的注意。这些主题活动与事件包括各种记者招待会、讨论会、开幕式、庆典、比赛、论证会、郊游、展览会、运动会、文化赞助、演讲等。由于公众能够通过上述活动亲身感受企业的状况与形象,所以影响力较强。例如,美国克莱斯勒公司曾举行大规模的演讲活动,促进了该公司汽车的销售,并刺激了投资者购买该公司的股票。

3. 编辑出版物,建设企业文化 这里的出版物是指企业编辑出版的视听材料,如各种印刷品、音像资料等。企业通过大量的沟通材料去接近和影响其目标市场,这些材料包括企业报刊、情况简报、内部通信、新品介绍、年度报告、专题文章、企业介绍、生产过程的展现、环境说明等。企业根据不同的公众对象,有选择地赠送上述材料,促进公众对企业的了解。

4. 宴请与参观游览,加强企业内部员工与外部公众的联系 在企业某个会议、纪念活动、主题活动之后,在庆祝、答谢协作者,接待来访客人等情况下,宴请对于关系营销导向的企业来讲尤其重要。它既能联络感情,又能开发各种业务工作。而参观游览对于树立企业形象十分有利。无论是内部人员到外面企业参观游览,还是邀请外部人员到本企业参观、进行调查研究,都能产生较好的口碑效应。

5. 参与公益活动,树立企业形象 企业可以通过赞助、向公益事业捐赠的方式来提高其公众信誉。例如,支持企业所在地的一些社区活动,向希望工程、孤寡老人、残疾人员、受灾地区的灾民、失业人员、无力救治的危重病患者、见义勇为者捐赠;为改善生活环境、提高生活质量向社会有关团体、部门的捐赠等。通过这些活动的开展,可以赢得公众的好评和称赞,建立良好的企业形象。

互联网+营销实战 10-3

方太水槽洗碗机的公益营销

凭借围绕方太水槽洗碗机精心打造的"妈妈的时间机器"与"给你我的水"两大公益营销事件,方太先后获得了2017金投赏商业创意奖、2017金印奖互动营销类金奖两大奖项。其将公益与营销环环相扣,从营销产品省时、节水等特性出发,以"同理心"为视角去审视关爱母亲、关注节水等公益问题,不仅让公益话题深入人心,更将"因爱伟大"的品牌理念从中升华。其"公益中有营销,营销中有公益"的做法,更获业界盛赞其令公益与营销珠联璧合。

好产品自带公益,是珍珠

方太是一家以产品立身的公司,营销则退而次之。秉持"每出一款精品,所出必是极致"的信念,方太水槽洗碗机集"水槽、洗碗机、去果蔬农残"于一身,更是引领了厨房空间集约化布局,让洗碗机的安装无须改水改电,其多项创新在洗碗机领域无出其右。更重要的是,方太水槽洗碗机更省时、省水,其一般模式下清洗仅需26分钟左右,是欧式洗碗机的1/3左右,同时,其一次清洗的用水量仅为5.7L,远低于传统洗碗机10L的用水量。仅凭这两点,便令业界称赞其为"自带公益的典范"。

方太之志,堪比鸿鹄。于方太而言,善的产品有3个层次,一层为带来好的品质体验,满足自我的需求;二层为引导善的价值观,关爱身边的家人;最高层为输出善的文化,助力社会。如何将产品之"小善"演变为公益之"大善"?方太期望用水槽洗碗机提醒人们关注妈妈在家务中的不便以及全社会水源浪费的问题。

方太通过《妈妈的时间机器》广告片,以"神转折"的方式令人对妈妈洗碗的苦闷感同身受；通过"给你我的水"，以名字中去掉"氵"和"丶"带来的不协调感，令人对缺水的问题感同身受。

因这两大活动，无数妈妈们从繁复的厨房家务中解脱出来，有了追寻梦想的时间，还有100多家品牌和50多家媒体机构持续关注水资源浪费问题。或许他们只是方太渴望传达的人群中的一小部分，却点燃了公益的"星星之火"。

紧扣这一思想，无论是《妈妈的时间机器》还是"给你我的水"，方太水槽洗碗机的每一次公益营销都与方太品牌"因爱伟大"一脉相承。方太水槽洗碗机的多项贴心设计不仅传达着产品的"美善"，更体现着方太的"仁爱"，"生硬"的产品营销融于"柔软"的公益羽翼之下，令观者不因这是一项品牌的公益活动而心生反感，从而获得良好的营销效果。

其实，对于公益营销而言，无论进入怎样的新生态环境当中，其本质是没有发生变化的——公益营销还是以活动为基础，肩负着改变品牌认知，提升品牌美誉，顺势带动营销的使命，活动与传播均围绕"人"展开。而方太的高明之处则在于，其真正做到了公益与营销彼此促进，珠联璧合。两大公益营销事件的成功为众多期望通过公益营销来促进销量与品牌格局双提升的企业上了一堂生动的营销课程，即以同理心传递正能量的品牌主张必可获得事半功倍的效果。

资料来源：IT168 网 http://software.it168.com/a2018/0205/3191/000003191243.shtml（有删改）

营销方法

1. 促销组合工具 促销组合工具及其常用要素见表 10-2。

表 10-2 促销组合工具及其常用要素

广告	营业推广	公共关系	人员推销
电视广告	比赛、游戏	媒体报道	销售展示
印刷广告	抽奖、奖券	演讲	销售会议
广播广告	免费样品	出版物	奖励
翻牌广告	演示	研讨会	样品
网络广告	展示	公益活动	拜访顾客
招牌	折价券	慈善捐款	展览会
外包装	低息贷款	游说	
随包装广告	招待会	年度报告	
宣传手册	以旧换新	企业刊物	
招贴和传单	搭配商品	标志宣传	
企业名录	奖励、赠品	关系	
视听材料	交易会	捐赠	
标志图形			

2. **广告决策工具**　广告决策工具见表10-3。

表10-3　广告决策工具

消费者对产品使用体验	消费者对使用产品的不同期望			
	理性期望	感受期望	社会期望	自我期望
对产品使用结果的体验				
对产品使用过程的体验				
伴随使用的附带体验				

[本章小结]

1. **促销**　促销是企业通过人员或非人员的方式，向目标顾客传递商品或劳务的有关信息，影响和帮助消费者认识商品或劳务带给他们的利益或价值，或者是使顾客对企业及其产品产生信任与好感，从而引起消费者的兴趣，激发其购买欲望，促使其采取购买行为的相关活动的总称。促销的基本方式可分为人员促销和非人员促销，其中非人员促销包括广告、营业推广和公共关系。

2. **人员推销**　人员推销是指企业通过派出销售人员与一个或一个以上可能成为购买者的人交谈，通过口头陈述或书面介绍以推销产品，促进和扩大产品销售。人员推销是销售人员帮助和说服购买者购买某种商品或服务的过程。

3. **广告**　广义的广告就是泛指一切营利性的和非营利性的广告。狭义的广告是指营利性的经济广告，即商业广告，它是在付款方式下，由特定的广告主（企业）通过大众传播媒体进行的商品或服务信息的非人员展示和传播活动。

4. **营业推广**　营业推广也称为销售促进，是指企业在短期内为了提升销量或销售收入而采取的各种促销措施。营业推广的目标对象主要有3类，即最终消费者、中间商以及企业销售人员。

5. **公共关系**　公共关系就是组织以公众利益为出发点，通过有效的信息传播及沟通，在内、外部公众中树立良好的形象和信誉，以赢得其理解、信任、支持和合作，为组织的发展创造一个良好的环境，实现组织的既定目标。

———————— 重要概念 ————————

促销组合　人员推销　广告　营业推广　公共关系

[案例分析]

微营销的几个成功模式

由于互联网的快速发展，微营销成了当今时代的先锋和代表。这种新型的营销模式给了我们展示营销思想和才情的大舞台。如今许多企业和个人都选择了微营销这一模式，通过微信以及其他媒介的推动，促使营销快跑和飞翔。营销大师克里曼特·斯通说过这样一句话：

只要设法让你的产品进入消费者的手机,这就是最好的营销。那么,如何在微营销这个领域获得成功呢?以下是几个成功的模式。

节日递温情

逢年过节互致问候是中国人的良好传统。在经历了电话和短信的贺年祝福后,微信祝福逐渐流行,一段语音、几句文字、一个视频,简单又温暖。节日传温情就是利用节假日人们相互送祝福的机会,在微信文字或视频中植入品牌形象,恰到好处地进行传播推广。

例如,想在"七夕节""春节"等节日促销的企业,也可以事先制作一个祝福短视频,提前在朋友圈向大家致以节日的问候。一个简单的祝福,传递的是关爱,传播的却是企业品牌。

红包"抢抢抢"

抢红包就是为用户提供一些具有实际价值的红包,通过抢的方式吸引用户积极参与,引起强烈关注,找到潜在客户,并实施针对性营销。抢红包这个模式比较适合电商企业,客户得到红包后即可在网店中消费,这样一来,既起到了品牌推广作用,又拉动了商城销售。很多商家已习惯在店庆或节庆时推出抢红包游戏。其实,商家看似发了红包,让了利,但实际上得到了自己的目标消费者,有力地推动了商品销售。

新闻效应

新闻效应是借助突发性新闻或关注度较大的新闻进行传播。移动互联网时代,地球上任何一个地方发生的重大新闻,都能在瞬间传递到地球的角角落落。而它在朋友圈的阅读量,往往是以十万甚至百万计。因此,如果在转发率如此高的新闻中植入广告,其传播影响力自是不可估量。

测试模式

测试模式,也就是通过一些小测试,如智商测试、情商测试、心理测试等来对一些品牌进行传播。今天的朋友圈内,各类测试甚是风靡,这些测试的题目十分抓人眼球,很容易让人点进去测试。而这些测试的最后,往往都会跳出"分享到朋友圈,分享后测试答案会自动弹出",这么一来,无疑进行了二次传播,而藏在这些题目开篇或结尾的网站或咨询机构,也可以再一次宣传自己。

微信朋友圈的高关注度和高转发率为营销提供了极好的机会。虽然有人反感朋友圈营销,但如果用得恰到好处,给用户带来知识,带来乐趣,甚至带来好处,那么他就会欣然接受。

内容新分享

内容新分享说的是每天通过文字在朋友圈里互动,文案尽量用第一人称,这样显得真实,易拉近与好友距离,抒发情感,激发好友内心的感受;多用问号结尾,不论是询问、责问、反问、选择问、商量、设问还是不需要回答而语气是疑问的句子;结合生活,多分享好吃、好玩、好看的事物。

可从以下 3 点设计账号内容的实用性。

1) 你的产品功效,能解决客户什么问题。

2) 你的客户的见证,老客户的反馈能帮你做信任广告。

3) 你做微营销的技巧和心得,让别人认可你的价值。做内容最忌讳的就是天天发心灵鸡汤,别人关注你,并不是为了看这些。

生活见真情

生活见真情就是把人们所关心的日常生活知识发布到微信平台上,通过这些信息的转发起到良好的传播作用。如今,人们对生活质量的要求越来越高,对生活知识的需求也越来越广,有关生活类的知识在网络上的转发率相当高,如冬病夏治、节假日旅游、十大美食去处、最美民宿等,凡是与生活、旅游、美食、教育等相关的信息,都会引起人们的关注。而这些信息不但适合转发,而且还会被很多人收藏,这样一来,便是对信息进行了二次传播。因此,在这些生活类信息中植入产品图片、文字或者做链接进行传播,可以做到润物细无声的效果。

游戏"玩玩玩"

游戏思维的概念很简单,就是通过游戏的转发传播来认识某个品牌。在微信的战略发展方向中,游戏与社交是其重点,足见游戏在移动互联网上的地位。微信小游戏的特点普遍是设计新颖而且呆萌,规则简单却不单调,可以在短短几分钟内吸引到大量用户。

很多游戏抓住了用户内心深处的攀比心理,更抓住了人们爱玩游戏的天性和兴奋点,从而获得了巨大的蝴蝶效应。试想,如果在这类游戏中植入品牌广告,它的传播效果是多么的不可想象!

巧用流量

互联网时代,流量为王,网站如果没有流量,那就简直是"无源之水,无本之木"。因此,抓住消费者的痛点,也就抓住了营销的根本。流量思维的基本思想是转发送流量,用户只要转发某家企业或某个产品的微网页,就可以得到一定的流量。

如果你每天准备送出1万元流量,那么按每人2元计,每天将有5 000人受益,而为抢流量转发的可能会达到1万人甚至更多。试想,如有1万人转发活动微网页,以每个转发者平均拥有300个朋友计算,每天就有300万人在关注活动。1万元让1万人参与活动,同时获得300万人的眼球,这就是流量的魅力和魔力所在。用流量争取客户,是运营商们常用的手法。

众筹模式

众筹是指用团购或预购的形式,向用户募集项目资金的模式。相对于传统的融资方式,众筹更为开放、灵活。对圈子的精准把握是微信适合众筹最核心的竞争力。

微信运用众筹思维的案例有很多。国内大病筹款独角兽企业水滴筹策划的"水滴探访·眼见为实"活动,就是在互联网技术的加持下,将线下走访、平台、新媒体等形式合理串联,以纪实类文学的形式,触达散布于公众号场景的指尖爱心,帮助大病患者创造筹款新场景,带来筹款新增量。

对于发起者来说,筹资的方式更灵活,而对于投资的用户来说,可以在最短的时间内获得较好的收益。因此微信众筹思维也是一个较好的微信营销方式,传播方式快,扩散范围广,产生效益大。

助力思维

助力营销是通过朋友间的不断转发支持,实现快速传播和全民关注。助力思维通常的方式是,技术公司在制作活动微网页时添加助力一栏。用户参加活动时,在活动页面输入姓名、手机号码等信息后,点击报名参与即进入具体活动页面。用户如想赢取奖品,就要转发至朋友圈并邀请好友助力,获得的好友助力越多,获奖的概率也就越大。为发挥助力者的积极性,也可以让参加助力的好友抽奖。就这样,因为有大奖的吸引,就可以通过报名者与其众多好友的关注和转发达到广泛传播的目的。

运用微信助力思维,不但可以在后台清晰地掌握报名者的基本数据和信息,如名字、性别和手机号码等,也在最大程度上发掘了他的朋友圈资源,让更多的人关注甚至参与此项活动。这种经济学上的乘数效应使得活动消息得以成倍扩散,企业品牌得以迅速传播。

资料来源:卢松松博客 http://lusongsong.com/reed/8319.html(有删改)

思考与分析

1. 微营销与传统营销相比,具备哪些优势?
2. 结合上述资料,思考创业型餐饮行业在网络宣传促销方面所面临的新态势。
3. 任选一个行业或者经营项目,谈谈微营销所起到的促销作用。

营销实训
商品推销演练

【训练目的】掌握商品推销技巧

【训练方案】

① 2个同学组成一组,互换角色扮演推销员和顾客,进行商品推销的模拟演示和训练。

② 自定义所要推销的商品。建议推销同学们熟悉的、经常使用的产品,也可虚拟一种新产品进行推销。

③ 结合推销商品和推销情境,自己设计推销技巧和方案。

④ 请同学观看后相互进行公开分析讨论,并进一步归纳、提炼推销技巧。

复习与思考

1. 什么是促销?促销组合包括哪几个方面?各有什么特点?
2. 为什么说促销的核心是沟通?谈谈你的看法。
3. 试比较推动策略与拉引策略的联系与区别。
4. 你认为"推销产品本身"与"推销产品所带来的利益"有何不同?
5. 广告有哪些种类?广告媒体的选择需考虑哪些因素?
6. 营业推广的步骤与策略是什么?
7. 良好的公共关系对于企业具有什么样的促销作用?

延伸阅读

1.《营销革命》,[美]艾·里斯,杰克·特劳特著,邓德隆、火华强译,机械工业出版社,2017.

作者简介:艾·里斯,里斯伙伴(全球)营销公司主席,全球著名营销战略家、定位理论创始人之一。2008年,作为营销战略领域的唯一入选者,与"管理学之父"彼得·德鲁克、通用电气公司前CEO杰克·韦尔奇一起被美国《广告时代》评为"全球十大商业大师"。

杰克·特劳特,定位理论创始人,于1969年在美国《工业营销》杂志上发表论文"定位:同质化时代的竞争之道",首次提出商业中的"定位"观念,开创了定位理论。

内容简介：本书对营销中的传播原则和战备原则进行了整合，提出了崭新的营销理论——"自下而上"的营销。这引发了一场企业家的营销思维，成功的企业家应该从起点开始发掘并制订一个实用的战术，然后围绕这一战术构建起相应的战略。

2.《创意文案与营销策划撰写技巧及实例全书》、萧潇著，天津科学技术出版社，2017.

作者简介：萧潇，国内知名文化公司创始人，互联网领域的实践派，对电商和金融体系有着深入的认识和研究。热爱文字创作，充满了新奇多变的想法和创意，经常活跃在知乎、片刻等平台。同时，还是一位资深策划编辑。

内容提要：全书分为创意文案与营销策划两大板块，全面剖析现代营销学中的文案之道，立足实战，追求卓越，旨在用通俗易懂、幽默风趣的语言为读者阐述提高文案写作水平的技巧与方法，并结合经典案例分析与文案模板告诉读者"怎样用笔尖写出销售力"。

网站推荐

1. 中国消费网 www.ccn.com.cn
2. 360百科 baike.so.com

第 11 章 营销的组织、执行与控制

学习指导

学习目标

1. 了解市场营销部组织机构的演变
2. 理解市场营销部组织机构的具体类型及其优缺点
3. 掌握营销执行与控制

任务驱动

蒙牛调整组织架构

"年轻的消费者更喜欢在早餐店、面包房和电影院消费我们的产品……蒙牛需要在每一个品类里研究渠道变化,研究消费者的变化,让蒙牛能够跟上这个时代。"卢敏放在集团客户年会上如是说。

2016年,年终岁尾的蒙牛年会,照例要总结过去、展望未来。卢敏放刚好迎来了上任100天的时点,在这100余天里,卢敏放启动了蒙牛的组织架构调整,引起业界一阵惊呼:蒙牛"变阵"意欲何为?

调整架构成立新事业部

由于市场竞争加剧等多方面原因,蒙牛在2016年12月曾发出盈利预警,受旗下控股子公司雅士利经营状况的拖累,蒙牛将一次性对投资雅士利进行商誉减值计提,因此利润预计会出现亏损。

业内人士认为,这是卢敏放上任后采取的轻装上阵的举措,目的是让蒙牛更加聚集产品,提升产品的核心竞争力。事实上,卢敏放也的确开始了这方面的布局。蒙牛开展了新一轮组织架构调整,"打造常温、低温、奶粉、冰品等独立专业化业务板块"。这是一个非常大的工程,在一个半月的时间里完成组织架构调整,从前端到后端再到供应链,实现了彻底改造。卢敏放解释说,组织架构调整可以让蒙牛更专心、专业、专注地去取得每一个品类的胜利,让蒙牛更接近消费者,能够让"听到炮声的人"做决策,这是新事业部制的主要目的。之前组织架构存在的责权不清晰、产供销协调能力较差等问题被扫除,蒙牛要在提质增效上下功夫,把快速执行力做到更好,更快地应对市场、服务好消费者。

改变打法聚焦优势品类

卢敏放认为,蒙牛的战法是"聚焦、聚势、凝心、凝力"。第一个聚焦是聚焦品类,打造新的事业部制就是为了"让听到炮声的人决策"。第二个聚焦是聚焦优势品牌。蒙牛旗下有超过35个品牌,但纯甄、特仑苏、白奶贡献了110%的公司成长,也就意味着这三个品类贡献的成长已经超过了整个公司的成长。第三个聚焦则是要聚焦消费者,聚焦差异化。

"中国的乳品还有巨大的发展空间,乳业的春天即将到来。"在卢敏放看来,未来5年,中国乳业还有50%的发展空间。中国的乳品消费量是日本的1/2,是澳大利亚的1/8;而中国婴幼儿奶粉市场也是全球最大的市场,未来的5年也会翻一倍;中国的奶酪才刚刚开始起步,奶酪作为乳品高端化的象征,中国的消费量只是欧盟的1/40,只是日本的1/5。

在过去的10余年里面,蒙牛这头牛曾跑出了火箭的速度,而卢敏放为蒙牛框定的"2020战略"则将发展目标锁定在"成为最具中国活力的千亿级国际化乳品企业"。卢敏放说,来自国内外市场、相关政策及国人奶制品消费需求升级等方面的利好,正合力重塑着乳业的发展形态,"乘大势才能做大事,乳业将带给我们无限可能"。

请结合案例谈谈蒙牛为什么要调整组织结构?企业组织结构的调整要考虑哪些因素?

资料来源:http://finance.sina.com.cn/chanjing/gsnews/2017-01-04/doc-ifxzcvfp5881686.shtml?dv=1&source=cj(有删改)

市场营销活动是涉及众多因素的复杂的系统工程,为了实现企业或组织的目标与任务,就需要对市场营销的全过程实施有效的管理,即通过组织、执行与控制职能发挥作用,使企业中的各个部门、各种资源相互协调,有机配合,从而建立和保持与目标市场之间的互利关系,更好地适应不断变化的市场环境。

11.1 市场营销组织

市场营销组织是企业组织体系中重要的组成部分。无论是制订还是实施市场营销战略,都离不开有效的营销组织。营销组织从体制与制度的层面保障了企业营销活动的顺利进行。

11.1.1 市场营销组织的概念

市场营销组织是指企业内部涉及市场营销活动的各个职能及其结构。市场营销组织的构成、设置及运行机制应当符合市场环境的要求,具有动态性、适应性和系统性等特征。在理解营销组织概念时,应该注意以下2点。

1)市场营销活动是发生在不同的组织岗位上的,营销活动贯穿整个企业研发部、生产部、人事部等,因此,市场营销组织的范围难以界定。

2)经营管理活动的划分在不同企业是不同的。例如,信贷对银行来说是市场营销活动,但对其他企业来说则可能是会计活动。

互联网+营销实战 11-1

宝洁的又一次组织变革

2018年11月初,全球最大的消费品企业宝洁在投资者会议上宣布,从明年起,将根据产品品类来组建业务单元(SBU)。每个业务单元有各自的首席执行官,主要业务运作(包括消费者洞察、产品创新、品牌传播、销售及供应链体系等)都放在业务单元内。这6大部门的业务占宝洁80%的营业额和90%的利润,包括美国、加拿大、中国等绝大部分市场,其他市场(中美、非洲等)则组成一个独立单元。同时,宝洁缩减公司的共用资源,如财务、IT等,主要共用资源分到各业务单元里去,仅保留平台级的研发体系。

宝洁希望通过此次调整提升组织灵活性,更快速地对市场做出反应。这次组织变革跟投资人尼尔森·佩尔茨的推动有关,这位投资过亨氏、杜邦、通用电气的投资人,其理念是深度介入所投资企业的管理,影响管理层决策。他于2013年入股宝洁后,一直公开批评宝洁的管理组织过于复杂,在取得董事会的席位后,终于说服管理层采取了这次变革。

资料来源:https://www.jiemian.com/article/2623041.html(有删改)

11.1.2 市场营销部组织机构的演变

企业营销组织机构是随着市场营销观念、企业规模、管理经验等要素的不断发展变化而演变形成的,大致经历了以下5个阶段。

1. 简单的销售部门　20世纪30年代以前,西方企业以生产观念作为经营思想,其内部市场营销组织属于简单的销售部门,由一位销售副总经理负责,主要工作是管理销售人员和销售生产出来的产品,并兼管若干市场研究和少量广告宣传业务(如图11-1所示)。

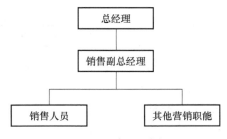

图 11-1　简单的销售部门

2. 兼具营销职能的销售部门　20世纪30年代以后,很多企业进一步扩大规模,市场竞争日趋激烈,销售工作变得更为复杂,企业大多以推销观念作为主导思想,需要开展市场研究、广告促销以及客户服务等营销职能,这时就需要设立专门的营销主管来负责这些工作。因此,营销组织结构调整为如图11-2所示的结构。

3. 独立的市场营销部门　随着企业经营规模和业务范围的进一步扩大,原来作为辅助性工作的市场研究,新产品开发、广告促销和顾客服务等市场营销职能越来越受到重视,于是,市场营销部门随着一系列工作的独立而脱离出来,成为一个独立的职能部门,由营销副总经理负责,与销售副总经理一样由总经理直接领导(如图11-3所示)。

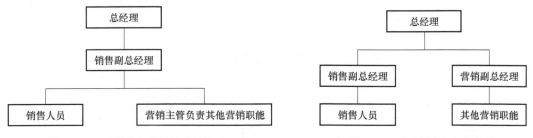

图 11-2　兼具营销职能的销售部门　　　　图 11-3　独立的市场营销部门

4. 现代市场营销部门　销售部门和营销部门尽管是两个相对独立的职能部门,但应该目标一致、协同配合,可是在实际工作中,这种平行且相互独立的关系使它们之间经常产生矛盾。销售部门追求眼前利益,而营销部门则更侧重于长远目标,致力于从满足顾客需求的角度出发制订营销战略和规划。因此,为了解决这一矛盾,现代企业逐步优化营销组织,强化营销部门,设置营销副总经理,负责包括营销部门和销售部门的所有业务,形成销售与其他营销职能统一的现代营销部门(如图11-4所示)。

5. 以业务流程为基础的营销部门 很多企业按照业务流程设置组织，把组织结构集中于关键过程而非营销部门管理。根据具体任务，通过组建临时性跨职能小组来协调营销与销售职能的关系。在跨职能小组内，由过程负责人或专职负责人领导，营销人员包括销售人员作为过程小组成员参与活动，营销部门提供业务支持与帮助（如图11-5所示）。

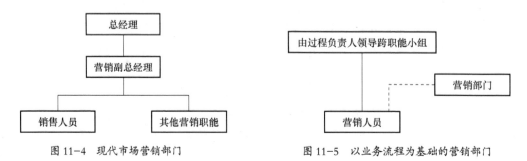

图11-4 现代市场营销部门　　　　　图11-5 以业务流程为基础的营销部门

11.1.3 市场营销部组织的具体类型

市场营销组织是企业为了实现经营目标，发挥市场营销职能，由有关部门协作配合而形成的有机整体。营销组织类型多样，企业要根据自身的营销目标、市场环境以及业务特点因素选择适合的营销组织。所有的营销组织都必须与营销活动的4个领域，即职能、产品、地域和顾客市场相适应。

1. 职能型市场营销组织 职能型市场营销组织是最传统、最常见的组织形式。按照职能分工，在营销副总经理管理下，设置不同的职能部门为相应的营销决策提供支持（如图11-6所示）。

这种组织形式的优点是结构简单、管理层次少、分工明确、组织协调方便。但随着公司业务发展、产品品种增加和市场范围逐步扩大，该组织形式会导致各职能部门之间协调困难，效率低下，部分产品或地区容易被忽略。因此，职能型市场营销组织形式比较适合产品单一，市场较为集中的企业。

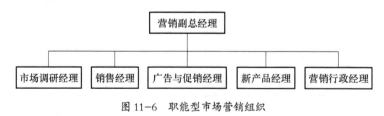

图11-6 职能型市场营销组织

2. 地区型市场营销组织 如果一家企业业务范围扩大到全国或更大的市场时，企业一般会根据地理区域设置其营销组织，即根据要进入的不同地区设立机构或部门，以负责企业在不同区域范围内相应的营销工作。这种组织形式的优点是可以根据不同地区的市场环境，有针对性地开展营销活动，并对市场信息快速反应，更好地满足市场需求。缺点是由于管理幅度大，各地区机构相对独立，使得集中管理受限，控制难度加大，另外也容易造成机构重复设置，地区之间易产生利益冲突（如图11-7所示）。

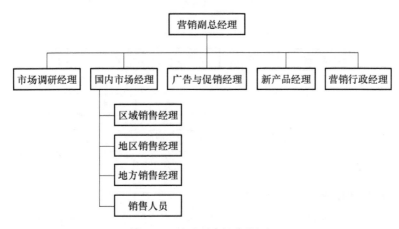

图 11-7 地区型市场营销组织

3. 产品（品牌）型市场营销组织 生产多种类产品，或拥有多种品牌且产品之间差异比较大的企业可以按产品、品牌设立营销组织，由一名产品经理统一负责，下设几个产品大类经理，每个产品大类经理可能又负责管理几个品牌（如图 11-8 所示）。

这种组织形式的优点是便于企业统一协调管理特定产品或品牌，能对各类产品的市场问题及时做出反应，为产品经理提供了一个全面提升营销管理水平的平台。缺点是产品经理容易陷入日常事务而忽略了产品的营销工作；同时，产品经理会由于授权不足而对各营销职能部门形成依赖；另外，这种模式也会导致产品经理缺乏整体观念，各个产品、品牌间产生利益冲突。

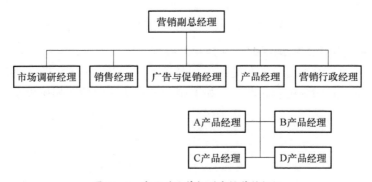

图 11-8 产品（品牌）型市场营销组织

4. 市场（顾客）管理型市场营销组织 市场（顾客）管理型市场营销组织是以消费者需求为导向来设置企业营销组织的。当企业面对具有不同需求偏好与购买行为的消费者以及不同的分销渠道时，即可组建市场（顾客）管理型组织，由专人负责管理不同市场（顾客）的营销业务（如图 11-9 所示）。

这种形式的优点是可以更好地满足不同消费群体的需求，利于企业扩大销售和开拓市场；缺点是容易造成权责不清、多头领导等问题，它适用于产品线单一，市场需求差异大，分销渠道多的企业。

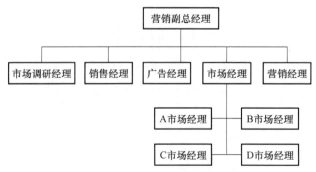

图 11-9 市场（顾客）管理型市场营销组织

5. 产品-顾客管理型市场营销组织 随着企业多元化经营和规模的不断扩大，企业经常面临两难选择：采用产品型市场营销组织还是市场（顾客）管理型营销组织？产品-顾客管理型营销组织就是将产品型营销组织和市场（顾客）管理型营销组织结合而成的组织形式，也称矩阵型组织。它是在垂直领导系统的基础上，又建立了一种横向的领导系统，将职能管理和专项管理相结合，交织形成的营销组织。由产品经理负责产品的营销企划、实施与控制，市场经理负责顾客需求的把握（如图 11-10 所示）。

这种组织形式的优点是同时具有产品型和市场型组织形式的优点，有利于内部各部门间的协作，极大提高工作效率；缺点是管理费用高，多头管理，界限不清，稳定性差。

		市场经理			
		市场1	市场2	市场3	市场4
产品经理	产品1				
	产品2				
	产品3				

图 11-10 产品-顾客管理型市场营销组织

6. 事业部管理型市场营销组织 当企业发展到一定规模后，常将各大产品部门升级为独立的事业部，下面再设置自己的职能部门和服务部门。企业通常会将营销职能下放到各个事业部，各事业部获得较大的自主权，有利于调动事业部的主动性和积极性，使之更好地满足市场需求。

相关链接 11-1

平台型组织

自 20 世纪 90 年代开始，专家们发现当市场环境变得更加复杂、充满不确定因素以后，原来的层级化组织就很难跟上企业快速发展的脚步了。为了加快消费者与企业之间关系融合的速度，能够全员参与、去中心化、去层级化且更具动态演化能力的组织形态的平台组织形态诞生了。

平台型组织是在互联网时代的背景下，在全球化的网络平台支撑下，通过高度发达的通信及信息技术，在较短时间内，以低成本整合各种技术资源，形成以员工自管理、自驱动、自创新，以消费者为中心的全新企业组织形态，其具有开放性、柔性、并联性等特征。

胡国栋、王琪提出平台型企业组织结构"三去理论",即去中心化、去中介化和去边界化。第一是去中心化,平台企业的组织结构应该更新传统组织的内部构造,打破传统的理性官僚制,打造一个新的业务流程,把层级化繁为简,平台型企业内部按类别分成不同的小型团队,这样就能更快捷、更自由、更灵活地适应市场的变化。第二是去中介化,平台型企业可以摒弃内部评价的部门,通过消费者对企业的产品或者服务直接的评价,让消费者直接参与企业平时的生产活动,这样既可以监督企业自身经营,还能够让企业及时得到市场反馈。第三是去边界化,平台型企业的目标是让商圈的各种资源能整合起来,这类企业必须让组织内部的结构趋于扁平化,之后就可以让员工发挥他们的能力,这样一个互动比较多的平台可以实现组织与消费者共享信息和资源的功能。

资料来源:冯冲. 平台企业组织结构演化研究——以 M 平台为例[D]. 成都:电子科技大学,2018:9-11.

11.2 营销执行

11.2.1 营销执行的概念

营销执行是将市场营销计划转变为行动方案的过程,并确保企业实现所制订的营销目标。分析市场营销环境、制订营销战略和营销计划指的是营销活动中"做什么""在哪里"和"为什么"的问题,而市场营销执行说的是"谁去做""何时做"和"如何做"的问题。好的营销战略和计划是营销成功的开始,营销执行则是营销成功的保证,所以,提升企业的营销执行力就显得尤为重要。

11.2.2 营销执行所需技能

为了有效地执行营销计划,企业需要掌握以下技能。

1. **诊断技能** 当营销执行未能实现营销计划所确定的目标时,就需要对问题产生的原因做出诊断,判断是由于计划不当还是执行不力?并找出具体原因。

2. **配置技能** 配置技能是指市场营销经理在职能、政策和方案 3 个层次上分配时间、资金和人员的能力。

3. **调控技能** 调控技能包括建立和管理一个对市场营销活动效果进行追踪、反馈的控制系统,并具有对突发事件迅速采取补救措施的能力。控制的方法主要有 4 种:年度计划控制、利润控制、效率控制和战略控制。

4. **组织技能** 组织技能主要是建立组织机构和协调机制,确定营销人员之间的关系结构,以利于实现企业的各项目标。要处理好组织内集权与分权、正式组织与非正式组织的关系,建立合理的制度,协调各部门关系,使组织高效率运转。

5. **互动技能** 互动技能是指管理者推动和影响他人完成工作的能力,不仅是推动组织内人员的工作,还应该善于影响组织外的其他企业和个人,以达到企业目标。

6. 实施评价技能 营销计划执行完成后,企业需要对执行结果进行评价。但营销执行的有效性无法简单地用市场业绩来判断,这时就需要基本工作研究来实现。例如,通过回答以下问题来实现,营销计划是否完整?营销功能是否健全?是否对分销、定价和广告等工作都进行了有效的管理?是否合理地分配了时间、费用、人员?

11.2.3 营销执行的过程

1. 制订行动方案 为了有效地实施营销战略和计划,必须制订详细的行动方案。该方案要明确营销战略实施的关键性决策和任务,并将执行这些决策和任务的责任落实到个人或小组。此外,还应包含具体的时间计划表,制订行动的确切时间。

2. 建立组织结构 企业的正式组织结构在市场营销战略的执行过程中起着决定性的作用。组织将战略实施的任务分配给相应的人员和部门,并明确了职权界限和信息沟通渠道,协调企业内部的各项决策和行动。企业战略不同,相应的组织结构也不同。组织结构具有两大职能:一是明确分工职能,将全部工作分解成几个部分,分配给相关的部门和人员;二是协调职能,通过正式的组织沟通,协调各部门及人员的行动。

3. 设计企业的评估和薪酬制度 评估和薪酬制度直接关系到企业战略实施的成败,如果企业的评估和薪酬制度以短期经营利润为标准,则管理人员的行为势必趋于短期化,而不会为了长期目标而努力。

4. 开发人力资源 市场营销战略最终是由企业工作人员来执行的,所以人力资源的开发至关重要,涉及人员的选拔、考核、安置、培训、激励等问题。在选拔考核管理人员时,要做到人尽其才;通过建立完善的薪酬和奖惩制度激励员工;合理确定行政管理人员、业务管理人员和一线员工之间的比例。

同时要注意,企业战略不同,对管理者的要求也不同:"拓展型"战略要求具有创新、有魄力和冒险精神的管理者,"维持型"战略要求管理人员具备组织和管理方面的才能,"紧缩型"战略则要求管理者善于精打细算。

5. 建设企业文化 企业文化是指企业内部全体人员共同持有和遵循的价值标准、基本信念和行为准则,是企业在所处的环境中逐渐形成的共同价值标准和基本信念。企业文化包括企业环境、价值观、模范人物、仪式、文化网等5个要素。企业文化对企业的经营思想、管理风格以及对员工的工作态度、工作作风都起到了至关重要的作用,是能够把全体员工团结在一起的"黏合剂"。企业文化一旦形成,就不会轻易改变,具有相对的稳定性和连续性。

> **相关链接 11-2**
>
> ### 平衡计分卡
>
> 平衡记分卡是绩效管理中的一种新思路,适用于对部门的团队考核。平衡计分卡是1992年由哈佛大学商学院教授罗伯特·S.卡普兰和复兴国际方案总裁戴维·P.诺顿设计的,是一种全方位的、财务指标和非财务指标相结合的策略性评价指标体系。平衡计分卡最突出的特点是将企业的远景、使命和发展战略与企业的业绩评价系统联系起来,它把企业的使命和战略转变为具体的目标和评测指标,以实现战略和绩效的有机结合。

平衡计分卡的原理

在信息时代，传统的绩效管理方法有待改进，组织必须通过在客户、供应商、员工、内部业务流程、技术革新等方面的投资，获得持续发展的动力。基于这样的认识，平衡计分卡认为，组织应从4个角度审视自身业绩：财务、顾客、内部经营、学习与成长。

1）财务方面：公司财务性绩效指标能够综合地反映公司业绩，可以直接体现股东的利益，因此财务指标一直被广泛地用来对公司的业绩进行控制和评价，并在平衡计分卡中予以保留。常用的财务性绩效指标主要有利润和投资回报率。

2）客户方面：顾客是上帝，以顾客为核心的思想应该在企业业绩的考核中有所体现，即强调"顾客造就企业"。平衡计分卡中客户方面的指标主要有：客户满意程度、客户保持程度、新客户的获得、客户获利能力和市场份额等。

3）内部经营方面：公司财务业绩的实现、客户各种需求的满足和股东价值的追求，都需要企业内部的良好经营来支持。内部经营过程又可细分为创新、生产经营和售后服务3个具体环节。

4）学习与成长方面：企业的学习和成长主要依赖3个方面的资源，即人员、信息系统和企业流程。前述的财务、客户和内部经营目标通常显示出企业现有的人员、信息系统和流程能力与企业实现其期望业绩目标所需能力之间的差距，为了弥补这些差距，企业需要在员工培训、信息系统改进与提升和企业流程优化等方面投资。从本质上来看，企业的学习与成长是基于员工的学习与成长，因而可以考虑采用以下的评价指标：员工培训支出、员工满意程度、员工的稳定性、员工的生产率等。

平衡记分卡的4个方面既包含结果指标，也包含促成这些结果的先导性指标，并且这些指标之间存在着因果关系。平衡记分卡的设计者认为企业的一项战略就是关于因果的一系列设想，企业所采用的成功的绩效评价应当明确规定各个不同方面的目标和衡量方法之间的逻辑关系，从而便于管理和证明其合理性。

由于平衡记分卡的构成要素选择和评价过程设计都考虑了上述的因果逻辑关系，所以它的4个评价维度是相互依赖、支持和平衡的，能够形成一个有机统一的企业战略保障和绩效评价体系。

资料来源：https://baike.so.com/doc/1123101-1188199.html（有删改）

11.3 营销控制

11.3.1 营销控制的概念

营销控制是指企业依据营销计划，检查营销计划的执行情况，并根据偏差调整执行活动或营销计划，以确保企业目标得以顺利实现。

11.3.2 营销控制的类型

营销控制的类型见表11-1。

表 11-1 营销控制类型

控制类型	控制负责人	控制目的	控制方法
年度计划控制	中高层管理人员	检查年度计划目标是否实现	销售分析、市场占有率分析、营销费用率分析、财务分析以及顾客态度分析
盈利能力控制	营销主管人员	检查和控制企业盈利点和亏损点	分析产品、地区、消费者群体、细分市场、分销渠道的盈利状况
效率控制	职能管理部门和营销主管人员	评价销售人员以及各营销职能的工作效率	销售人员效率、广告效率、营业推广效率及分销效率评价
战略控制	高层管理人员	保证企业整体战略目标的实现	营销审计、营销绩效考核、道德与社会责任考核

1. 年度计划控制 年度计划控制是企业在一个财务年度结束后，根据年度计划，监控营销效果，并提出改进措施，主要包括 4 个步骤：制定标准、监督检查、因果分析、纠正措施。年度计划控制的方法主要有以下几种。

（1）销售分析。主要用于衡量和评估管理人员所制订的计划销售目标与实际销售之间的关系，包括销售差异分析和微观销售分析。

1）销售差异分析，即对销售计划执行过程中造成销售差异的各种因素的影响程度进行分析。例如，某企业根据年度计划要求，第一季度销售 10 000 件产品，每件 1 元，则销售额为 10 000 元。而第一季度实际只销售了 8 000 件，每件 0.8 元，则实际销售额为 6 400 元。因此，销售差异为 3 600 元，或预期销售额的 36%。销售差异显然来自两个方面：

价格下降带来的差异为 $(1-0.8) \times 8 000 = 1 600$（元）；$1 600/3 600 = 44\%$

销量下降带来的差异为 $1 \times (10 000 - 8 000) = 2 000$（元）；$2 000/3 600 = 56\%$

由此可见，销量下降带来的差异更大，所以应该认真分析销量下降的原因。

2）微观销售分析，即考察特定产品、销售区域没能达到预期销售目标的问题。认真分析未达标的原因，是企业内部因素还是外部市场因素，并加以纠正。

（2）市场占有率分析。通过市场占有率分析，能够判断企业的市场竞争地位，衡量企业的市场竞争能力。一般采用以下 4 种市场占有率来进行计算。

1）总体市场占有率，即通常所说的市场占有率，是本企业销售收入占全行业销售收入的百分比。

2）可达市场占有率，指企业销售收入占其可达市场销售收入的百分比。可达市场是企业产品最适合的市场或是企业通过营销努力企及的市场。企业的可达市场占有率总是比它的总体市场占有率大，因此，即使企业拥有 100% 的可达市场占有率，但它的总体市场占有率却可能很低。

3）相对于 3 个最大竞争者的市场占有率，指企业销售收入与 3 个最大竞争者销售收入之比。通常实力较为雄厚的企业相对市场占有率高于 33%。

4）相对于市场领导者的市场占有率，指企业销售收入相对于市场领导者销售收入的比重。相对市场占有率超过 100%，说明企业是市场领导者；相对市场占有率等于 100%，则企业和目前的市场领导者同为市场领导者；相对市场占有率上升，则表明企业在靠近市场领导者。

（3）营销费用率分析。即企业为达到销售目标时的费用支出分析，用营销费用占销售收入的占比来衡量检查支出是否合理。通常，允许存在一个正常的偏差值，当超出正常波动范围时就需要引起关注。

（4）财务分析。管理人员需要对企业进行全面的财务分析，以判别影响企业利润水平的各项因素。

（5）顾客态度分析。企业通过定性分析来追踪顾客满意度，主要手段包括建立投诉和建议制度、典型客户调查、随机调查等内容。

2. 盈利能力控制　企业通过盈利能力控制可以对不同产品、地区、消费者群体、细分市场、分销渠道的盈利状况进行分析，从而判断每一因素对企业获利的贡献大小及其获利能力的高低，进而对企业营销方案的实施过程进行控制。具体方法是企业利用财务部门提供的报表和数据，重新编制各类营销损益表，并对各表进行分析。例如，编制企业分销渠道损益表，来检查每条分销渠道的盈利状况，如果某渠道亏损较大，则有针对性地采取相应措施扭转亏损，或可考虑舍弃该渠道。

3. 效率控制　企业通过效率控制来分析评价销售人员以及各营销职能的工作效率，主要包括以下4种控制方法。

（1）销售人员效率。通常使用以下指标来进行销售人员效率控制：每位销售人员每天销售访问次数、每次销售访问时间、每次销售访问平均收益、每次销售访问平均成本、每百次销售访问获得订单百分比、每阶段新增顾客数、每阶段流失顾客数、销售成本占销售总额的百分比。

（2）广告效率。企业应明确每种媒体触及目标人群的广告成本，广告引起的注意、联想、喜爱程度以及广告前后顾客对产品和品牌态度的转变等。

（3）营业推广效率。通常采用以下指标：由于推广而销售的百分比，每单位销售额陈列成本、赠券回收百分比、示范引起的咨询次数等。

（4）分销效率。主要针对企业存货水平、仓库位置及运输方式进行分析，以达到最佳配置，从而提高分销效率。

4. 战略控制　战略控制是对企业总体目标的控制，企业需经常对其整体营销活动做出检查和评估，使企业营销战略和计划与动态变化的市场营销环境相适应，从而确保企业协调稳定发展。战略控制的主要工具有市场营销审计、营销效益考核及道德与社会责任考核。

市场营销审计是对企业或业务单位的市场营销环境、目标、战略和整体营销效果所做的全面的、系统的、独立的和定期的检查，以确定存在的问题和机会，提出行动计划，提高企业的营销业绩。

> **营销方法**
> 分销渠道盈利分析表

企业通过渠道盈利分析，可作为企业分销渠道决策的重要依据，见表11-2。

表 11-2　企业渠道盈利分析表

项目＼渠道名称	百货商店	专业商店	便利商店	总额
销售收入				
销售成本				
销售毛利				
营业费用：				
推销				
广告				
物流				
费用总额				
净利润				
销售收益率				

[本章小结]

1. 市场营销组织　市场营销组织是指企业内部涉及市场营销活动的各个职能及其结构。市场营销组织的构成、设置及运行机制应当符合市场环境的要求，具有动态性、适应性和系统性等特征。

2. 营销执行　营销执行是将市场营销计划转变为行动方案的过程，并确保实现企业所制订的营销目标。分析市场营销环境、制订营销战略和营销计划指的是营销活动中"做什么""在哪里"和"为什么"的问题，而市场营销执行说的是"谁去做""何时做"和"如何做"的问题。

3. 营销控制　营销控制是指企业依据营销计划，检查营销计划的执行情况，并根据偏差调整执行活动或营销计划，以确保企业目标得以顺利实现，主要包括年度计划控制、盈利能力控制、效率控制和战略控制。

———————— 重要概念 ————————

职能型市场营销组织　地区型市场营销组织　产品（品牌）型市场营销组织
市场（顾客）管理型市场营销组织　产品-顾客管理型市场营销组织　营销控制
年度计划控制　盈利能力控制　效率控制　战略控制

[案例分析]

腾讯组织架构的新调整

2018年9月30日，腾讯官方发布了名为《腾讯启动战略升级：扎根消费互联网，拥抱产业互联网》的文章，内容涉及腾讯调整组织架构和高层管理干部任免的决定，是腾讯新一轮整体战略的升级。

自 1998 年创业以来，围绕新业务发展、核心战略改变，腾讯有过 3 次标志性的公司组织架构调整。

从职能式到业务系统式架构

马化腾创立腾讯之前在润迅工作，润迅是深圳当时最大的寻呼公司。腾讯最初的创业项目便是打造网络寻呼系统。正巧广东电信计划拿出 90 多万元做一个即时通信系统。马化腾找到吴宵光、张志东等人一同开发，推出了第一版 QQ 软件。后来，广东电信的项目没有中标，马化腾只好拿着初代 QQ 自己经营业务。早期，公司业务单一，首席运营官负责渠道和业务，首席技术官分管研发和基础架构，再由首席执行官统一协调，彼此沟通的频率和效率都很高。张志东回忆："很多事情靠着我们的人品和勤奋，公司就可以维持运作。"那时，腾讯采用的是职能式组织架构。整个公司主要分为渠道、业务、研发和基础架构部门，另设有行政、审计、人力资源等职能机构。

1998~2004 年，短短 6 年间，腾讯从一个不足十人的团队发展成 1 000 人左右的大公司，并于 2004 年成功上市。一年后，公司完成多元布局，旗下开展无线业务、互联网增值业务、游戏和媒体等业务。各项工作差异巨大，首席执行官已经很难进行良好的协调。根据张志东对当时情况的描述可知，职能式组织架构阻碍了腾讯的发展："腾讯是产品导向，以用户体验为中心，可职能、研发部门不买产品部门的账，产品部门根本影响不了研发部门。产品做得好，研发部门也不受激励。"

由于原有架构的管理混乱，腾讯展开了第一次大规模的组织变革，由职能式改为业务系统式架构，如图 11-11 所示。以产品为导向，将业务系统化，由各事业部的 EVP（执行副总裁）来负责整个业务，等于每项业务都增设了一个新的首席执行官。彼时，腾讯的总体架构分为企业发展系统、运营平台系统、职能系统以及 B 线业务系统和 R 线平台研发系统。B 线和 R 线下设不同业务，彼此独立。这样的架构使腾讯形成了双重分工系统——横向的业务分工和纵向的决策分工。

业务分工是指腾讯各产品的生产线承担营收责任，同时为其他系统提供支持。纵向的决策分工可以看作组织层级，分为系统—部—组 3 层体系，组织扁平化，提高了决策效率。张志东回忆，直到腾讯成立 10 周年之际，公司内部普遍感觉良好，有稳定的业务增速，也有合理的团队培养机制。"但事情的发展通常没那么理想。每当你感觉良好的时候，其实危机已经在潜伏了。"张志东说。

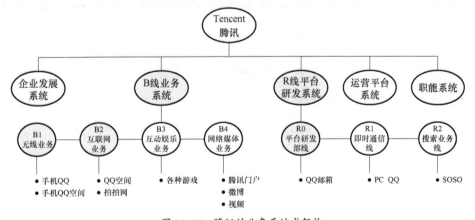

图 11-11　腾讯的业务系统式架构

腾讯架构的事业群化

2011年移动互联网兴起，手机QQ、QQ空间和PC端的同类产品分属B、R两条不同的业务线。手机QQ实现了用户通信的基本需求，不少后续更新却需要PC端配合完成。例如，QQ未读消息，在手机上阅读后，PC端的消息提醒应该自动取消。可是，当手机QQ的产品经理拿着需求去和PC部门沟通时，无论需求推进还是实际开发，都遭遇了极大的阻力。不合理的业务单元划分拖延了产品更新的速度，组织内耗严重，这直接导致了产品功能更新无法快速适应移动互联网时代的竞争。

"当团队规模变大后，很容易滋生出一些大企业病。我们如何能够克服大企业病，打造一个世界级的互联网企业？"这是马化腾当时的困惑。为了便于公司协调业务，减少部门间相互扯皮与恶性竞争的状况，腾讯做出了第二次重大组织架构调整，即BG（事业群）化如图11-12所示。把业务重新划分为社交网络事业群（SNG）、互动娱乐事业群（IEG）、移动互联网事业群（MIG）、网络媒体事业群（OMG）、企业发展事业群（CDG），整合原有的研发和运营平台，成立新的技术工程事业群（TEG），后续又将微信独立，单独成立了微信事业群（WXG）。

此次组织架构调整，将同一产品的手机与PC端整合，这也是一次分权过程。事业群负责人拥有更多的话语权和自主空间。在发给员工的公开信中，马化腾进一步说明："基本出发点是按照各个业务的属性，形成一系列更专注的事业群，减少不必要的重叠，在事业群内能充分发挥'小公司'精神，深刻理解并快速响应用户需求，打造优秀的产品和用户平台，为同事们提供更好的成长机会。"张志东称，这种生产方式具有边界简明的优点，以部门/产品组为单位，一个产品部门就能自主立项，快速试验，当遇到大的技术难题时，再从公司层面抽调有经验的同事增援。

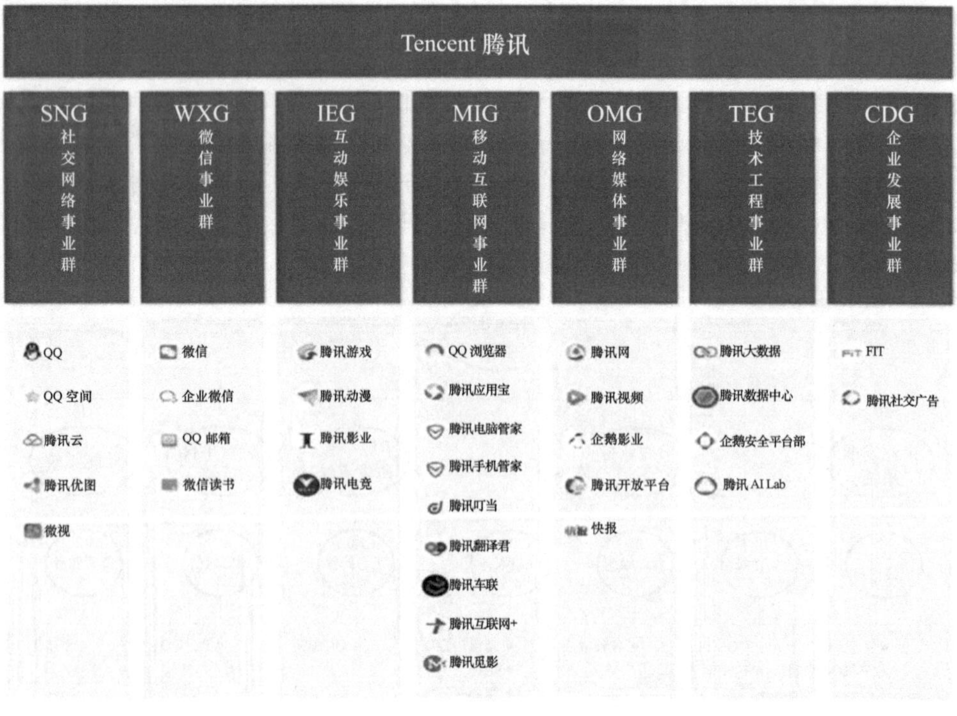

图 11-12　腾讯的事业群架构

迎战互联网的下半场

2005年，将职能式升级为事业部制，使腾讯由一家初创公司转向规模化的生态协同，业务从单一的社交产品丰富成一站式的生活平台。2012年，事业部制变为事业群制，确保腾讯从PC互联网向移动互联网平稳升级。2018年的第三次战略升级，则是腾讯由消费互联网向产业互联网的进化。每一次调整都是腾讯源于组织内外环境和业务发展战略的改变。

2018年9月，在腾讯学院组织的一场沙龙中，一位腾讯AI部门的同事向张志东提问："公司目前的AI研发团队分散在多个不同部门，且有很多重复。一方面带来研发力量的分散浪费，另一方面，组织墙导致数据难以打通，在"AI+大数据"方面无法形成创新合力。这个问题该如何解决？"张志东首先提到，在一些尚不明朗的领域，公司适度允许不同团队同时展开探索与试错，这是合理的。接着，他从非产品层面的角度分析，过于分散的团队和过度重叠的方向，可能导致热点方向上的产品重复、数据不通的内耗等问题，这或许也是公司组织结构未来演进上特别需要改进的地方。

ABC（AI+BigData+Cloud）时代正在到来。张志东还特别提到："腾讯的组织变革滞后了。"也有腾讯内部的人分享道，目前公司的组织结构主要是面对C端消费者的。在云时代面对行业客户，面对"互联网+"时代，腾讯遇到了很多组织墙、数据墙……

为了解决内部数据打通的问题，这次组织调整，腾讯便成立了技术委员会，实现内部分布式开源协同，加强基础研发，打造具有腾讯特色的技术平台等一系列措施。成立云与智慧产业事业群，整合腾讯云、互联网+、智慧零售、教育等行业解决方案，也是为了增强腾讯"to B"的能力。

具体方案为撤销三大事业群；新成立两个事业群；组建腾讯技术委员会；升级广告营销服务线；持续投资未来前沿基础科学，加大对AI、机器人、量子实验室等投入，是此次腾讯公司调整组织架构的重点内容如图11-13所示。

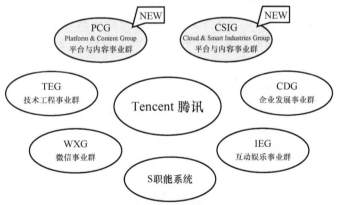

图11-13 ABC时代的腾讯事业群架构

撤销的事业群包括移动互联网事业群（MIG）、社交网络事业群（SNG）、网络媒体事业群（OMG）。其中，MIG曾是腾讯转型无线的重要功臣。QQ浏览器、腾讯应用宝、腾讯手机管家只用两年时间便成为相关产品的业界第一，稳住了腾讯切入移动互联网的阵脚。

新成立的平台与内容事业群（PCG）将对移动互联网事业群、社交网络事业群、网络媒体事业群中与社交平台、流量平台、数字内容、核心技术等强关联、高融合性的版块拆分重组。产品涉及QQ、QQ空间、腾讯视频、腾讯新闻、天天快报等。腾讯的用意在于促进社交平台、内容产业和技术的更深度融合。云与智慧产业事业群（CSIG）也是腾讯公司架构内的新成员，将整合包括腾讯云、智慧零售、腾讯地图、安全产品等核心业务线，帮助医疗、教育、交通、制造业等行业向智能化、数字化转型。腾讯总裁刘炽平认为："通过数字技术为产业升级，把消费者和产业对接起来，将创造巨大的社会和产业价值。"原有的社交与效果广告部同网络媒体事业群的广告业务整合，形成广告营销服务线（AMS）。其作用是将腾讯内部的社交、视频、资讯以及其他富媒体资源完整结合，加上打通的用户数据，形成可以发挥腾讯资源优势的整合营销方案。

ABC（AI+BigData+Cloud）时代，腾讯强调自身是"一家以互联网为基础的科技和文化公司，技术是其底层的基础设施。面对 AI 和 5G，腾讯正以技术为驱动引擎，探索社交和内容的融合。"

产业互联网的兴起，其背后的核心就是由云计算、AI 等前沿技术所驱动的产业革命。在这一背景下，包括华为和小米在内的头部科技企业都相继做出了组织架构调整。面对大环境的巨变，没有公司可以置身事外。正如刘炽平所说："我们需要时刻保持清醒，充满危机意识和前瞻性，才能进入下一个时代。"

资料来源：http://www.geekpark.net/news/233519（有删改）

思考与分析

1. 腾讯为什么要进行组织变革？企业的组织变革主要受什么影响？
2. 腾讯的组织结构是如何进行转变的？

营销实训
企业营销组织分析

【训练目的】了解企业营销组织的设置

【训练方法】以 3～5 人为小组，选择自己所在的企业或一熟悉企业进行调查，画出该企业的营销组织结构图，并分析该组织类型的优缺点、与企业是否相适应以及未来改进的方向。

复习与思考

1. 市场营销部组织机构的演变经历了哪几个阶段？
2. 企业营销组织结构的类型有哪些？各有什么优缺点？
3. 简述市场营销控制的类型。
4. 简述市场营销执行的含义和过程。

延伸阅读

1.《组织理论与设计》（第 12 版），[美]，理查德·L. 达夫特著，王凤彬、石云鸣等译，清华大学出版社，2017。

作者简介：理查德·L. 达夫特（Richard L.Daft），美国著名管理学家，现为美国范德比尔特大学欧文商学院的管理学教授，主要致力于组织和领导理论的研究。达夫特教授著有 13 本管理学著作，发表论文百余篇，并担任美国两种一流学术期刊的主编。达夫特教授还是一位活跃的教师与咨询顾问，他讲授过管理理论、组织理论、组织变

革和组织行为等多门课程。

内容简介：从对现实社会中各类组织的观察和分析入手，以理论与实践密切结合的方式，通过对组织的结构设计及相关影响因素进行由浅入深、循序渐进、生动有趣和富有逻辑性的介绍和阐述，使读者对西方组织理论的概貌、组织模式的历史演变与最新发展以及组织设计的实务和方法等方面，获得一个真正"组织学"角度的框架性认识。

2.《**共生：未来企业组织进化路径**》，陈春花、赵海然著，中信出版社，2018.

作者简介：陈春花，北京大学王宽诚讲席教授、国家发展研究院 BiMBA 商学院院长。曾出任新希望六和股份有限公司联席董事长兼 CEO、山东六和集团总裁。2015~2017 年，连续三年入选《财富》"中国 25 位最具影响力商界女性"。赵海然，国家信息中心大数据管理应用中心民生部主任，当代社会服务研究院院长，从事政府、企业、社会等各类组织在信息化发展过程中的组织变革研究。

内容简介：陈春花教授深入中国本土企业进行了多年的跟踪研究，提出继金字塔形组织向学习型组织转变之后，未来的组织模式将会朝着"共生型组织"进化。该书详细阐述了何为共生型组织，并通过解析共生型组织的四重境界，回答了如何构建共生型组织，旨在帮助读者以全新的视角面对当下的挑战，并学会以新的组织管理逻辑来激活组织和个体。

网站推荐

1. 创业邦 www.cyzone.cn
2. 人人都是产品经理 www.woshipm.com

参 考 文 献

[1] 托马斯·弗里德曼. 世界是平的：21世纪简史[M]. 何帆，肖莹莹，郝正非，译. 长沙：湖南科技出版社，2008.
[2] 迈克尔·塞勒. 移动浪潮：移动智能如何改变世界[M]. 邹韬，译. 北京：中信出版社，2013.
[3] 迈克尔·波特. 竞争战略[M]. 陈丽芳，译. 北京：中信出版社，2014.
[4] 阿维纳什 K. 迪克西特，巴里 J. 奈尔伯夫. 策略思维：商界、政界及日常生活中的策略竞争[M]. 王尔山，译. 北京：中国人民大学出版社，2013.
[5] 钱旭潮，王龙. 市场营销管理：需求的创造与传递[M]. 4版. 北京：机械工业出版社，2016.
[6] 连漪. 市场营销学——理论与实务[M]. 3版. 北京：北京理工大学出版社，2016.
[7] 颜帮全，张尚民. 市场营销学[M]. 天津：天津大学出版社，2018.
[8] 陆军. 营销管理[M]. 上海：华东理工大学出版社，2017.
[9] 吴亚红，屈寰昕. 市场营销实务[M]. 南京：南京大学出版社，2007.
[10] 菲利普·科特勒，凯文·莱恩·凯勒. 营销管理[M]. 何佳讯，于洪彦，牛永革，等译. 15版. 上海：格致出版社，2016.
[11] 谭昆智. 营销管理[M]. 2版. 广东：中山大学出版社，2018.
[12] 加里·阿姆斯特朗，菲利普·科特勒，王永贵. 市场营销学[M]. 王永贵，等译. 12版. 北京：中国人民大学出版社，2017.
[13] 屈冠银. 市场营销理论与实训教程[M]. 3版. 北京：机械工业出版社，2014.
[14] 陈子清. 市场营销理论与实务[M]. 上海：上海财经大学出版社，2018.
[15] 张雁白，苗泽华. 市场营销学概论[M]. 3版. 北京：经济科学出版社，2015.
[16] 臧良运. 消费心理学[M]. 2版. 北京：北京大学出版社，2017.
[17] 李海波. 市场营销理论与实务[M]. 上海：同济大学出版社，2018.
[18] 钟旭东. 市场营销学：现代的观点[M]. 2版. 上海：格致出版社，2019.
[19] 甘碧群，曾伏娥. 国际市场营销学[M]. 3版. 北京：高等教育出版社，2014.
[20] 胡玲. 营销管理与营销策划[M]. 北京：对外经济贸易大学出版社，2017.
[21] 王生辉，张京红. 消费者行为分析与实务[M]. 北京：中国人民大学出版社，2016.
[22] 卫军英. 品牌营销管理[M]. 2版. 北京：经济管理出版社，2017.
[23] 李胜，冯瑞. 现代市场营销学[M]. 北京：机械工业出版社，2008.
[24] 格雷格 W. 马歇尔，马克 W. 约翰斯通. 营销管理[M]. 董伊人，葛琳，译. 北京：机械工业出版社，2017.
[25] 郑玉香，范秀成. 市场营销管理：理论与实践新发展[M]. 北京：中国经济出版社，2014.
[26] 杨勇，陈建萍. 市场营销：理论、案例与实训[M]. 3版. 北京：中国人民大学出版社，2014.
[27] 苗月新. 市场营销学[M]. 4版. 北京：清华大学出版社，2018.
[28] 万晓. 市场营销学[M]. 北京：机械工业出版社，2016.
[29] 李先国，杨晶. 市场营销学[M]. 2版. 北京：中国财政经济出版社，2015.
[30] 李先国，杨亮. 销售管理[M]. 北京：中国人民大学出版社，2017.
[31] 孟韬. 市场营销：互联网时代的营销创新[M]. 北京：中国人民大学出版社，2018.
[32] 何静文，戴卫东. 市场营销学[M]. 北京：北京大学出版社，2014.
[33] 李胜，王玉华. 现代市场营销学：理论与实战模拟[M]. 北京：中国铁道出版社，2013.